삼위 일체의 복녀 엘리사벳
그 생애에서 본 영성

M. M. 필립 퐁 신부 지음
부산 가르멜 여자 수도원 옮김

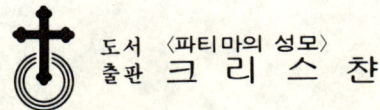

도서 〈파티마의 성모〉
출판 크 리 스 챤

삼위 일체의 복녀 엘리사벳의 기도

삼위 일체의 복녀 엘리사벳 수녀
1880 ~ 1906

 오 나의 하느님, 흠숭하올 삼위 일체여, 부디 내 영혼이 이미 영원한 나라에서 변함없고 평온히 당신 안에 살듯이 온전히 나를 잊도록 도와 주소서. 오 변함없으신 나의 하느님, 그 무엇보다 나의 마음의 평화를 어지럽히지도, 당신에게서 갈라 놓지도 못하게 하시고 순간마다 당신 신비의 깊은 속으로 데려 가소서.

 내 영혼을 고요하게 하시어 이를 당신이 사랑하는 집, 쉬실 곳, 당신의 천국으로 만드소서. 그리고 잠시도 당신을 홀로 버려두지 않고 믿음 안에 깨어 흠숭하며 당신의 창조적 역사하심에 나를 온전히 맡기며 거기 머물게 하소서.

 오 사랑하는 나의 그리스도, 사랑 때문에 십자가에 못박히신 주님, 나는 당신 성심의 정배가 되기 소원이옵니다. 나는 당신을 영광으로 휩싸여 죽기까지 사랑하고 싶나이다. 하지만 나는 무능하오니 부디 당신으로 나를 덧입혀 주시고 내 생애로 하여금 당신 생애의 재현이되도록 내 영혼을 당신 영혼의 온갖 움직임에 맞추게 하소서. 당신 안에 잠기고 스며들며 내가 아닌 당신으로 살게 하시고, 마침내 내 생애로 하여금 당신 생명의 한 줄기 광채가 되게 하소서. 흠숭자, 속죄자, 구세주로 내게 오소서.

 오 하느님의 영원한 말씀이여, 나는 당신께 모든 것을 배우기 위해 당신 음성에 빠져 들으며 내 한생을 보내고 싶나이다. 모든 어두움, 온갖 공허와 무력함을 통해 언제나 당신을 응시하며 당신 빛 안에서 살고자 하나이다. 오 나의 사랑하는 별이여, 내가 당신 빛 밖으로 나가지 않게 당신께 반하게 하소서.

머 릿 말

1980년 삼위 일체의 엘리사벳 수녀의 탄생 백주년 축하식에 이어서 1984년에는 시복식이 있었다. 엘리사벳은 탄생 백년이 지난 오늘에 이르러서도 그리스도인으로서, 현대의 성인의 산 본보기이며 남긴 글을 통해 현대에 사는 우리에게 참된 그리스도교적 생활을 보여 주고 있다.

요한 바오로 2세 교황도 1980년 6월 2일 프랑스 방문때 리지외에서 "성인이란 모든 시대를 통틀어 교회의 법규인 복음대로 완전히 살아온 이들이며 그들은 늘 현대적 안목을 가졌으되 미래의 교회에 속한 사람들이다"라고 말씀하셨다. 이는 엘리사벳에게도 들어 맞는 말이다.

"그리스도의 인성의 연장(延長)이 되고 싶다"라고 한 저 유명한 그녀의 말에는 엘리사벳의 한 생과 그 영성이 표현되었으며 우리는 또 이것을 제2차 바티칸 공의회가 〈교회 헌장〉 안에서 현대인에게 설명하는 성 바울로의 가르침의 총괄 안에서 볼 수 있다.

엘리사벳 수녀는 가르멜 입회 전에 이미 이 말을 살고 있었는데 가르멜에서는 그 삶이 절정에 이르렀던 것이다. 그리스도의 신비체의 한 부분으로서 주님 손 안에서 살았고 영으로 삼위 일체의 속으로 깊이 인도되어 거기서 "성삼위", 즉 아버지, 아들, 영과의 깊은 친밀 가운데 살았던 것이다. 그리스도처럼 십자가에 매달리기 위해 엘리사벳의 인간성·마음·영·몸 모두를 그리스도께 온전히 다 바쳤다.

흔히 세례로 받은 신적 생명을 삶에 소홀히 하는 현대인에게 엘리사벳은 메시지를 전해 준다. "그리스도인은 그리스도처럼 또 그리스도를 통하여 사람들의 구원을 위해서 자신의 피와 생명을 날마다 만나는 십자가에 못박아 자기 자신을 끝까지 내어 주는 사명을 갖고 있다."

　이 책은 프랑스인 도미니꼬 회원 필립퐁 신부가 성 토마스의 인도 아래 엘리사벳 수녀의 산 그리스도인의 생활, 신적 생명의 깊이를 해설한다. 세례로 우리 한 사람 한 사람 안에 하느님이 자리하는 숭고함을 이 책은 깨우쳐 주고 또한 갈바리아로 걸어가시는 그리스도를 언제나 기쁘게 따랐던 엘리사벳처럼 이 숭고함을 사는 기쁨을 이 책이 독자에게 전해 주기를 바란다.

성녀 크리스티나의 베드로 알로이시오 신부 O.C.D

삼위 일체의 복녀 엘리사벳
그 생애에서 본 영성

차 례

삼위 일체의 복녀 엘리사벳의 기도 / 3

머릿말 / 4
엘리사벳의 생애 가운데 중요한 날들 / 8

제 1 장 / 11
  영적 여정 ·· 11
    Ⅰ. 수도원 입회 전의 영성 생활 ·················· 11
    Ⅱ. 가르멜 수녀 ······································ 24
    Ⅲ. 변화적 합일 ······································ 34

제 2 장 / 47
  침묵의 수업 ·· 47

제 3 장 / 61
  삼위 일체의 내재 ······································ 61

제 4 장 / 97
  영광의 찬미 ·· 97

제 5 장 / 119
  그리스도를 닮다 ······································ 119

제 6 장 / 143
  하늘의 문 ·· 143

제 7 장 / 157
  엘리사벳 수녀와 사제 ······························ 157

제 8 장 / 177
　성령의 은사 ·· 177

제 9 장 / 211
　성삼위 일체께 드리는 기도(주해) ····················· 211
　　Ⅰ. 오 나의 하느님, 흠숭하올 삼위 일체여 ············ 213
　　Ⅱ. 내 영혼을 고요하게 하소서 ························· 219
　　Ⅲ. 오, 사랑하는 나의 그리스도 ························ 222
　　Ⅳ. 오, 하느님의 영원한 말씀이여 ····················· 223
　　Ⅴ. 오, 나의 성삼위 ······································ 226

맺음 말 / 229
　사　명 ··· 229

내적 생활에 관한 마지막 권고 / 237

엘리사벳의 생애 가운데 중요한 날들

1880년 7월 18일	프랑스 브르쥬에서 출생
1880년 7월 22일	마리 요셉핀 엘리사벳이란 이름으로 세례
1891년 4월 19일	첫영성체
1891년 6월 18일	견 진
1899년 1월	피정중 첫 신비적 은혜받음
1901년 8월 2일	디죵 가르멜 입회
1901년 12월 8일	착의, 삼위 일체의 엘리사벳이란 수도명을 받음
1903년 주의공현 8일내 주일	종신서원
1903년 6월~7월 사이	위 병
1904년 11월 21일	"삼위 일체께 드리는 기도"
1906년 사 순 절	병이 악화하여 3월에 병실로 옮김
1906년 6월 여름	동생에게 「어떻게 지상에서 천국을 찾을 것인가」를 씀
1906년 8월 15일	마지막 피정 시작. 원장 수녀의 뜻을 따라 「마지막 피정」
1906년 10월 31일	병자 성사받음
1906년 11월 9일 아침 6시경	선 종

■제 1 장■

영적 여정

"그녀는 장차 가르멜 수녀가 될 소질을 자신 안에 간직하고 있다."

삼위 일체의 엘리사벳의 영성을 분석하면서 그 깊숙한 곳으로 들어가기 전에 전반적으로 한 가지 점에 유의할 필요가 있다. 즉, 엘리사벳은 11년간의 싸움과 사소한 점에 이르기까지 끊임없는 자기 교정을 거듭한 다음에 비로소 성녀가 되었다는 사실이다. 그녀는 가르멜에 들어가 거기서 수년간 묵묵히 충실한 생활을 보낸 다음에도 하느님의 손에서 속속들이 다 정화되어야만 하였다. 그러한 정화를 거친 다음에만 엘리사벳은 온갖 기쁨과 고통을 넘어선 변화적 합일에 이르게 되었으며 변함없는 평화에로 인도되었던 것이다.

I. 수도원 입회 전의 영성 생활

1. 멋대로의 유년 시절—엘리사벳 카데즈는 군인의 딸이자 손녀로서 민첩한 군인 혈통과 격렬한 성품을 이어받았다. 막 서너 살' 되던 어느 날, 그 아이는 방에 틀어박혀 문을 마구 걷어차기도 하고 마루를 동동 구르면서 심통을 부리고 있었다.
일곱 살이 되기까지 누구도 당해낼 수 없게끔 신경질을 부리기도 했다. 그럴

때면 주위에서는 그저 폭풍이 스스로 가라앉기만을 기다리는 수밖에 없었다. 어머니는 그때마다 엘리사벳을 타이르면서 사랑으로 자기를 이겨내야 한다고 가르쳤다. "이 아이는 강철 같은 의지를 갖고 있어서 어떻게든 제 고집대로 하지 않으면 안 된다"라고 엘리사벳의 선생도 가끔 말하곤 했다.

아버지가 세상을 떠나자, 엘리사벳은 어머니와 동생 말가리다 곁에 남게 되었다. 남의 눈에 잘 띄지 않고 성격이 무척 양순했던 동생과 언니 엘리사벳은 가르멜에 들어갈 때까지 늘 함께 살아왔다.

그 외에는 별로 이렇다 할 변화가 없이 디종 시에서 즐거운 그리스도인적 가정 생활을 하고 있었다.

2. 회 심 — 고백때 엘리사벳은 자기 자신이 후에 '회심'이라 부른 충격을 받았다. 그것은 신적 사정에 대한 결정적 각성이라고도 할 만한 것이었다 (「추억」1935년판). 이날부터 엘리사벳은 대단한 결심으로 자신의 주된 결점인 격정과 지나친 감수성에 대항해 싸우기 시작하였다. 이 괴로운 영적 싸움은 열 여덟 살까지 계속되었다.

엘리사벳에게 첫영성체를 준비시킨 그 아이를 잘 알던 신부는 이렇게 말했다. "엘리사벳 카데즈의 저 성격으로는 성녀가 아니면 악마가 될 것입니다."

성체 안에 숨어 계신 예수님과의 첫 만남은 결정적인 것이었다: "마음깊은 곳에서 주님의 목소리를 들었습니다." "주님은 내 마음을 너무나 온통 사로잡았으므로 그후로는 벌써 주님께 나의 생명을 바치는 것만을 갈망했습니다"(시「나의 첫영성체 기념일」1898. 4. 19.)라고 할 정도였다. 그후 주위 사람들이 놀랄만큼 빠르고도 깊은 변화가 엘리사벳 안에서 일어나고 있었다. 엘리사벳은 그 다음 얼마 안 되어 전(全)인격에서 흘러 넘치는 저 촛착한 자기 지배에로 거보를 내디뎠던 것이다. 어느 날 영성체 후 마음 깊은 곳에서 '가르멜'이라는 소리가 속삭여진 듯 생각되었다. 이제 그것으로 모든 것이 결정되었던 것이다. 또 열네 살쯤 되던 어느 날 감사 기도를 하고 있을 때 엘리사벳은 주님의 부르심을 듣고, 즉시 그 자리에서 오로지 주님만의 것이 되기 위해 온 생애를 바치기로 결심했다. 그리고 끝까지 이 약속에 충실했으며, 백합과 같이 깨끗하게 이 세상을 떠났던 것이다.

열네 살부터 열아홉 살까지 엘리사벳의 시는 사랑하는 예수님, 하늘의 어머니, 수호 천사, 천국의 성인들(시「쟌 다르크」1985. 10.)의 이름만을 반복하고 있었다.

"엘리사벳에게 있어 가르멜은 어찌 할 수 없을 정도로 매력적이었다. 거친 모직옷에 흰수건, 가난한 나무 묵주, 몸을 괴롭히는 털옷, 그리고 그리스도의 정배 등을 노래하고 있다(시「가르멜 수녀 특유의 것들에 대해서」1897. 10. 15.). 사랑하는 가르멜 바로 옆에 살고 있었으므로 엘리사벳은 "쓸쓸히 사색에 잠기면서"(시「발코니에서 바라보이는 것」1897. 10.) 옥상에 올라가 오랫동안 넋을 잃고 하염없이 수도원을 바라보노라면 온갖 것들이 엘리사벳의 마음에 말을 건네고 있었다. 그녀의 생명의 주님께서 숨어 계시는 성당, 울려 퍼지는 삼종, 죽은 이를 위한 추도 종소리, 초라한 가구가 있는 아주 작은 독방, 사람들의 구원을 위한 기도의 긴 하루를 마치고 수녀들은 밤에 이곳에서 쉰다. 동경하는 생활에서 무척 떨어져 있는 엘리사벳은 그곳에서의 생활을 애타게 원하고 있었다. 열일곱 살이 된 그녀는 가까운 한 사제의 중개로 이 "유혹 가득한 덧없는 세속"에서 벗어나려고 하였다. 그러나 엘리사벳의 어머니가 완강히 거부하였으므로 기도와 신뢰 안에서 하느님의 때를 기다려야만 했다.

3. 사회의 모임 — 엘리사벳의 집에서는 온갖 축제와 여러 가지 모임이 날이 갈수록 거듭되면서 그 횟수는 날로 더해 갔다. 카데즈 부인은 딸의 성소를 잊게 하려는 뜻은 없었으나, 하느님이 딸을 자기에게서 빼앗아가시지 않기를 은근히 바라는 마음으로 슬며시 엘리사벳을 이러한 모임에로 이끌고 있었다. 그녀는 언제나 즉시 어머니의 말씀에 따랐다. 그것이 어머니의 뜻이라는 것만으로 충분했다. 엘리사벳은 모든 모임에 참석했으며 "싫어하는 빛을 조금도 보이지 않았고, 오히려 어디서나 좋은 인상을 주었다" 라고 주위에서는 한결같이 말하고 있다. 아마 그 당시 아무도 이 엘리사벳 카데즈에게서 장차 가르멜 수녀——

깊은 내적 생활로써 그리스도와 함께 온전히 안으로 깊이 파묻혀 변함없는 삼위 일체께 침묵과 잠심으로 감동적인 증거를 할 가르멜 수녀——를 꿰뚫어 볼 수는 없었을 것이다.

우아한 엘리사벳은 항상 검소하지만 어디서나 조금도 빠지지 않는 옷차림으로 사람들 앞에 나타났다. 구혼도 여러번 받았다. 엘리사벳이 세속을 떠날 무렵 그것을 아무에게도 눈치채지 않게 하려고 어느 야회에 가기 위해 새 장갑을 사기도 했다. 이렇게 죄만을 피하고는 사회 속에서 생활했으며 사람들과 유쾌히 어울렸다.

4. 헌신적 봉사— 디종에서 엘리사벳 카데즈는 휴가때 외에는 본당의 여러 활동에 참여하고 있었다. 성가대 지도, 어린이들이나 첫영성체가 늦어져 꼬마들의 놀림을 받는 소녀들에게 가톨릭 교리를 가르치는 일이며 그 밖에 자선 사업을 돕고 또 연초 공장에서 일하는 소녀들을 돌보는 것 등에 헌신하고 있었다. 소녀들은 엘리사벳을 매우 사랑했으므로, 집에까지 따라와 소란을 피우지 않도록 거처를 숨기기도 했다. 그후 가르멜 수녀가 된 엘리사벳은 이 소녀들을 평생 잊지 않고 침묵에 쌓인 기도로써 언제나 그들을 보호하고 있었다.

뛰어난 재능을 갖고 있었던 엘리사벳 카데즈는 모든 것과 모든 이에게 잘 적응할 줄 알았다. 엘리사벳은 어린이들을 그 순수함 때문에 사랑했다. 하느님은 그녀에게 어린이들의 마음을 사로잡는 뛰어난 은혜를 주셨다. 때로는 마흔 명이나 되는 어린이들이 가족이나 친구들의 모임에서 그녀의 주위를 둘러싸는 일도 있었다. 엘리사벳은 연극을 좋아했으며, 특히 '학자들 가운데 계시는 예수님'의 장면을 좋아했다. 어린이들에게 분장시켜 흥을 돋구고, 각본이나 음악도 자신이 만들었으며, 그녀가 가르친 무용은 언제나 대성공이었다. 그 다음 아이들이 조용해지면 정원에 가서 의자에 앉게 한 후 책을 읽어 주었다. 아이들은 모두 정신없이 동화책 파티라를 듣는데 열중하였다. 때로 어린이들이 자기들의 놀이에 짝이 되어 달라고 성가시게 할 때면 엘리사벳은 미소로 응했다. 성모 성월 동안 그녀가 성당에 데리고 간 아이들은 될 수 있는 대로 엘리사벳을 출입문 가까운 뒷편 의자에 끌어 앉혔다. "감실문을 닫자마자 우리는 산책을 위해 그녀를 끌어냈습니다. 산책때, 상상력이 풍부한 엘리사벳은 희귀하고도 신기한 이야기를 우리에게 해주었습니다(어린 친구의 증언).

마지막으로 다음 특징이 우리의 관심을 끈다. 밖에서도, 수도원에서도 엘리사벳은 남의 눈에 띄는 행동은 피해 왔다. 다른 손님들과 어울려 디종의 제일 솜씨좋은 요리사인 후랑신느가 만든 파이를 맛볼 줄도 알았고, 사흘 동안 위를 거북하게 만드는 남 프랑스의 기름진 요리를 기분좋게 미소로 받아들이기도 했다.

5. 여름 휴가 — 여름 휴가는 언제나 디종을 떠나 멀리 여행을 하는 때였다. 엘리사벳은 스위스, 알프스, 보스제, 피레네, 그 밖에도 프랑스의 대부분을 관광하였다.

엘리사벳의 편지를 보면, 언제나 즐겨 친척이나 친구들의 방문의 소용돌이 속에서 호감을 받고 있었으며, 특히 몇몇 특출한 분들과 깊이 사귀면서도 대개는 자기와 같은 또래의 처녀들과 어울려 별로 눈에 띄지 않았음이 드러난다. 사람을 사랑하는 따스한 마음으로 엘리사벳은 모든 이와 쾌활하게 잘 지냈다.

"타르브에서 지낸 우리의 생활은 즐겁기만 했습니다. 낮에는 무도회, 음악회, 그 다음 야외 산책 등 무척 즐거웠답니다. 어디에도 빈틈이 없는 인상좋은 분들과도 친분을 갖게 되었습니다. 훌륭한 음악가인 X-씨와 함께 나는 피아노 곁을 떠나지 않았습니다. 타르브 악기점에 있는 악보만으로 우리의 실력을 시험하기에는 부족하였습니다"(친구에게 보낸 편지 1898. 7. 21. 타르브에서).

"오늘 우리는 루르드로 출발한답니다. 사랑하는 이본느와 헤어진다고 생각하니 가슴이 뭉클해집니다. 이본느가 얼마나 아름다운지 보여드리고 싶을 정도랍니다! 더구나 무척 좋은 성격이고요. X. 부인은 이젠 병의 흔적도 없이 더 젊어 보이고, 더욱 우아하고 언제나 변함없이 친절하십니다. 나는 그저께로 열여덟이 되었답니다. 그래서 부인은 터어키 구슬로 된 아름다운 목걸이를 주셨어요. 빨리 편지를 주세요. 트렁크를 닫아야 하기에 이만 마칠래요. 루르드에서 당신을 자주 생각하겠어요. 루르드에서부터 피레네 산맥을 죽 돌 예정이고요. 뤼송, 쿠트레트

등… 이 편지를 쓰면서 그려보는 그 산들에 나는 이미 빠져 있으며 그렇지 않고는 못 배길 정도랍니다"(친구에게 쓴 편지 1898. 6. 21.).

뤼숑은 엘리사벳의 마음을 특별히 사로잡았다. "뤼숑은 피레네의 여왕이라고 불리울만하군요. 나는 여기서 감격의 절정에 달해 버렸지요. 경치는 비할 데 없을 만큼 아름다워요. 우리는 이틀을 여기서 지냈으며 리스의 계곡에서 등산하였답니다. R.씨 사촌 여동생이랑 뤼숑에서 다시 만난 S.씨랑 함께 사륜 포장마차로 갔지요. 이 부인들은 우리도 안면이 있는 분이어서 때마침 '지옥의 계곡'까지 오르려는 분에게 우리를 부탁하셨어요. 우리는 이 무시무시한 늪을 눈아래 굽어 보면서 해발 1,801미터나 되는 곳까지 갔답니다. 마들렌과 나는 이곳 경치가 너무나 아름다워서 그 시냇물에 휩쓸려 갔으면 하는 생각까지 할 정도였어요. 우리의 안내자도 매우 열중했지만 우리와 같지는 않았지요. 우리보다 그는 훨씬 조심스러웠어요. 우리는 전혀 어지럽지도 않았으며 낭떠러지 위를 달리기도 했지요. 이런 지경이었으니 우리가 빠져나가 달리고 있을 대 부인들은 무척 걱정하고 계셨지요. 그러므로 우리가 돌아오는 것을 보고서야 안도의 숨을 내쉬었답니다(한 친구에게 보낸 편지 1898. 8.).

엘리사벳 스스로 말한 것처럼 "이를 테면 뤼네빌에서 지낼 때와 같이 여기서는 차 대접, 저기서는 식사 초대, 무척 친절한 친구 집에서 있었던 테니스 시합"(한 친구에게 보낸 편지 1897. 7. 19.) 등 자기를 위한 시간은 조금도 없이 매우 유쾌한 생활을 즐기면서 이 친구 저 친구를 찾아다녔다. 엘리사벳의 집안과 군인과는 친밀한 관계이므로, 7월 14일 마르스 광장에서 있었던 열병식에 참석하게 되었다. 군인의 딸인 엘리사벳의 마음은 기병대의 돌격에 빠져들었다. …햇볕에 번쩍거리는 빛나는 수많은 투구와 갑옷…이 현혹적인 광경은 마치 베니스를 연상케 하는 신비적 전등 장치로 해거름에야 공원 숲속에서 끝났다.

이 세속적 축제 속에서도 엘리사벳의 마음은 가르멜의 향수를 계속 간직하고 있었다. 손님들이 가버린 뒤에는 별 노력없이 줄곧 떠나지 않았던 그리스도와 단 둘이 되는 것이었다. 타르브에서는 사교적으로 소란스러운 즐거움을 잠시 피하고자 가르멜로 도망가기도 했다. 가르멜 외부 자매는 엘리사벳이 응접실

격자 앞에 무릎을 꿇고 있는 것을 보았다. 그녀는 이 하느님의 집인 벽, 어디에나 입맞추고 싶었을 것이다. 루르드는 바로 곁에 있었다. 삼일 동안 엘리사벳은 그 동굴의 성모님 곁에서 잠심하였다. 휴가도 세속적 즐거움도 그녀에게서 자연 멀어져 갔다. 동굴 곁에서 오랫동안 꼼짝않고 기도 안에 잠기어 원죄없으신 성모께 당신처럼 깨끗이 지켜주시도록 간청하고 죄인들을 위해 자신을 희생으로 봉헌하였다(시 「원죄없이 잉태되심」 1898. 12. 8.).

아무도 엘리사벳을 그리스도로부터 떼어 놓을 수는 없었다. 훗날 디종 가르멜에서 어머니께 보낸 편지 추신에는 "금요일 차 안에서 묵상 기도하시는 것을 잊지 않으시겠지요! 내가 잘 알고 있듯이 묵상 기도하기에는 매우 좋은 기회입니다"(어머니에게 보낸 편지 1906. 7.)라고 썼다. 이것은 자신의 경험을 말하고 있는 것이다. 엘리사벳이 본 대도시의 세속적 부유함은 그녀의 마음을 조금도 움직이게 하지 못했다. 그녀의 관심은 마르세이유에서는 수호의 성모뿐이었으며 (M에게 보낸 편지 1898. 10.), 리용에서는 오직 푸르비에르의 성당뿐이었다(친구에게 보낸 편지 1898. 여름). 파리에는 1900년의 유명한 박람회를 구경하러 어머니와 동생과 함께 갔으나, 엘리사벳의 마음을 끈 것은 '승리의 성모'와 몽마르트르뿐이었다.

"우리는 박람회에 두번 갔습니다. 정말 훌륭했는데 나는 그 소음과 군중이 가장 싫었습니다. 말가리다는 나에게 마치 콩고에서 돌아온 사람과 같은 모양을 하고 있다고 놀려댔습니다"(M.L.M 에게 보낸 편지 1900. 여름).

6. 자아와 맞서서 — '자아를 거슬러' 이는 엘리사벳의 생애 초반기의 용감한 표어였다. 열아홉 살때, 일기에 다음과 같이 씌어 있다. "오늘 예수께 나의 두드러진 결점 몇 가지를 희생으로 바칠 수 있어서 기뻤다. 하지만 그것이 얼마나 괴로웠는지 모른다. 이로써 나는 자신의 약점을 인정한다. …어떤 부당한 평가를 받으면 피가 혈관 안에서 끓어오를 정도로 나의 모든 것이 반항한다. 그러나 예수님은 나와 함께 계셔 주셨다. 마음 속에서 나는 주님의 음성을 들었으므로 주님의 사랑 때문에 모든 것을 참을 결심을 할 수 있었다(일기 1899. 1. 30.). 엘리

사벳은 매일밤 완덕의 길에 참으로 진보했는가 알아 보기 위해서 작은 수첩에 성공과 실패를 기록하였다.

엘리사벳은 어머니에게 숨기고 대재를 시도했는데, 삼일 만에 예민한 카데즈 부인이 이를 눈치채고 딸을 몹시 나무랐다. 엘리사벳은 순순히 따랐다. 하느님은 그녀에게 성인들의 큰 고행의 길을 걷게 하려고 하지는 않으셨다. 가르멜에 있을 때도 그러하였다. 침묵의 삼위 일체는 엘리사벳에게 사랑의 다른 증거를 원하셨던 것이다. "나는 자신에게 고통을 부가하는 것이 허락되지 않으므로 육체적 고통은 내적 억제와 완전한 자기 이탈에 도달하기 위한 하나의 수단——뛰어난 것이기는 하지만——에 지나지 않는다는 것을 나에게 납득시키지 않으면 안 된다. 오, 예수여 나의 생명, 나의 사랑, 나의 천상 정배여 나를 도와주십시오. 나는 어떻게 해서라도 거기에 도달해야 합니다. 언제나 그리고 만사를 자기 뜻을 거슬러 행하기까지"(일기 1899. 2. 24.).

7. 첫 신비적 은혜—하느님은 엘리사벳 카데즈가 자신의 성격을 맞서 이기려는 끊임없는 노력에 일찍부터 은밀히 은혜를 부어주시어 갚아주셨다. 수덕은 신비 생활에로 인도하는 동시에 이를 옹호하기 위해서도 없어서는 안 되는 것이다.

성녀 대데레사는 그 뛰어난 양식으로 "안일과 기도는 서로 용납될 수 없다"(「완덕의 길」제4장)라고 하셨는데 정말 그렇다. '사랑의 산 불꽃'은 가장 굳센 결의를 가진 사람들까지도 전율케 할 정도의 암야, 능동적·수동적 정화를 가져오는 괴로운 '가르멜산 등반'을 전제로 하고 있다. 또한 우리들은 「심령 수업」의 저자 성 이냐시오의 긴 관상적 탈혼을 잊어서는 안 된다. 그는 로마의 한 독방에서 황홀 중에 "오, 복된 삼위이시여"라고 속삭였다고 한다. 물론 각인각색의 영적 길과 경향의 다양성을 전면적으로 부정하려는 것은 아니다. " 각인, 각색의 길을 걸어서"라고 말한 그대로다.

그러나 복음적 진리는 이 모든 색조를 포함하고 있다. 그러므로 각기 다른 영성을 산 성인들은 이 차이를 초월하여 만나고 최종적으로는 모두 그리스도 안에서 변화되어 십자가에 못박히신 분의 지복 안에 잦아들어 가게 된다.

자기 결점에 대한 '영적 싸움'과 승리는 엘리사벳 카데즈에게 첫 신비적 체험의 은혜를 받게 했다. 이 은총의 초기에는 서서히, 이를 테면 한 걸음씩 한 걸음씩 엘리사벳의 생활을 변화시켜 그녀 영혼에 닿았으며 마침내 서원 후에는 끊임없는 고요한 역사하심이 계속되어 드디어 병실에서 보낸 6개월의 마지막 시기에는 변화로 이루어진 합일에로 엘리사벳을 이끌어 갔던 것이다.

엘리사벳은 1899년 1월 피정 동안에 받은 이 최초의 신비적 체험의 은혜를 6개월 후에야 성녀 데레사의 저서를 읽고서 비로소 깨달았던 것이다. 일기 안에 쓴 이 고백은 엘리사벳의 영적 생활 전과정에서 매우 중요한 것이다. 그것은 11년 이상의 영적 싸움을 겪고서야 신비적 길에 들어갔다는 것이고, 참으로 이 싸움은 그후에도 결코 끝난 것은 아니었다.

"나는 지금 성녀 데레사의 「완덕의 길」을 읽고 있다. 무척 나의 관심을 끌며 또한 매우 도움이 된다. 성녀 데레사는 기도와 내적 억제에 대해 참으로 좋은 말씀을 하신다. 나는 하느님의 도우심으로 이 내적 억제에 꼭 도달하고 싶다. 나는 지금 큰 괴로움을 자신에게 가할 수는 없으나, 적어도 하루에 매순간 자기 뜻을 버리면서 나아갈 수 있다. 기도! 나는 이 문제를 다루는 성녀의 그 방법을 아주 좋아 한다. 성녀는 관상, 즉 하느님께서 모든 일을 하시고 우리는 아무것도 하지 않는 기도의 상태, 하느님이 우리 마음을 매우 밀접히 당신과 결합시켜 주시어 이미 우리가 사는 것이 아니고 하느님만이 우리 안에 살아 계시다는 상태를 말씀하실 적에 … 오! 나는 거기서 피정 동안 또한 그후에도 **주님이 자주 나를 들어올려 주시는 숭고한 탈혼을 깨달을 수 있었다**. 이러한 풍요로운 은혜에 대해서 무어라 감사할 수 있을는지! 영혼이 온갖 것을 잊고 다만 천상 것만을 보게 되는 이 탈혼과 숭고한 황홀상태 다음 통상적 묵상 기도는 정말 괴롭고 어렵게 느껴지며, 또한 모든 능력을 집중하기에도 얼마나 노고를 치러야 하는가, 어찌나 그것이 어렵고 괴롭게 생각되는지!"(일기 1899. 2. 20.)

하느님은 이미 엘리사벳 카데즈를 묵상 기도에서 한 단계 들어높이셨던 것이다. 그것은 기도때 역력히 드러나고 있었다. 본당의 중앙통로를 고요히 걸어가서 자기 자리에 무릎을 꿇는 엘리사벳의 모습을 자주 볼 수 있었다. 그때 그녀는 깊이 잠심하고 하느님으로 온전히 채워진 듯이 오랫동안 움직이지 않고 있었다. 그녀와 절친한 친구는 엘리사벳 카데즈가 기도하기 위해서 성당에 들어가자마자 그 모습이 갑자기 변해 버리는 것에 늘 감동되어 "이미 같은 사람은 아니다"라고 할 정도였다.

얼마 전부터 그녀 자신도 설명할 수 없는 기이한 현상을 마음깊은 데서 체험하고 있었다. 누구인가 자신 안에 계시다는 것을 느꼈던 것이다. "고백 신부님을 만나면 이 사정을 말씀드리겠다"라고 말하고 있었다.

8. 발레(Vallée) 신부를 만남—마침 그때, 엘리사벳은 가르멜 수도원에서 도미니꼬회의 한 수사 신부와 만나게 되었다. 이 만남은 그녀의 영적 생활에 결정적인 방향을 잡게 해주었다. 엘리사벳 수녀의 원장이며 수련장이었던 「추억」의 저자 예수의 제르맨 수녀는 "이 섭리적 만남"은 그 은혜가 가져다 준 결과로써 성녀 데레사가 자서전 18장에, 그리고 「영혼의 성」제5궁방(제1장)에 쓰신 것을 연상케 한다고 정확히 지적하고 있다. 성녀는 "묵상에서 자기 안에 하느님 현존의 체험을 도미니꼬회의 신학자 살라망카 대학의 유명한 교수인 바네스 신부가 교의적으로 확인해주고, 진리만이 주는 평안과 함께 크나큰 위로를 주었다"라고 말하고 있다.

엘리사벳이 수줍어 하면서 자기가 얼마 전부터 체험한 은혜, 곧 자신이 하느님이 자리하시는 집이 되어 있다는 느낌을 받고 있는 은혜의 역사하심에 관해서 이 훌륭한 수도자에게 질문했을 때 발레 신부는 그의 특유한 설득력있는 힘찬 어조로 대답했다: "물론입니다. 성부는 거기 계십니다. 성자도, 성령도 거기 계십니다." 그리고 그는 관상적 신학자로서 우리가 성 바울로가 말한 영적 성전이 어떻게 영세의 은혜로써 이루어질 수 있는가, 또한 어떻게 성령과 함께 삼위일체가 각각 그 창조적·성화적 능력으로써 거기 계시고 우리를 당신 거처로 삼으시며 신앙과 사랑의 분위기 속에서 당신께 당연히 바쳐야 할 흠숭과 기도의 내적 숭배를 받으시기 위해, 우리 영혼 깊은 곳에 거처하시는가를 설명했다.

이 교의적 설명은 엘리사벳의 마음을 사로잡았다. 이제 그녀는 은총이 이끄는 대로 온전히 안심하고 그 내적 인력(引力)에 몸을 맡기고, 영혼의 깊은 곳에서 살 수 있었다. 이 말씀 동안 저항키 어려운 잠심이 그녀를 사로잡았다. 신부는 말을 계속하였지만 마침내 엘리사벳이 이미 자기의 말을 듣고 있지 않음을 눈치 챘다. "나는 신부님께서 빨리 침묵해 주셨으면 좋겠다고 생각했습니다"라고 후에 원장에게 털어놓았다.

은총 안에서 침묵에 머물고자 하는 갈망, 거기에 삼위 일체의 엘리사벳의 모습이 그대로 드러나고 있다.

한편, 발레 신부도 이 결정적 만남에 대해서 "나는 엘리사벳이 마치 파도에 밀리듯 가버리는 것을 보았습니다"라고 말했다.

엘리사벳 카데즈는 하느님의 빛을 한 번 받기만 하면 그것에서 벗어날 수 없는 영혼이 되었다. 이날부터 모든 것이 변하고, 환히 빛났으며 드디어 엘리사벳은 자신의 길을 찾아냈던 것이다. 그때부터 삼위 일체는 온갖 것을 통하여 그녀의 유일한 생명이 되었다.[1]

주1): 1899년 3월 26일 어머니가 엘리사벳의 수도 성소에 대하여 최종적인 승낙을 준 후 8년간 정지되어 있던 가르멜 방문은 다시 시작되었다. 이것은 엘리사벳 카데즈가 세속에서 보내는 마지막 2년간을 지탱케 한 힘이 되었다. 엘리사벳은 당시 원장이었던 예수의 마리아 수녀와 또다시 만나게 되었다. 그녀의 첫영성체날 저녁에 이 원장은 응접실에서 엘리사벳의 이름의 뜻을 다음 글로 상본에 적어 준 분이다.
"그대의 축복된 이름은 좋은 날에 성취될 하나의 신비를 감추고 있어요. 사랑하는 딸아, 그대의 마음은 지상에서 사랑이신 '하느님의 집'(엘리사벳)이란다."
◎엘리사벳은 하느님의 집이란 뜻이다.
예수의 마리아 원장은 삼위 일체께 깊은 신심을 갖고 있었다. 열렬한 그 신심은 열네 살때의 어느 축일 행렬 중에 받은 은혜인데 갑자기 일어난 일이었다. 성부, 성자, 성령의 이름을 부르는 기도를 함께하고 있을 때 마리아는 자기 영혼 안에서 하느님의 세 위격이 신비적으로 그리고 현실적으로 내재하고 있음을 느꼈다. "이때부터 나는 언제나 성삼위께서 거처하시는 깊은 곳에 잠심하도록 노력했습니다"라고 마리아는 말했다. 파래 르 모니알(Paray le Monial)의 수도원 설립자가 된 후 이 훌륭한 수도원을 예수 성심께서 인도하는 삼위 일체의 이름을 주보로 삼았다. 엘리사벳 카데즈의 수도 생활의 모든 방향을 결정하게 한 이 은혜의 이름, 삼위 일체의 엘리사벳이란 이름을 준 이도 예수의 마리아 원장이었다. 엘리사벳 카데즈는 가르멜에 모여드는 지원자들중 한 사람이 되어 이 원장 수녀를 정기적으로 방문하였다. 예수의 마리아 수녀는 엘리사벳의 마음 안에 가르멜적 정신을 키워 주었으며, 장래의 수련자 엘리사벳은 자기의 묵상 기도에 대하여 마음을 열어놓았다. 엘리사벳은 견실하면서도 또한 계속적인 지도의 부족을 느끼고 있었으므로 자기의 영적 생활의 진보에 필요한 의견이나 권고를 얻으러 매우 기쁘게 이 원장 수녀를 찾아갔다. 피정에서 결심을 세울 때도 언제나 미리 원장 수녀와 상의하였다. 원장 수녀가 정해준 것은 모두 하느님한테서 오는 것이라고 생각되어, 원장 수녀와의 담화는 엘리사벳에게 매우 도움이 되었다.

Ⅱ. 가르멜 수녀

엘리사벳 카데즈를 가르멜 수방으로 인도한 수녀는 "성삼위께서 여기 계시다"라고 그녀가 혼자 중얼거리는 것을 들었다.

엘리사벳은 첫 공동수업인 식당에서 조촐한 식사가 끝나자 지원자의 제복 밑에 손을 모으고 눈을 감고 깊은 기도에 잠기는 것이었다. 새 지원자를 주시하며 복사하던 수녀는 이 모습을 보고, "뭐 그리 오래 계속되지는 못할 거야. 지나치게 훌륭하니까"라고 생각하였다. 그 예측은 빗나갔다. 왜냐하면 디종 가르멜은 지금 한 분의 성녀를 모시게 되었기 때문이다.[2]

1. 가르멜 수녀로서 품은 엘리사벳의 이상―입회 후 8일 만에 수녀들이 장난

주2): 디종 가르멜에 대하여.
스페인의 가르멜 개혁때, 성녀 데레사의 동반자이며 협력자였던 존자 예수의 안나 원장 수녀가 프랑스에 건너가 1604년 10월 18일, 파리 생 작크가(街)에 제일 처음으로 수도원을 창립하였다는 것은 이미 아는 사실이다.
그녀는 1605년에 벌써 디종에 가르멜회를 창립하였다. 가르멜 개혁 후 프랑스에서 제일 먼저 하느님께 서원을 바치는 영광을 얻은 것은 이 수도원이었다. 프랑스 혁명으로 수녀들이 추방당할 때까지 이 수도원은 항상 성녀 데레사의 가장 순수한 정신으로 살고 있었다. 이 가르멜은 1854년, 삼위일체의 마리아 원장 수녀에 의해서 재건되었고 프랑스 가르멜의 정신과 전통을 다시 돌이키게 되었다. 그후 두 분의 원장, 예수 성심의 마리아 수녀와 후에 파래 르 모니알 가르멜의 창립자가 된 예수의 마리아 수녀 두 분의 후계자들을 통해 전통은 충실히 보존되었다.
다음으로 원장이 된 예수의 제르맨 수녀는 1901년부터 1906년까지, 말하자면 엘리사벳 수녀가 가르멜에서 사는 동안 계속 원장직에 있었다. 규칙에 따라 중간 시기를 제외하고는 20년 동안 디종 가르멜은 제르맨 수녀를 원장으로 모시는 은혜를 받았다. 예수의 제르맨 원장 수녀는 평화와 묵상과 회칙 엄수에 대해서 매우 열심한 위대한 전형적인 가르멜 수녀였다. 그녀는 삼위일체의 엘리사벳 수녀의 관상적 영혼이 침묵과 잠심의 분위기 속에서 자유롭게 꽃필 수 있도록 규칙적인 생활의 테두리를 준, 참으로 섭리적인 선택받은 원장이었다. 엘리사벳 수녀는 원장에게서 받은 어머니다운 영향을 깊이 깨닫고 그것에 감사하고 있었던 엘리사벳 수녀가 돌아가신 후에 발견된 작은 쪽지에는(그 겉봉에는 "원장님께만 드리는 비밀"이라는 뜻깊은 글이 씌어져 있었다.)"나의 마음에는 원장 어머니의 모습이 새겨져 있습니다"라고 기록되어 있었다.
엘리사벳 수녀를 비롯하여 모든 수녀가 참석한 새 원장의 첫 집회 때의 훈시에서 원장은 영적 지도 방침을 다음과 같이 밝혔다:"우리의 거룩하신 어머니 성녀 데레사께서 당신 친히 그렇게 완벽하게 준수한 다음, 우리에게 전해주신 이 회칙과 회헌을 성녀의 온전한 사도적 정신으로 할 수 있는 한 완전히 지킵시다." 이것이 삼위 일체의 엘리사벳 수녀가 저렇게 신속히 가르멜 수녀로서의 이상을 실현할 수 있었던 완전한 수도 생활의 지침이었던 것이다.

삼아 내놓은 설문지에 엘리사벳이 쓴 답은 그 수도 생활의 시작에서 이미 그녀의 상태를 우리에게 보여 주고 있다.

엘리사벳의 영적 특색인 모든 점이 이미 거기에 뚜렷이 드러난다. 성덕의 이상, 즉 사랑으로 죽기 위해 사랑으로 사는 것— 하느님 뜻에 대한 열성적 존중 ——, 무엇보다도 침묵을 사랑하는 것— 그리고 그리스도의 영혼에 대한 신심 —— 엘리사벳의 전 내적 생활의 표어, "하느님을 찾기 위해서 마음 속 깊숙히 잠기고 숨는 것", 자신의 두드러진 결점이었던 지나친 감수성까지도 잊지 않고 지적하고 있다. 다만 수련기의 수동적 정화 작업인 이탈과 삼위 일체의 영광의 찬미로 산다는 엘리사벳의 소명을 결정적으로 깨우쳐 주고, 생활을 변화케 할 최고의 은총이 아직 거기에는 보이지 않을 뿐이다.

*성덕에 대한 당신의 이상은?
—— 사랑으로 사는 것.

*사랑에 이르기 위한 가장 빠른 방법은?
—— 자신을 온전히 작게 하고, 아낌없이 깡그리 바치는 것.

*당신이 가장 좋아하는 성인은?
—— 주님의 가슴에 쉬신 애제자.

*당신이 좋아하는 회칙은?
—— 침묵.

*당신의 성격 중에 가장 두드러진 특징은?
—— 느끼기 쉬운 점.

*당신이 제일 좋아하는 덕은?
—— 순결, "마음이 깨끗한 이는 복되다. 그들은 하느님을 뵈오리니".

*제일 싫어하는 당신의 결점은?
—— 이기주의.

*묵상 기도의 정의를 말해 보세요.

── 본래 없던 자와 "존재 그 자체이신 분"과의 결합.
* 좋아하는 책은?
　　　── 그리스도의 영혼, 나에게 하늘의 아버지의 온갖 비밀을 보여
　　　줍니다.
* 천국을 열망합니까?
　　　── 때로는 천국의 향수에 젖습니다. 그러나 지복 직관을 제외하고는
　　　나는 이미 나의 마음 가장 깊은 곳에 갖고 있습니다.
* 임종때 어떤 심정으로 임종을 맞고 싶습니까?
　　　── 사랑하면서, 그리고 나의 사랑하는 분의 팔에 안겨서 죽고 싶습
　　　니다.
* 어느 순교를 가장 좋아합니까?
　　　── 어느 것이나 다 좋습니다. 특히 사랑의 순교.
* 천국에서 어떤 이름을 원합니까?
　　　── 하느님의 뜻대로.
* 당신의 표어는 무엇입니까?
　　　── 하느님은 내 안에, 나는 하느님 안에.

　　특유한 은혜로 가르멜 수녀로서 지닌 이상을 그 '근본'에서 살았던 것이다. 그녀는 곧바로 본질적인 것, 즉 고독, 끊임없는 기도 생활, 사랑으로 이룬 합일의 완성에로 나아가고 있었다. "가르멜 수녀는, 십자가에 못박히신 분을 바라보는 이, 사람들을 위해서 그리스도께서 당신 자신을 성부께 바친 것을 보는 이들입니다. 그리스도의 사랑의 이 큰 시현(示現) 아래 잠심하면서 그리스도의 사랑의 열정을 깨닫고, 자신도 주님처럼 자기 자신을 바치려고 하는 이들입니다. 가르멜 산위에서 침묵과 고독, 그리고 만사를 통하여 계속되기 위한 결코 마침이 없는 기도 가운데, 가르멜 수녀는 이미 천국에서와 같이 '하느님만으로' 살고 있는 것입니다. 언젠가는 그들의 지복이 되어 주시며 그 영광 중에 그들을 충족케 하실 분이 이미 당신을 그들에게 주십니다. 주님은 그들을 떠나지 않으며 그

영혼 안에 사십니다. 뿐만 아니라 둘은 하나가 되어 있습니다. 그래서 항상 하느님의 목소리에 심취되어 언제나 보다 깊이 하느님의 무한하신 존재 안으로 들어가기 위해 그들은 **침묵을 목말라하며** 사랑하는 분과 온전히 하나가 되어 있습니다. 어디에서나 그분을 발견하고 모든 것을 통해서 그분이 빛나고 있음을 봅니다"(G. 에게 보낸 편지 1902. 8. 7.).

"가르멜 생활은 오로지 주 그리스도 안에서 사는 것, 그렇게 할 때 모든 희생, 온갖 봉헌은 신적인 것이 됩니다. 우리의 마음은 모든 것을 통해서 사랑하는 분을 보고, 모든 것은 우리를 사랑하는 분께로 이끕니다. 그것은 마음에서 마음에로 전해지는 쉴 새없는 사귐입니다. 묵상 기도는 가르멜 생활의 본질입니다"(G. 에게 보낸 편지 1902. 9. 14.).

엘리사벳이 가장 좋아한 회칙 규정은 침묵이다. 입회 초기부터 옛 가르멜 수녀들에게 친숙한 표어 "홀로 계신 분과 함께 홀로"에 마음을 빼앗기고 있었다.

2. 지원기 중의 감각적 은혜—삼위 일체의 엘리사벳의 수도 생활 초기에도 흔히 있듯이 넘칠 듯한 감각적 위로가 특징지어진다. 하느님은 그녀를 서서히 다볼을 거쳐서 갈바리아 절정에로 이끄신다.

엘리사벳 수녀는 가끔 원장 수녀에게 "저는 은총의 무게에 견디지 못할 지경입니다"라고 거듭 말하곤 했다. 가대소에서 무릎을 꿇자마자 닥을 길없는 깊은 잠심이 엘리사벳을 사로잡았다. 자신이 하느님 안에서 움직여지지 않게 되어버린 것 같았다.

잠심 중에 고요히 복도를 걸어갔다. 그 무엇도 엘리사벳을 그리스도에게서 떼어낼 수는 없었다. 모든 곳에서 그리스도를 찾아내었다. 어느 날, 한 자매가 엘리사벳이 청소하다가 하느님의 현존에 너무도 마음을 빼앗기고 있는 모습을 보고는 가까이 가기를 삼갈 정도였다. 엘리사벳 수녀는 휴식 시간에는 쾌활하고 솔직하며, 상냥하게 각 자매들이 기뻐할 만한 이야기를 하였으나, 그 시간 외에는 그녀의 모습은 온통 하느님께 사로잡혀 있었다. 모든 능력은 하느님 안에

빨려들어 간 듯이 집중되어 성무일도 중에서도 무의식으로 잊어버리는 원인이 되었지만 그러한 과실을 참된 겸손으로 고백하였다. 은총이 엘리사벳을 부축하고 있음이 눈에 보이는 듯했다.

이렇게 지원기를 보내고 12월 8일 착복식에는, 발레 신부가 강론을 위해 왔다. 주님께 자신을 온전히 바치는 기쁨에 넘친 엘리사벳은 이날 자기 둘레에서 일어난 일에는 무관심했으며, 오로지 자신을 사로잡아 버린 그리스도께 온전히 넋을 빼앗기고 있었다. 저녁에, 작은 수방에서 오직 그리스도와 단 둘이 되자 마음은 기쁨으로 뛰었다. 감사의 노래가 마음에서 솟구쳐 하느님께 바쳐졌다. 엘리사벳은 마침내 사랑의 전생애를 "홀로 계신 분과 함께 홀로" 살게 되었던 것이다.

3. 수련기에서 이루어진 정화— 지금까지 하느님의 은혜는 엘리사벳을 채우고 있었다. 아직 그녀에게 부족한 자기의 무를 철저히 깨치고 자기의 비참함, 어떠한 악이라도 저지를 수 있는 가능성을 깨닫고, 이로써 자매들의 나약에 대한 더욱 깊은 이해심이었다.

마침내 하느님은 일년 동안이나 엘리사벳을 무력감과 권태에 내던져, 자신의 장래와 성소에 대해서까지 의심을 품게 하셨다. 서원 전날에는 사제 한 분이 오셔서 어찌할 바를 모르는 그녀에게 하느님의 뜻을 말해주어 안심시켜야 할 정도였다.

묵상 기도도 쉽게 할 수 없게 되었다. 마음을 드높일 수도 없게 되었고 자신을 간신히 끌고 가야만 되었다. 예술가적 천성은 생기를 잃었고, 감수성은 죽은 듯하였다. 이 불쌍한 수련자는 몇 번이나 수련장에게 자신의 무력, 싸움, 더욱 십자가의 성 요한이 묘사한 저 무서운 밤을 겪고 있는 감성적 고통을 충실히 열어 밝혔다. 하느님의 업적의 완성을 돕기 위해서 제르맨 수녀는 친절하면서도 엄격하게 엘리사벳을 인도하였다. 입회 초부터 제르맨 수녀는 그녀의 예민한 감수성을 알아 보았다. 이 젊은 지원자는 저녁 대침묵 때면 즐겨 옥상을 산책했다. 하늘을 바라보고 있노라면 엘리사벳은 하느님을 만나는 것 같았다. 마침

그때 제르맨 수녀가 그곳을 지나갔는데, 그때는 대침묵 시간이었으므로 이튿날 엘리사벳에게 말했다. "별을 바라보며 공상에 잠기기 위해서 가르멜에 오는 것은 아닙니다. 신앙으로 하느님께 가도록 하십시오."

그후에도 수련장은 엘리사벳을 단련시키기 위해 아주 작은 과실이나 사소한 잊어버림까지도 놓치지 않고 책망하였다. 그럴 때마다 삼위 일체의 엘리사벳 수녀는 겸손되이 땅에 입맞추고 물러갔다.

특히 제르맨 수녀는 엘리사벳에게 유혹이 될 수 있는 다정다감한 성격도 고의로 단련시켰다. 이 용감한 수련자는 얼마나 자기 마음을 끊임없이 경계해야 함을 누구보다도 경험으로 잘 알고 있었으므로 이 지도에 온전히 내맡겼다. 또한 엘리사벳이 가르멜에 들어가기 전에 친했던 한 친구에게 지나치게 집착하여, 거의 날마다 가르멜에서 만나고 있었다. 둘이서 정답게 오랫동안 이야기를 나누기도 하고 자주 편지를 주고 받으며 자기를 가장 사랑하고 있다는 친구의 고백을 읽고 또 읽으며 좋아했다. 엘리사벳의 이 시절을 본다는 것은 수도자로서의 그녀의 심리 상태를 이해하는 데 한줄기 빛이 되어 줄 것이다.

"가장 사랑하는 자매여, 우리는 절대 헤어지지 말아요. 만일 네가 좋다면 토요일의 영성체를 너는 나를 위해 나는 너를 위해서 하도록 해요. 그것은 우리들의 계약이 되어 '영원한 결합'이 될 테니까 이렇게 하면 말가리다를 바라보실 때 주님은 엘리사벳도 보시게 될 거야. 한편에게 주시면 다른 편에게도 주실 것이므로. 왜냐하면 우리는 두 몸이지만 하나의 희생, 하나의 영혼이 되어 있기 때문이지. 아마 내가 너무 감정적인지 몰라도 네가 나를 가장 사랑하는 자매라고 말해준 것이 너무도 기뻤단다. 나는 그 몇 줄을 거듭 읽으면서 기뻐하고 있어. 나도 역시 내가 가장 사랑하는 자매는 너라는 것을 새삼 말하지 않아도 될 거야. 네가 아플 때 나는 그 어느것도, 죽음까지도 우리를 떼어 놓을 수 없다는 것을 느꼈단다. 아, 사랑하는 자매여, 하느님께서 누구를 먼저 불러 가실지 알 수 없지만, 그때는 일치가 깨어지는 것이 아니라 오히려 완성될 거야. 너보다 먼저 가장 사랑하는 분께 가서 너에 대해 말씀드리는 것은 얼마나 기쁜 일일까.

주님이 우리 둘에게 피를 요구하실지 누가 알겠어. 그럴 때 함께 순교하면 얼마나 복될까? 하지만 그렇게는 안 될 거야. 분에 넘친 일이니까. …어쨌든 우리 마음의 피를 한방울 한방울 하느님께 바치도록 해요"(M.G. 에게 보낸 편지 1901.).

이 편지에서 다소 감상적인 열정을 느낄 수 있으며, 또한 이 친구의 증언으로도 엘리사벳의 격렬한 애정을 인정하지 않을 수 없다. 그러나 성인들의 이런 약점에 놀랄 일은 아니다. 성녀 말가리다 마리아도 한 자매에 대한 지나친 인간적인 애정에 한동안 마음을 빼앗겨 지극히 깨끗하신 예수 성심께 꾸중을 듣지 않았는가. 위대한 학자이자 성인인 토마스는 이 지상의 그 누구도 나약함으로 인한 과실을 완전히 피할 수는 없으며, 가장 완전한 자까지도 이러한 과실에 떨어진다고 가르치고 있다. 성인들이 자신의 노력과 하느님의 은혜로 어떻게 결점을 교정하였는지 책으로 씌어진다면, 우리에게 큰 위로가 될 것이다.

엘리사벳 카데즈는 자기 마음이 무엇에 사로잡힌 것을 알아차리자 곧 자연스럽게 예민하면서도 영웅적으로 이 올가미를 벗어났다. "사랑하는 말가리다, 나는 네게 밝힐 것이 있단다. 하지만 네 마음을 아프게 해주고 싶지는 않아, 그것은 오늘 아침 성당에서 네 곁에 있었는데, 이렇게 하는 것이 서로 말하는 것보다 좋다고 생각했어. 그래서 만일 좋다면 앞으로는 정원에서 보내던 시간을 이젠 함께 주님 곁에서 지내요. 이것이 너를 슬프게 한 건 아닌지? 가장 사랑하는 자매, 너도 나와 같은 생각이겠지? 나는 그렇게 느껴졌어. 부디 솔직히 말해줘요. 너의 엘리사벳에게는 무엇이든 말할 수 있지 않니?"(M.G.에게 보낸 편지 1901.)

이 철저한 이탈 행위 후 "나는 엘리사벳이 가버리는 것을 느꼈습니다"라고 이 친구는 말했다.

삼위 일체의 엘리사벳 수녀는 같은, 그러나 훨씬 더 깊은 수동적 정화를 받았다. 그녀의 모든 감각은 유일한 해방인 이 절대적 이탈을 거쳐야만 하였다.

원장 외에는 이 시기에 엘리사벳이 참아 견디고 있는 정화적 고뇌를 아무도 눈치채지 못했다. 위로가 됨직한 모든 것들이 그녀에게는 맛없고 메마른 것이었으며, 때로는 초조하게까지 생각되었다. 발레 신부가 지도한 피정도 설사 엘리사벳이 여느 때처럼 신부의 아름답고 깊은 가르침을 평가할 수는 있을지언정, 이 내적 고뇌에서 그녀를 구해낼 수는 없었다. 신부 자신도 그녀를 이해할 수 없어 슬펐던지 이렇게 말했다. "나의 엘리사벳이 어찌된 일입니까? 당신들은 그녀를 완전히 바꾸어 놓았습니다." 그가 이해하기 어려웠던 이 일은 하느님으로부터 온 것이어서, 인간으로서는 어떻게 할 수 없었던 것이다.

엘리사벳은 이 고된 시련을 겪은 뒤 더욱 굳센 신앙을 얻었고, 그것을 통해 시련 중에 있는 다른 이들을 이해하고 위로해 줄 수 있었다. 이 정화적 시기의 중요한 성과는 엘리사벳을 강건하게 또한 순수한 신앙 위에 세우고 감수성의 온갖 충동을 물리치며 하느님 안에 고요히 잠겨드는 영적 생활에로 엘리사벳을 결정적으로 들어가게 했던 것이다.

체력도 정신적 균형과 함께 회복되었다. 수도원 집회는 엘리사벳에게 허원을 승낙하고 이 소식을 성탄날 발표했다. 생애의 중요한 모든 다른 경우와 같이, 엘리사벳은 그리스도의 전능하신 기도인 미사 안에서 휴식을 찾았다. 그러나 이번에 그 기도는 각별히 간절하였다. 엘리사벳은 수도 생활에 대한 자신의 동경을 처음으로 털어놓은 상태이며, 어릴 때 쉽게 그 무릎에 안기기도 했던 존경하는 신부에게 9일간의 미사를 청했다. 그런 다음 엘리사벳은 수건을 깊이 내려 쓰고 숨어버렸다. 수녀들은 그녀가 언제나 얼굴을 수건으로 가리고 그림자처럼 회랑을 지나가는 것을 기도와 함께 지켜보고 있었다. 하지만 서원의 즐거운 희망을 품고 시작한 피정은 결국 매우 괴로운 것이 되어, 그녀의 장래와 성소가 문제될 정도였다. 그래서 매우 경험많은 한 수사 신부가 초청되어 엘리사벳을 설득하여 안심시킬 수 있었다. 엘리사벳 수녀는 사제의 말을 그리스도의 말씀과 같이 믿었다. 가르멜에서는 서원 전날 밤이 이슥토록 기도로 준비하는 것이 관습이었다. 엘리사벳 수녀는 성당에서 온전히 그리스도께 잠심하여 그 영광을 위해 자신의 생애를 받아 주시기를 간청하고 있었다. 그때 주님은 은혜의 빛으로 그녀를 찾아오셨다. "축복된 서원 전날 밤, 천상 정배의 오심을 기다리며 가대소에 있을 때 나는 천국이, 사랑하는 이를 위한 고통과 희생이 함께하는 신앙 안에서 이루어지는 천국이 이미 이 지상에서 시작되고 있음을 깨달았습니다"(한 신부에게 보낸 편지 1903. 7. 15.).

여기서 영적 생활의 새로운 단계가 시작되었다. 또한 정화되지 않은 감수성의 고통이나, 사소한 것에 대한 걱정이라든가 괴로워하던 일들은 모두 지나가 버렸다. 그뒤로는 자신이 사랑받고 있음을 깊이 깨달은 정배의 평화롭고도 확고한 신뢰로 갈바리아의 길을 걸어가게 된다. 가장 극심한 고통 가운데서도 여왕처럼 위엄을 갖추고 나아가게 될 것이다.

4. 보다 깊은 영적 생활—서원 다음날부터 삼위 일체의 엘리사벳 수녀는 감정적 세참이 아닌 새로운 열심과 차분한 영웅적 굳셈으로써 차근차근히 수도적 완덕을 추구하기 시작했다. 이 굳셈은 희생에서 희생으로, 마침내는 갈바리아의 완성에 이르기까지 엘리사벳을 인도해 갔던 것이다.

그녀의 내적 생활의 목표는 '엘리사벳', 말하자면 삼위 일체께서 사시는 '하느님의 집'이라는 그 이름을 실현하는 데 있었다.

참으로 모든 것을 통해서 추구해야 하는 하느님의 이 내재야말로 가르멜적 생활의 본질이며, 가르멜회의 가장 오래된 전통에 의한 것이다.「영혼의 성」에서 성녀 데레사는 끊임없이 여기로 되돌아오고 있다. "하느님의 세 위격과의 정겨운 사귐이야말로 성녀 데레사의 신비적 교설의 중심을 이루는 진리이다."

삼위 일체의 엘리사벳 수녀는 특별한 은혜로써 자신의 영적 생활의 가장 큰 특징을 거기서 찾아냈다. 그녀의 편지나 객실에서의 대화 그리고 시와 피정 결심도 모두 마음 안에 하느님이 계시다는 진리에서 비롯한다. 그리고 이 진리는 그녀 자신의 증언을 믿는다면 "나의 생활을 비추어 밝히는 아름다운 태양"(B. 부인에게 보낸 편지 1906.)이다. "내가 이것을 깨달은 날부터 모든 것이 나를 위해 빛나는 것 같았습니다." "나의 모든 수업은 마음 속 깊이 들어가 거기에 계신 분 안에 자신을 잠그는 것입니다"(G. 에게 보낸 편지 1903. 9.).

수도 생활 연륜이 깊어 감에 따라 엘리사벳은 더욱 더 이 평안의 원천이신 삼위 일체 안에 잠겨들었다. 그리고 삼위 일체는 끊임없이 그녀의 영혼에게 영원한 생명의 일부분을 나누어 주셨다. 때로는 마음 깊은 곳에서 가벼운 동요가 있었지만, 점차로 모든 것이 고요해졌다. "하느님과 친밀히 살 때, 마음과 마음이 통하고 사랑을 나눌 때, 그리고 마음 깊은 곳에서 주님을 찾게 됐을 때, 우리는 얼마나 행복한지요. 그렇게 되었을 때는 이미 우리는 혼자가 아닙니다. 이 흠숭하올 귀한 손님의 현존을 즐기기 위해서는 고독의 길요를 느낍니다. … 온갖 것은 빛납니다. 그리고 산다는 것이 얼마나 즐거워지는지요"(F. 에게 보낸 편지 1903. 4. 28.).

"가르멜에서의 나의 소임을 물으셨는데 가르멜 수녀로서 맡은 소임은 단 하나, 즉 사랑하고 기도하는 것입니다"(A. 부인에게 보낸 편지 1903. 6. 29.). " 가르멜 수녀의 생활은 아침부터 밤까지 또 밤에서 아침까지 언제나 계속되는 하느님과 합일하는 일입니다. 만일 주님이 우리 수방이나 복도를 채워주시지 않으신다면 얼마나 공허를 느끼겠습니까! 하지만 모든 것을 통해서 우리는 주님을 보고 있습니다. 말하자면 우리는 자신 안에 주님을 소유하고, 또한 으리의 생활은 앞서 맛보는 천국이기 때문입니다"(S. 에게 보낸 편지 1904.).

이 영적 생활의 고요한 리듬은 단순한 것이며 침묵하는 것, 우리를 구원하려고 마음 깊숙히 계신 '사랑'을 믿는 본질적 움직임에 언제나 귀착한다. 아직도 많은 어두움과 무력함이 남아 있음을 부정할 수는 없다. 그러나 변함없으신 하느님 앞에서 사는 이들 가운데 때로 생기는 뜻대로 안 되는 틈안은 아주 작은 것이다. 점차 서서히 모두는 잠잠해지고 신적인 것이 되어 간다.

이렇게 삼위 일체의 엘리사벳 수녀의 생애는 지나갔다. 그러나 하느님의 영광을 위해, 하느님으로 말미암아 살아온 많은 다른 위대한 사람들이 이미 살았던 이 열심한 가르멜에서, 엘리사벳이 '성녀'로 지명될 만큼 특별한 존재였던 것은 아니다. 수도원에서 누구를 성인이라 부르는 것은 보통 그 사람이 죽은 후의 일이다.

디쫑에서 삼위 일체의 엘리사벳 수녀는 단지 언제나 충실한 수련자였으며, 다른 많은 이들처럼 참된 가르멜 수녀로서 "그리스도와 함께 온전히 하느님 안에 숨어서"(골로사이 3:3) 생활하였을 뿐이다.

Ⅲ. 변화적 합일

　1904년 11월 21일, 엘리사벳 수녀는 은총의 도움으로 삼위 일체께 대한 그 숭고한 기도를 고치지도 않고 단숨에 지었다. 그때는 아직 그녀에게 사랑의 최고봉으로 올라가야 할 과제가 남아 있었다.
　엘리사벳은 우선 삼위 일체께 자신을 들어올린 후 곧 이어서 "나로 하여금 자신을 온전히 잊게 하소서" 하고 자기 자신에게 되돌아 가는데 그것은 결코 뜻없는 것은 아니었다. 3년간의 수도 생활 후에도 이길 수 없었던 하나의 장해, 곧 '자아'가 엘리사벳의 영적 생활의 길을 가로막고 있었다. 자신을 잊으며 사랑하는 것을 유일의 의무로 하는 이들이 갖는 최상의 자유에 아직 도달하지 못했다. 이것은 마지막 2년간의 일이 되었다. 숨어서 충실히 지낸 처음 18개월은 별 진전이 없었으나 성지주일 저녁 드디어 주님은 갑자기 엘리사벳을 찾아오시어 몸과 영혼에게 파괴와 소멸의 일을 시작하여 마치 번개처럼 신속히 그것을 완성시켰다. 이렇게 그녀 안에 변화에 의한 합일이 완성되었던 것이다. 그것은 다볼산에서가 아니고, 엘리사벳 자신의 소망과 같이 십자가에 못박히신 분에게 동화되어 "주님의 죽음을 닮은 자가 됨"으로써였다.
　이제부터 엘리사벳 생애의 가장 숭고한 마지막 단계가 시작된다.
　수개월 전부터 엘리사벳 수녀는 무척 피로를 느끼고 있었다. 주님의 도우심 없이는 드러 누워야 할 정도였다.
　수부 소임을 면제받기 전에는 부름받고 갈 때에, 계단을 하나하나 오르는데도 때로는 무척 힘에 겨울 정도로 엘리사벳은 매우 지쳐 있었다. "아침 소시경을 마치고 나면 힘이 다 빠져버린 듯 느껴져 하루를 어떻게 살아야 할지 생각할 정도였습니다. 마침기도 후 저의 무기력은 한계에 달하여 가끔 밤기도를 관면받은 한 자매를 부러워할 유감을 느낄 정도였습니다. 저는 대침묵 시간을 글자 그대로 죽을 듯이 고통스럽게 지냈습니다. 저는 성당 격자 옆 주님 곁에 있으면서 주님의 아픔에 동참하고 있었습니다. 그것은 순수한 고통의 한 시간이었지만 밤기도를 위한 힘을 얻을 수는 있었습니다. 저는 밤기도 동안 주님께 온 마음을 쏟는 것은 어렵지 않았으나 그후 또다시 무기력해졌습니다. 그러나 다행히 어두웠기 때문에 아무도 모르게 가끔 벽에 몸을 기대어 가면서 가까스로 수방에 돌아왔습니다"라고 엘리사벳은 원장에게 털어 놓았다(「추억」).

1906년 사순절이 시작된 낮 휴식 후 좋아하는 사도 바울로의 서간을 펼쳤을 때에 다음의 구절이 눈에 띄었다. "내가 바라는 것은 그리스도를 알고 그리스도의 부활의 능력을 깨닫고 그리스도와 고난을 같이 나누고 그리스도와 같이 죽는 것입니다"(필립비 3:10).

"그리스도의 죽음을 닮는 자 된다"는 이 마지막 구절이 엘리사벳의 마음을 자극했다. 이것은 멀지 않은 그녀의 해방을 알리고 있는 것 같았다.

사순시기 중반에 심한 위장병 증세가 나타났다. 성 요셉 축일 후 엘리사벳 수녀는 마침내 병실로 옮겨졌다. "나는 성 요셉께서 금년에 나를 데리러 오실 것을 알고 있었습니다. 그리고 이처럼 벌써 오셨습니다"라고 그녀는 진심으로 기쁜 듯이 말했다.

기도의 십자군이 조직되었지만 그것도 헛되이 병세는 더욱 나빠져갔다. 그러나 엘리사벳 수녀는 기쁨에 넘쳐 있었다. 병의 원인을 다른 데서 찾지 않고 그녀는 이 신비적 병을 '사랑의 병'이라고 불렀다. "나를 괴롭히고 불태워 버리는 분은 주님입니다. 나는 주께서 하시는 대로 몸을 내어드리고 맡깁니다. 주님께서 하시고자 하는 모든 것에 대해서 지금부터 기뻐하고 있습니다." 성지주일에는 의식불명이 되더니, 병세는 갑자기 위독해졌다. 밤중에 한 사제가 달려왔고, 엘리사벳 수녀는 타는 듯한 눈으로 손을 모아 서원때의 아름다운 십자가상을 가슴에 품고는 황홀한 듯이 "오, 사랑, 사랑, 사랑" 하고 되뇌었다.

"나는 지금까지 많은 병자를 보아 왔지만 저런 광경은 처음입니다"라고 엘리사벳에게 병자 성사를 준 신부는 말했다.

성 금요일에는 그녀가 숨을 거두는가 싶었는데 발작이 지나갔다. 성 토요일 아침, 간호 수녀들은 엘리사벳 수녀가 침대 위에서 무릎을 꿇고 있는 것을 보고 놀랐다.

다시 생명을 되찾은 데 대해 엘리사벳은 실망하는 것 같았다. "성지주일 저녁, 심한 발작이 일어나, 이 지상에서 이미 나의 거처였던 거룩하신 삼위 일체를 마주 바라보기 위한 무한한 세계로 날아갈 때가 드디어 왔다고 생각했습니다. 밤의 적막과 침묵 속에서 나는 병자 성사와 주님의 방문을 받았습니다. 주님은 나의 현세와의 유대를 끊기 위해서 이 순간을 기다리신 것같이 여겨졌습니다. 주님 뵙기를 기다리면서 무어라 표현할 수 없는 여러 날을 보냈답니다"(G. 에게 보낸 편지 1906. 5.).

"늘 제 마음을 열어 보인 신부님께는 모든 것을 말씀드릴 수 있다고 생각합니다. 저의 사랑하는 분을 표현할 길없는 아름다움 안에서 뵈오며, 이 지상에서 이미 저의 천국이었던 삼위 일체 안에 이제 막 몸을 맡기려는 생각은 저의 영혼을 이루 헤아릴 수 없는 기쁨으로 채워 줍니다. 또다시 지상에 돌아옴은 얼마나 괴로운 일인지요. 아름다운 꿈에서 깨어나 바라보는 지상은 얼마나 추하게 보이는지요. 오직 주님 안에서만이 온갖 것은 깨끗하고 아름다우며 거룩합니다"(한 신부에게 보낸 편지 1906. 5.).

그러나 갑작스런 이 타격은 엘리사벳을 보이지 않는 세계로 성큼 다가가게 했다. 육체적 병같은 것은 초월하여 사는 데 익숙해진 엘리사벳 수녀는 첫순간부터 이 병의 섭리적 뜻을 깨닫고 있었다. 그녀는 거기에서 지금보다 더 자신을 찾으시는 하느님의 손, "너무나도 큰 사랑"을 발견했던 것이다. 엘리사벳은 곧 하느님의 계획에 순응하였다.

"주님이 잠시 생명을 돌려 주신 것은 오직 그분의 영광을 위한 것이다"라고 생각했다. 십자가의 성 요한의 유명한 그림 해설에 있듯이 주님은 엘리사벳을 "하느님의 영예와 영광만이 있는" 이 가르멜산 절정에 머물게 하고자 하셨다.

발작이 일어나기 수개월 전, 1905년 여름 큰 휴식 때(수녀들에게 규정된 휴식 시간 외에, 어느 일정한 시간에, 서로의 대화가 허락됨)의 일이다. 어느 한 자매와의 정다운 대화중에서 성 바울로의 서간 안에서 "영광의 찬미"라는 엘리사벳의 결정적 은혜의 이름을 찾게 되었다. 그리고 그때부터 그녀의 영성 생활의 모든 노력은 이 방향에로 향해졌다. 그것은 흔히 오랜 기간에 걸쳐 서서히 완성되어 가는 것인데 주님은 여기서 급작스럽게 역사하셨던 것이다.

이렇게 주님은 자주 사람들에게 하느님의 길을 스스로 노력하면서 걷는 대로 버려두신 다음, 갑자기 가장 사소한 것에까지 관여하시어 그들의 생활 전부를 당신 친히 이끄신다. 그리고 마침내 저항키 어려운 은총의 힘으로 그들을 주님께로 끌어 올리시는 것이다. 주님은 곧잘 제이차적 원인, 가령 한 생애를 부수는 듯한 큰 시련, 즉 죽음으로 이끄는 듯이 보이는 병들을 이용하시는데, 실제로 그 모든 것의 완성은 곧 갈바리아의 거룩한 때인 것이다. 엘리사벳 수녀의 경우도 이와 같았다. 성지주일 저녁과 성 금요일의 급작스런 발작은 드높은 해방의 신호, 변화적 합일에로 나아가는 결정적인 뛰어듦이었다.

이때부터 삼위 일체의 엘리사벳 수녀는 세상의 모든 일에서 무관심하게 되었으며, 영원 안에서 세상을 사는 영혼이 되었던 것이다.

엘리사벳과 가장 정답게 지내던 자매들은 이때부터 그녀가 성녀임을 알았다고 한다. "그녀가 가버리는 것을 느꼈습니다." "우리는 이제 엘리사벳을 따라갈 수가 없었습니다. 그녀는 이미 피안의 사람이었습니다." 엘리사벳은 ── 한 증인이 엘리사벳 자신의 말이라는 것을 모르고 표현한 대로 ── 마치 "여왕의 위엄"을 갖추고, 고뇌의 길을 나아갔던 것이다.

이것은 모든 사람들 눈에 뚜렷이 비추어졌다. 파괴되어 감어 따라 더욱 더 행복해 한 엘리사벳은 자기를 초월하면서 자신을 잊고 있었고 밤낮으로 단 하나의 생각, 즉 삼위 일체께 대한 영광의 찬미만이 엘리사벳을 사로잡고 있는 생각이었다. 그녀에게는 이제 이웃을 위한 봉사에 자기 생명을 남김없이 써버리려는 하나의 소망밖에 없었다. 그리고 십자가에 못박히신 분과 같이 되어 죽는 것을 갈망하고 있었다. "나는 날이 갈수록 쇠약해집니다. 주님이 나를 마중오실 날도 그리 멀지 않음을 느낍니다. 나는 남모르는 기쁨, '고뇌의 기쁨'을 맛보고 또한 경험하고 있습니다. …나는 죽기 전에 십자가에 못박히신 예수님과 같이 되기를 열망하고 있습니다"(G. 에게 보낸 편지 1906. 10월말).

삼위 일체의 신비가 그 생활의 전부였던 엘리사벳 수녀의 마지막 수개월은 오로지 십자가에 못박히신 분의 생각으로 꽉 차 있었다. 확실히 성녀 데레사의 충고대로, 가장 높은 신비적 상태에서라도 그리스도의 인성을 생각하는 것을 결코 잊어서는 안된다. 하느님이신 그리스도가 사람으로서는 언제나 우리를 성부께로 인도하는 길이고 갈바리아는 삼위 일체께로 이끄는 유일한 길이다. 삼위 일체의 영광은 엘리사벳의 전부를 지배하고 있었다. 그 영광에 대한 끊임없는 생각은 십자가에 못박히신 그리스도의 모습에 깊이 결합되어 있었다.

"'그 죽음을 닮는 자 된다.' 이것이 나의 마음을 온통 차지하고 있으며, 고통중에 내 영혼에게 힘을 줍니다. 파괴의 작업을 얼마나 나의 피부로 느끼고 있는지를 아신다면 …갈바리아의 길이 열려진 것입니다. 나는 정배로서 십자가에 못박히신 분의 곁에서 이 길을 간다는 것이 참으로 기쁩니다."

" 18일에 저는 스물여섯이 됩니다. 이 해를 현세에서 마칠지, 아니면 영원 안에서 마칠지 저는 모릅니다. 그래서 저는 어린애가 아버지께 하듯 저를 미사 때 영광의 찬미의 호스티아로 바쳐 주시도록 간곡히 부탁드립니다. 이미 제가 아니고, '그분'이 되도록 그리고 성부께서 바라보실 때 저를 그분으로 인정할 수 있도록 부디 저를 온전히 바쳐 주십시오. 저는 그분의 죽음을 닮은 자 되어 그분의 몸이신 성교회를 위해 주님 수난의 결함된 것을 제 몸으로 고통할 수 있도록 그리고 저는 주님의 힘으로 강하게 되도록 그리스도의 성혈 안에 저를 담궈 주십시오"(한 신부에게 보낸 편지 1906. 7.).

이렇게 엘리사벳 수녀의 영성 생활은 사랑으로 더욱 더 그리스도께로 동화되는 것, 자녀다운 애정을 성모께 품는 것, 세례로 받은 삼위 일체적 의의에 사는 것에 집약되었다. 십자가에 못박히신 분의 영혼 안에 옮겨져 엘리사벳의 영성 생활은 마침내 극히 단순한 것이 되었다. 말하자면 삼위 일체의 영광…그것이 전부였다.

드디어 삼위 일체의 엘리사벳 수녀는 완전히 그리스도와 동화된 성인들의 영혼의 높이에 이르렀다. 다른 모든 것은 이 영혼의 통일 안에 집약되고, 또는 사라졌다. 그녀의 영혼 안에서는 온갖 것이 조화를 이루었던 것이다.

"지복의 궁전도, 고뇌의 궁전"도 엘리사벳에게는 같은 것이었다. 고통을 원하는 마음도 천국에 대한 소망도 물리친 것은 아니다. 천상 예루살렘에 대한 묵시록의 마지막 몇 장을 애독함에 따라 천국은 점차로 그녀의 마음을 강하게 끌어당겼다. 엘리사벳은 지금까지 이처럼 신적이자 동시에 인간적인 때는 없었다. 그녀의 따스한 마음은 특히 수도원 자매들에게 나타나고 있었다. "그리스도의 마음은 제자들을 떠나려던 때만큼 사랑에 넘친 적은 없었습니다. 사랑하는 자매여, 나도 당신을 나의 기도로 감싸주고 싶음을 이처럼 세차게 느낀 때는 지금까지 없었어요. 고통이 심해질 때 그것을 당신을 위해 바치려는 생각이 너무나도 벅차올라, 그렇게 하지 않고는 못 견딜 지경이랍니다. 당신은 지금 특히 그런 것의 필요를 느끼고 계신지요. 무슨 고통스러운 일이 있나요? 그럼 내 고통을 전부 드리니 온전히 자유롭게 써 주세요. 주님이 멀지 않아 곧 나를 데리러 오신다는 생각으로 내 마음이 얼마나 기쁨에 넘치는지요? 주님이 지켜주신 이와 지나가는 현세의 것을 찾지 않고 보이지 않는 영원한 것만을 찾은 이에게 죽음은 그 얼마나 멋있는 것인지요?"

"천국에서 나는 지금보다 더 당신 곁에서 천사가 되겠어요. 파리 한복판에서 생활하는 작은 자매에게 얼마나 보호가 필요한지 나는 잘 알고 있어요. 성 바울로는 '하느님은 우리를 그리스도와 함께 살게 하시려고 천지창조 이전에 이미 우리를 뽑아 주시고 당신의 사랑으로 우리를 거룩하고 흠없는 자가 되게 하셔서 당신 앞에 설 수 있게 하셨다'(에페소 1:4)라고 말씀하십니다. 주님의 뜻인 이 크나큰 결정이 당신 안에서 실현되기를 얼마나 열심히 기도드리는지 모릅니다. 그러므로 성 바울로의 권고를 마음에 새깁시다. '예수 그리스도 안에서 걷고 그분 안에 뿌리박고 그분 위에 세워지고 신앙으로 굳세어져 그분 안에서 날로 더욱 성장하시오.' 내가 주님의 큰빛 안에서 완전한 아름다움을 바라볼 때 그 아름다움이 당신 영혼에 새겨져 모든 것이 더러워진 이 지상에서 당신이 이미 그분의 아름다움으로 아름답게 되고 그분의 빛으로 빛나도록 청하겠습니다. 안녕히 계십시오. 나를 위해 주님께 감사드려 주십시오. 내 행복은 참으로 셈할 수 없을 만큼 큰 것이랍니다. 그럼 '성도들의 상속'인 천국에서 다시 만납시다. 그곳에서 우리는 하느님께 바쳐진 무리, 빛과 같이 깨끗한 사람들 가운데 하느님을 우러르며 어린 양의 아름다운 찬미가인 영원한 '거룩하시다'를 노래합시다. 그때 '우리는 영광에서 영광으로 나아가 주님과 같은 모습으로 변화할 것이다'라고 성 바울로는 말씀하십니다. 애정을 다해 당신을 포옹합니다. 나는 영원히 당신의 천사가 되겠습니다"(C. 에게 보낸 편지 1906년 여름).

1906년 8월 2일, 가르멜 입회 기념일 밤 엘리사벳은 잠을 이룰 수 없어 창가에서 주님과 함께 기도로 밤을 지새우며 참으로 영적인 밤을 보냈다. "푸른 하늘은 진정 고요한 아름다움으로 빛났으며 수도원 안에는 이루 말할 수 없는 깊은 침묵이 넘쳐 흐르고 있습니다. …그리고 저는 많은 은총으로 채워진 지난 5년간을 되돌아보고 있습니다"(어머니에게 보낸 편지 1906. 8. 3.).

마지막이 가까워짐을 느낀 엘리사벳 수녀는 영원한 생명으로 나아갈 준비를 더욱 더 잘 하기 위해 8월 15일 밤부터 피정을 하고 싶다고 청했다. 어느 한 자매에게 보낸 작은 쪽지에서 기도와 잠심으로 며칠을 보내기 위해 '하늘의 문'과 함께 떠난다고 알리고 있다. "'영광의 찬미'는 영광을 준비하기 위하여 오늘 밤 천국 수련소에 들어갑니다. 그래서 자매님의 기도를 청하고 싶군요. …'하느님께서는 이미 오래전에 택하신 사람들이 당신 아들과 같은 모습을 가지도록 미리 정하셨습니다'라고 성 바울로는 말씀하셨습니다. 이것이 내가 배우고자 하는 것입니다. 흠숭하올 주님, 사랑으로 십자가에 못박히신 분과의 합일, 그분과 온전히 하나가 되는 것. 그렇게 되었을 때 비로소 나는 '영광의 찬미'라는 나의 임무를 완수하고 주님의 집 앞뜰에서 목소리 드높이어 노래부를 날을 기다리면서 이미 영원한 '거룩하시다'를 노래할 수 있을 것입니다"(수도원에서 함께 사는 한 자매에게 보낸 쪽지).

주님께서 갈바리아로 이끄시는 것을 느끼면서 주님과 함께 침묵의 며칠 밤을 지새는 동안 엘리사벳은 원장의 청으로 '영광의 찬미'라는 자신의 사명에 대한 생각을 '영광의 찬미의 마지막 묵상'이라는 표제로 기록하였다. 마지막 주간까지 엘리사벳은 겨우 가누는 몸으로 밤기도에 참석하여 트리뷘(tribune) 성당이 내려다보이게 된 작은 기도방 한 구석에 꾸부리고 앉아 쇠진한 심신의 마지막 기력까지 다 바치고 있었다. 극도로 쇠약해 있으면서도 할 수 있는 데까지 수도

원의 아주 작은 규칙과 회습까지도 충실히 지켰다. 계속된 불면으로 육체는 물론 영혼도 순교의 고통을 느끼고 있었다. 깊은 신앙의 정신으로 엘리사벳은 원장 수녀에게 의탁하고 있었다. 원장 수녀를 '나의 사제'라고 부르며 자기를 희생 제물로 바치는 임무를 주님으로 받은 분으로 모셨다.

"11시—고통과 지복의 궁전에서,

사랑하는 원장 어머니, 사랑하는 나의 사제, 어머니의 작은 '영광의 찬미'는 잘 수가 없어 괴로워하고 있습니다. 하지만 그 영혼 안에는—때로 고뇌가 일어나긴 하지만—정말 깊은 고요가 넘치고 있습니다. 이 천국의 평화를 가져다 주신 것은 어머니의 방문입니다.

제가 갈바리아에 오르는 것을 도와주십시오. 저는 제게 대한 어머니의 사제직을 사무치도록 강하게 느낍니다. 그리고 참으로 원장 어머님의 도움이 필요합니다.

어머니 저는 성삼위께서 제 곁에 계심을 느끼고 고통보다 오히려 행복에 압도되어 있습니다. 주님은 거기가 제가 살 곳이며 제 스스로 자신의 고통을 선택해서는 안 된다고 깨우쳐 주십니다. 그러므로 저는 주님과 함께 공포와 고뇌를 감싸안고서 고통의 바다 속에 몸을 가라앉힙니다"(1906. 10.).

"사랑하는 나의 사제이신 어머니의 작은 호스티아는 무척 괴로워하고 있습니다. 이것은 일종의 육체적 고통입니다. 저는 자신의 무기력함을 큰 소리로 외치고 싶어집니다. 그러나 넘치는 사랑이신 분께서 저를 찾아 주시어 당신과 친교를 맺게 하시며 지상에 머무는 한 고통을 주신다는 것을 깨닫게 해주십니다" (1906. 10.).

가장 심한 괴로움 중에도 엘리사벳에게서 어떤 작은 허물도 볼 수 없었다. 그 아름다운 미소는 결코 사라지지 않았다. 마지막 몇 주간이나 계속되는 순교자와 같은 고통 가운데서 뚜렷이 나타난 것은 굳셈의 은사의 역사였다. 어느 날 몹시 괴롭지 않는가고 물었을 때 엘리사벳은 창자를 도려내는 듯한 손짓을 하며 그 얼굴이 일그러졌다. 그러나 손짓을 마치고는 이내 여느 때와 마찬가지로 안온하고 명랑한 분위기로 되돌아왔다.

10월 15일, 기진맥진해진 상태에서 엘리사벳은 발레 신부와 마지막으로 만났다. 엘리사벳 안에 이루신 하느님의 역사, 그녀를 "이처럼 뛰어나게, 이다지도 영신적으로 아름답게" 만드신 하느님의 파괴의 손길에 경탄하였다. 발레 신부는 엘리사벳에게 고뇌를 뛰어넘어 사랑에까지 이르도록 온 힘을 다하여 노력하라고 격려하였다. 발레 신부의 이 마지막 방문에서 매우 위로를 받은 엘리사벳은 잠깐 엿보았던 높은 절정으로 오른다. 갈바리아에서 이루어진 변화적 합일 상태는 지상에서 일어나는 그 어떠한 것과도 같을 수 없다.

10월 29일, 약간 병세가 호전된 엘리사벳은 가족과 만나기 위해 객실에 나갈 수 있었다. '새하얀 예쁜 두 송이의 백합'과 같은 어린 두 조카를 데리고 온 그들의 어머니(동생 말가리다)는 두 아이를 격자 앞에 무릎을 꿇게 하였다. 엘리사벳 수녀는 서원때 받은 아름다운 큰 십자가로 조카들을 축복해 주었다.

헤어질 적에 엘리사벳은 자기 어머니에게 다음과 같이 속삭일 만큼 용기가 있었다. "어머니! 외부 자매님이 저의 고통이 끝났다고 알려주시거든 부디 무릎을 꿇으시고 '주님! 당신은 제게 저 딸을 주셨습니다. 그리고 지금 제게서 데려가셨습니다. 주님의 이름은 찬미받으소서' 하세요.[3]"

이튿날, 10월 30일, 엘리사벳 수녀는 이제 병실을 떠날 수 없게 되었다. 저녁때 심한 오한으로 떨었으며 그녀는 아주 기진맥진해졌다. 그날 밤은 천국이 열릴 것 같았다. 31일 이른 아침 서둘러 병자성사의 은혜를 다시 받을 수 있었다. 성교회는 모든 성인의 날의 제1 저녁기도를 노래하고 있었다. 이미 쓸 수 없게 된 엘리사벳 수녀는 마지막 전할 말을 받아 쓰게 하였다. "오롯이 사랑하고 흠숭하던 천상 정배를 만나게 될, 무척 열망하던 때가 드디어 왔다고 생각합니다. 어린 양의 옥좌 앞에서 그 도성에서 밤낮으로 그분을 섬기고 있다고 사도 요한이 본 저 큰 무리 가운데 나는 오늘밤에 들어갈 수 있으리라고 희망합니다. 묵시

주3) : 외부 자매에게서 소식을 받고 딸의 유해가 안치된 객실에 온 카데즈 부인은 자기도 모르는 새 비통하게 울부짖었다. 그때 함께 온 친구가 "엘리사벳이 어머니에게 부탁할 말을 기억하세요" 하고 말했다. 용감한 어머니는 무릎을 꿇고 "오, 주님! 당신은 제게 이 딸을 주셨습니다. 그리고 지금 제게서 이 딸을 데려 가셨습니다. 주님의 이름은 찬미받으소서" 하였다.

록의 아름다운 장과 마지막 장에서 만납시다. 이 장은 영혼을 지상에서 높이 들어올리며 내가 지금 영원히 잠기려고 하는 커다란 '지복 직관' 속으로 옮겨 줍니다"(H. 부인에게 보낸 편지 1906. 10. 31.).

정오에 온 마을의 종이 울렸다.

"오, 원장 어머니, 이 종소리는 나의 마음을 드맑게 해줍니다. 영광의 찬미의 출발을 위해 울리고 있습니다. 이 종소리는 나를 기쁨에 겨워 죽게 할 것입니다. 자, 출발합시다"라고 부르짖었다. 그리고 하늘을 향해 양팔을 벌렸다.

모든 성인의 축일 아침 열시쯤 마지막 시간이 온 것 같았다. 모든 수녀들은 임종자를 위해 기도하고자 병실에 모였다. 엘리사벳 수녀는 아주 탈진한 상태에서 몸을 겨우 가누며 자매들이 모두 모인 것을 확인하고 용서를 청했다. 그리고 자매들의 요청에 따라 다음과 같이 말했다. "모든 것은 지나갑니다. … 생애의 마지막에는 사랑만이 남습니다. … 모든 것은 사랑으로 해야 합니다. …끊임없이 자기를 잊어버리면서요. 주님께선 우리가 자신을 잊는 것을 아주 좋아하신답니다. 아, 나도 늘 그렇게 했더라면 좋았을 것을…"

이때부터 괴로운 임종의 고통이 9일간 계속되었다. 제단 위에 있듯이 침대 위에 누워 눈을 감고 남은 생명을 영혼의 가장 깊은 곳에 모으고 이 거룩한 제물은 기도하고 있었다. 이미 거룩한 호스티아를 못 영하게 된 것을 위로하려고 하자 "저는 주님을 십자가 위에서 만났습니다. 그 곳에서 주님은 제게 생명을 주십니다" 하고 말했다.

심한 두통으로 뇌막염을 일으킬 위험이 있었다. 쉴 새없이 얼음을 얹어 이를 막았는데 얼음이 순식간에 녹아 버릴 정도로 머리는 불덩어리 같았다. 말은 거의 알아들을 수 없게 되었으나 하느님과 정겹게 이루어진 합일의 완성을 나타내고 있었다. 피골이 상접하게 변해 버린 엘리사벳 수녀의 얼굴에 문득문득 성면의 괴로운 표정이 엿보여 보는 사람의 마음을 아프게 했다. 마치 십자가 위의 그리스도 그대로인 것 같았다. 3주간 전에 엘리사벳은 원장에게 털어놓지 않았던가. "만일 주님께서 탈혼과 갈바리아에서 모두에게 버림받고 죽는 것중, 어느 것을 택하겠느냐고 물으신다면 저는 주님을 닮기 위해 후자를 선택할 것입니다." 주님은 엘리사벳의 소망을 그대로 들어 주셨다. 안으로도 밖으로도 갈바리아의 고뇌였다. 심한 발작 후, 엘리사벳은 "오, 사랑이여, 사랑이여, 나의 몸과 마음 전부를 당신 영광을 위해 다 써 주십시오. 성교회를 위해 한 방울 한 방울 모두 쥐어 짜주십시오" 하고 부르짖었다.

임종 이틀 전에 의사는 맥박이 극도로 약해졌음을 알렸다. 엘리사벳은 기뻐하며 "이틀 후 나는 나의 성삼위 품속에 있을 것입니다. 나의 손을 잡고 천국에로 데려다 주실 분은 저 빛나는 마리아이십니다" 하고 겨우 말했다. 신앙이 없는 의사는 이러한 기쁨을 놀라워하며 감탄하였다. 엘리사벳 수녀는 우리에게 베풀어 주시는 하느님의 '사랑'의 위대한 신비와 우리가 하느님의 자녀가 되는 것에 대해 말하다가 너무 감격하여 기진하였다. 그런 중에서도 엘리사벳은 노래를 부르듯이 "나는 빛에로 사랑에로 생명에로 갑니다"라고 했다. 이것이 우리가 들을 수 있었던 엘리사벳의 마지막 말이었다.

11월 9일 금요일, 5시 45분 엘리사벳 수녀는 오른편으로 몸을 돌려 머리를 뒤로 제쳤다. 얼굴은 빛났고 8일 전부터 힘없이 계속 감겨 있던 그 아름다운 눈을 뜬 뒤 침대 곁에 무릎을 꿇고 있던 원장 수녀의 조금 윗쪽을 감동한 표정으로 바라보고 있었다. 엘리사벳은 천사와 같이 아름다웠다. 그녀 주위에서 임종자를 위한 기도를 올리고 있던 자매들은 정신없이 엘리사벳을 바라보고 있었는데 언제 마지막 숨을 거뒀는지 깨닫지도 못한 채 엘리사벳 수녀는 이미 자매들에게서 떠나갔음을 알게 되었다.

그날은 엘리사벳 수녀가 가장 좋아하던 축일 가운데 하나인 라테란 성전 축성 축일 아침이었다. 가대소에서 자매들은 유해 앞에서 하느님 집의 찬미가 '복되다 예루살렘 빼어난 도시 평화의 거울이라 일컬어지고'를 노래할 때 엘리사벳은 이미 영원한 평화를 바라보면서 천상 예루살렘의 빛 속에서 손에 손에 종려가지를 들고 밤낮으로 끊임없이 "거룩하시다, 거룩하시다, 거룩하시다. 전에도 계셨고 지금도 계시고 영영 세세에 계실 전능하신 주 하느님" 하고 노래부르는 모든 성인들의 무리에 섞여 있었다. 그것은 엘리사벳 수녀가 마지막 며칠 동안 더욱 많이 생각하고 있던 광경이었다. 그들과 함께 부복하여 예배하고 그 사랑의 순교의 보상인 자신의 화관을 던지면서 엘리사벳은 어린 양의 옥좌 앞에서 "주는 권능과 부귀와 지혜와 힘과 영예와 영광과 찬양을 받으실 자격이 있으십니다"(요한 묵시록 5:12) 하고 끊임없이 되풀이하고 있을 것이다.

삼위 일체 앞에서 엘리사벳은 영원히 '영광의 찬미'가 되었던 것이다.

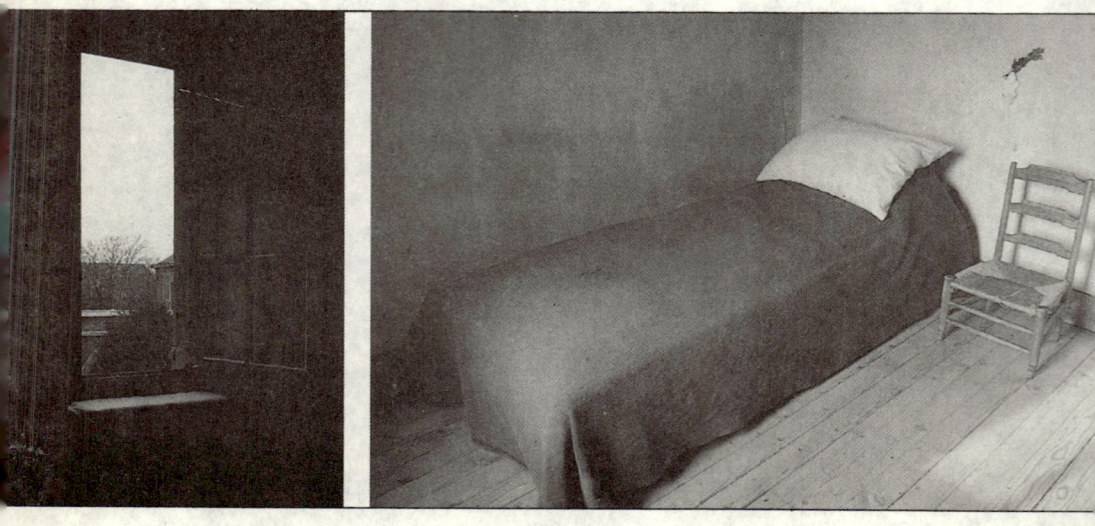

제 2 장

침묵의 수업

*"당신이 좋아하는 회칙은?"
——"침묵."

    자아로부터의 벗어남과 하느님과의 합일. 모든 성화는 대개 이 두 가지 근본적 요소로 이루어지고 있다. 모든 성인들의 각양각색의 생애에서도 이 두 가지 요소는 늘 볼 수 있다. 가르멜 수녀에게 있어서도 자아에서 벗어난다는 부정적 측면은 절대적 격리의 형태를 취한다. 가르멜은 사막이며 하느님뿐이다.
    그러나 같은 가르멜 회원이라도 각자는 가르멜의 신비학자 십자가의 성 요한이 각별히 중시한 "피조물의 '무'와 '하느님은 모든 것'이라는 가르침"을 제각기 독특한 양상으로 산다. 하나의 별은 단지 그 크기에서만 아니라 그 특유한 빛, 그 독특한 광채로서도 다른 별과 다르다. 이처럼 성인들에게 이루어지는 하느님의 역사도 다양하다. 같은 수도회의 성인이라도 두 사람을 같은 틀안에 넣으려는 것은 억지다. 공통된 특질 안에서도 부정할 수 없는 서로 다른 점을 발견하게 된다.
    영혼의 깊은 데까지 파고드는 것을 임무로 하는 신학자의 역할은 이것을 잘 식별하는 일이다. 특성이 드러날 때 각자의 모습이 뚜렷이 나타난다.
    예수 아기의 성녀 데레사와 삼위 일체의 복녀 엘리사벳은 가끔 비교되기도 하고 또는 대조해 보기도 하는데 그녀들의 깊은 그 뿌리부터 다르다. 리지외의 가르멜 수녀는 사랑으로 꺾은 장미꽃잎으로 전가톨릭계를 찬란히 감싸 현대인에게 하느님 앞에 다시 어린이가 되는 길을 가르치고 디죵의 가르멜 수녀는 내적 영혼에 대한 사명을 다해 그 인도자가 된다. 삼위 일체의 엘리사벳 수녀는 침묵과 잠심의 성녀이다.

1. 침묵의 성녀—열다섯 살에 지은 시에서 보여 주듯이 엘리사벳 카데즈는 이미 그때부터 그리스도와 함께 머무는 고독을 동경하였다. "당신과 함께 고독하게 살리라"(시, 1896. 8.).

열아홉 살 소녀 시절의 일기에는 다음과 같이 쓰고 있다.

"이윽고 나는 깡그리 당신 것이 되겠습니다. 나는 다만 홀로 당신만으로 고독 속에서 살겠습니다. 당신께만 쏟고 당신과만 살고 당신하고만 이야기하면서."

여름 휴가 동안 시골에서 지낸 엘리사벳의 가장 큰 즐거움은 한적한 숲속에 숨어버리는 것이었다(A. 부인에게 보낸 편지 1902. 9. 29.).

입회하고 얼마되지 않아서 엘리사벳은 가르멜적 고독에 마음을 빼앗겼다. '홀로 계신 분과 홀로.' 이것이 가르멜 생활의 전부이다.

가르멜 수녀는 원래 그릿 사막을 고향으로 삼고 동굴을 숨어 사는 집으로 삼는 관상적 은둔자이다. 그러나 성녀 데레사가 루터 이단이 끼치는 해독을 보고 개혁 가르멜회를 창립한 것으로도 알 수 있듯이 멸망해 가는 사람들의 구령을 잊은 것은 아니다. 가르멜 수녀가 하느님께 봉헌하는 증거는 하느님 이외의 일체를 모두 잊고, 하느님만을 응시하는 고독한 자의 증거이다. 은혜로써 삼위 일체적 생명에 참여하기까지 높여진 이가 주시할 곳은 오직 하느님의 아름다움뿐이라는 것을 그들은 묵묵히 그러나 매우 감동적인 행위로 증거한다. "님 하나시면 흐뭇할 따름이니라!"(성녀 데레사의 금언).

가르멜 수녀의 사도적 활동이란 온갖 것을 얻을 수 있는 기도이다. 변화적 결합에까지 높여진 한 사람만으로도 외적 활동 안에서 움직이는 많은 사람보다 교회를 위해, 세계를 위해서 유익하다.

삼위 일체의 엘리사벳 수녀의 사도적 활동은 관상에서 얻은 넘치는 풍요로움에서 전세계에 영향을 미치는 묵묵한 관상가의 전형이다.

첫날부터 엘리사벳은 가르멜에게 온갖 신적 생활의 조건인 이 침묵과 죽음의 정신 안에 깊이 파고들어 갔다. 그녀는 은둔 생활을 시작한 성조 엘리야를 각별히 경애하였다. 하느님은 엘리야에게 인가를 피해 사람의 무리에서 멀리 떠나 사막에 몸을 숨기라고 명하셨다: "이곳을 떠나 … 그릿 개울에서 숨어지내라" (열왕기 상 17:3). 엘리야는 가르멜산 은수자들에게 하느님 아닌 모든 것에서 자신을 해방하고 다른 온갖 것을 물리치면서 오직 살아계신 하느님께만 머물 것을 가르친 분이다.

고독한 성자 엘리야와 같이 은수자로서 살며 대예언자 엘리야의 샘 근처 동굴에서 살았던 가르멜산 은수자들을 본받아 작은 수방에서 사는 것이 성녀 대데레사에게는 가장 버리기 어려운 진정한 소망이었다. "우리들이 하고자 하는 생활은 수도자의 생활뿐 아니라 은수자의 생활입니다"라고 데레사는 「완덕의 길」제 13장에서 말하고 있다. "우리가 그 생활을 본받으려는 교부들, 옛은수자들을 기억합시다. 그들은 얼마나 고통을 참으셔야 하였겠습니까. 그리고 그것은 또한 얼마나 기막힌 고독 안에서였겠습니까!"

이 용감한 개혁자를 따라 첫 딸들은 가르멜회의 사막 안으로 들어왔다. "고독은 그녀들의 행복이었습니다"라고 성녀 데레사는 말했다. "수녀들은 혼자 있는 것에 전혀 싫증을 느끼지 않는다고 내게 증언했습니다. 설령, 형제 자매의 방문이라도, 그녀들에게는 괴로움이었습니다. '은둔소에 가장 오래 머물 시간을 가진 자'는 자기가 가장 행복된 자라고 생각하였습니다"라고도 말하고 있다.

"침묵과 고독" 이것이 가르멜의 가장 순수한 정신이다.

"여러분은 한적한 곳에 거처를 정해야 한다. … 각자는 따로 수방을 가져야 한다. … 각자는 수방이나 혹은 그 근처에서 밤낮으로 주님의 법을 묵상하면서 깨어 기도해야 한다"(회칙).

"수녀들은 공동행사나 혹은 수도원의 소임을 행할 때 외에는 자기 수방이나 원장이 지정해 준 은둔소에 각자 머물러 있어야 한다.

이와 같이 하면 각자 고독 중에 머물러 있으라고 명하는 회칙의 규정을 지키게 된다.
　은둔소를 만들 수 있는 정원을 가지고 있어야 한다. 교부들처럼 거기에 숨어 기도할 수 있기 위해서다.
　공동 일방은 절대 두지 말 것이다. 침묵을 깨뜨릴 기회가 될 수 있기 때문이다"(회헌).
　엘리사벳 수녀는 신앙 안에서, 살아계신 하느님 앞에 머물기 위해 만들어진 온갖 것에서 숨는 침묵에 유독 세차게 마음이 끌렸다. 그녀의 모든 수업은 넓은 뜻에서 침묵으로 집약된다. 침묵은 엘리사벳에게 있어서 하느님과의 합일에까지 오르기 위해 마땅히 필요한 근본적 조건이었다.
　엘리사벳 수녀의 신념을 어떤 틀에 맞추어 보려는 것은 그녀가 성령의 인도에 온통 자신을 맡기고 도달한 저 자유스런 영감의 경지로 미루어 볼 때 확실히 부당한 일이다. 하지만 그녀의 신념의 범위 내에서 세 가지 침묵을 볼 수 있다고 할 수 있다. 그것은 외적 침묵, 내적 침묵, 그리고 마음이 온전히 수동적 상태에 머무는 신적 침묵――특유한 이름이 없으므로 엘리사벳의 표현을 빌리자면 "거룩한 침묵"이라든지 십자가의 성 요한의 그림 해설에 있는 "하느님께 잠기는 침묵(divinum silentium)"이라고도 할 수 있는 성령의 은사로써 주어지는 가장 고도의 효과중의 하나이다―― 세 가지이다.

　2. 외적 침묵―외적 침묵은 가장 필요한 것이라고는 할 수 없다. 어떤 경우에는 그것을 지키기에 불가능한 때도 있다. 불가능할 때 영혼은 마음 속 깊은 곳으로 피하여 하느님과의 합일을 위해 필요한 단 하나인 내적 고독 안에 피하면 된다. 그러나 외적 침묵은 내적 침묵을 도와, 으레 거기로 인도하는 것이기에 가능한 한 지켜야 한다. 침묵의 사랑은 사랑의 침묵에로 이끈다.
　엘리사벳은 봉쇄 제도를 사랑하였다. 무익한 방문이 그녀에게는 괴로움이었다. 그녀는 방문하러 온 가족에게 상냥하지만 단호하게 회칙의 이 점을 여러번 알려주었으며 순명으로 분부받지 않는 한 편지에 관해서도 대림절과 사순절의 규칙을 충실히 지켰다. 가르멜의 격자 뒤에 푹 파묻혀 묵묵히 머물고 싶은 소망에도 불구하고 그렇게 많은 편지를 우리에게 남긴 것의 사정을 알아 보면 확실히 섭리적인 허락에서 이루어진 것임을 알 수 있다.

수도원 안에서 자매간의 사귐에서도 침묵을 지켰다. 여러 차례 침묵의 경쟁을 하였는데 스스로 고백한 두세 번의 실수는 언제나 애덕에서 온 것이었다. 엘리사벳은 죽을 때까지 이 침묵의 정신에 충실했다. "한번은 내가 병실에 있는 그녀에게 무엇인가 갖고 가서 휴식 시간 동안 엘리사벳 곁에 있을 허락을 받았습니다. 엘리사벳 수녀는 매우 기쁘게 나를 맞아 주었지요, 마치는 종이 울리자 상냥하게 아름다운 미소를 보이며 그녀는 다시 침묵으로 들어 가더군요. 나는 대화를 더 계속해서는 안 되겠다고 느꼈습니다. 그녀에게는 아무런 어색함이 없었으며 그 충실함은 모든 것을 정복하고 있었습니다"라고 한 수녀는 말했다.

엘리사벳 수녀가 항상 되돌아가는 곳은 어김없이 침묵이었다. 젊은 수녀들은 그것이 그녀의 유일한 예정표임을 알기에 9일 기도나 피정 전날에는 "침묵이지요, 그렇지요? 침묵이지요"라고 장난스럽게 엘리사벳에게 속삭였다. 엘리사벳 수녀는 미소로 수긍하였다.

병 중에 원장은 그녀가 바깥 공기를 쐬러 가기를 원하였으므로 엘리사벳 수녀는 정원에서 가장 한적한 구석 자리를 가렸다. "작은 수방에서 일하는 대신 나는 은수자처럼 넓은 뜰의 가장 외진 곳에 자리잡고 거기서 정말 즐거운 시간을 보냅니다. 자연은 온통 주님으로 가득찬 듯이 여겨집니다"(어머니에게 보낸 편지 1906. 8.).

온갖 것을 넘어서서 엘리사벳은 "나의 작은 천국"이라고 부른 수방의 침묵을 사랑하고, 거기에 숨는 것에 커다란 즐거움을 느꼈다. "짚요와 작은 의자와 나무 판 위에 놓여진 책상, 가구라곤 이것뿐입니다. 하지만 거기에는 주님이 어디나 다 계십니다. 나는 그곳에서 천상 정배와 단 둘이 무척 즐거운 때를 지냅니다. 나는 묵묵히 주님의 목소리를 듣습니다. 주님께 듣는 모든 것은 기막힌 기쁨입니다. 나는 주님을 사랑합니다(A. 부인에게 보낸 편지 1903. 6. 29.).

엘리사벳은 어느 시간보다도 밤의 대침묵 시간을 소중히 여겼다. 그래서 고요한 가르멜을 매우 사랑하였다: "가르멜은 천국의 한 부분입니다. 침묵과 고독,

우리는 그안에서 오로지 주님하고만 살고 있습니다."

각 수도원의 관례에 따라 다소 차이는 있으나 일년에 두세 번 수녀들에게는 "큰 휴식"이 있다. 말하자면 옛 사막의 은수자들처럼 수녀들은 서로의 수방을 방문할 수 있다. 수녀들 서로간에 천상 정배께 대한 사랑을 불붙이는 데 도움이 되기를 바라며 성녀 데레사가 마련한 이 관습을 엘리사벳은 기쁘게 따랐다. 그녀가 그 생애중 가장 큰 은혜의 하나인 "영광의 찬미"라는 자신의 이름을 찾은 것도 이 큰 휴식 때였다. 하지만 인간의 나약성에서 볼 때 거룩한 데로 마음을 불태우는 데 도움이 되어야 할 이 방문들이 정신을 산란케 하는 수다스런 잡담으로 변하기가 매우 쉽다는 것도 쉽게 상상이 된다. 그렇다면 가르멜의 유일한 목적인 하느님과의 합일에는 진짜 손실이다. 큰 휴식이 끝나면 엘리사벳은 큰 기쁨으로 온갖 것을 초월하여 사랑하는 그 그리운 침묵에로 돌아갔다. 동생에게 보낸 편지에서 이렇게 썼다. "선거 후에 큰 휴식이 있었는데 큰 휴식이란 우리가 서로 작은 방문을 할 수 있게 허락된 날이지. 그러나 너도 잘 알고 있듯이 가르멜 수녀의 생활은 침묵이란다"(1901. 10.).

3. 내적 침묵— 가르멜 수녀의 참된 침묵은 하느님을 찾기까지 침묵에 잠기는 것이다.

성녀 대데레사와 십자가의 성 요한의 충실한 제자로서 엘리사벳 수녀는 자신의 온갖 능력을 묵묵케 하는 수련을 쌓았으며 만들어진 일체의 것에게 떠나 고립되었다. 그 무엇에도 타협하지 않는 열심으로 모두를 다 불태웠다. 눈길, 생각, 감정까지도. "가르멜은 천국 같습니다. 모든 것이신 분을 소유하기 위해서 모든 것에서 떠나야 합니다"(어머니에게 보낸 편지. 1903. 8.).

피조물에서의 이 완전한 이별은 소녀 시절부터 이미 엘리사벳의 마음을 강렬히 잡아 당기고 있었다. "깡그리 비웁시다. 모든 것에서 떠납시다. 주님 홀로, 오직 주님만이 오실 수 있도록"(M. G.에게 보낸 편지. 1901.). "세상을 떠납시다. 만들어진 온갖 것, 감각적인 모든 것을 버리고 떠납시다"(M. G.에게 보낸 편지. 1901.).

세속적 모임과 축제 중에서도 엘리사벳의 영혼은 소음을 피해 하느님에게까지 올라가 있었다. "마음의 더욱 깊숙한 곳까지 꿰뚫어보시는 주님의 눈길 아래, 주님 앞에 머물면서 오직 주님을 위해서만 행동할 때, 그 어떤 것도 주님으로부터 나의 마음을 떼어놓을 수 없다고 여겨집니다. 사회 가운데 있더라도 오로지 주님의 것이 되려면 마음의 침묵 안에서 주님의 음성을 들을 수 있습니다"(한 신부에게 보낸 편지, 1900. 12. 1.).

엘리사벳 수녀는 도미니꼬회의 대신비가인 시에나의 성녀 카타리나를 각별히 공경하고 있었다. 그것은 성녀 카타리나의 "내심의 독방"에 관한 가르침 때문이었다. 이 독방이야말로 사람들의 소란 속에서도 또는 교황 정치의 봉사를 위한 놀라운 사도적 활동 중에서도 시에나의 성녀가 거처한 숨은 집이었다.

그토록 중요하게 생각되었던 내적 침묵은 신속하고도 보편적인 수업으로 자연스럽게 엘리사벳 수녀의 신비적 생활에서 가장 첫자리를 차지하게 되었다. 이것은 순수한 복음적 가르침이다. 즉, 기도의 길로 하느님에게까지 이르려는 이는 자신이 바깥에서 일어나는 헛된 소란이나 안의 소음을 잠잠케 하고 자기 영혼 깊숙히 물러가 거기서 "너는 기도할 때에 골방에 들어가 문을 닫고"(마태오 6:6) 숨어 계신 아버지 앞에서 잠심해야 한다. 밤을 새워 "하느님께 기도하기 위해서"(루가 6:12) 저녁 무렵 홀로 산에 올라가신 그리스도는 팔레스티나의 고요한 밤이 지새도록 이렇게 기도하셨다.

초대 교회의 사막의 은수자나 교부들이 무익한 교제에서 멀리 떠나 살아온 생활은 초기에는 침묵이 그리스도교적 수덕에 얼마나 정화적 역할을 이룩했는가를 잘 나타내고 있다. 사막은 하느님의 거처가 된 이들을 침묵으로도 이끌었다.

엘리사벳 수녀는 특유한 은혜로 이 복음적 진리를 온전히 가르멜적 의미로 해석했다. 말하자면 하느님을 위해서만 간직된 이들의 온갖 능력의 침묵, 외적 오관이나 상상력, 감수성, 기억력이나 지성, 의지에도 이미 소란스러움은 없다. 아무 것도 안 보고 무엇에도 맛들이지 않는 것. 하느님에게로 가는 영혼을 처지게 하고, 마음을 흐트리게 하는 그 무엇에도 멈춰서지 않는 것이다.

우선 첫째로 눈을 경계해야 한다. 주께서도 "네 눈이 성하지 못하면 온 몸이 어두울 것이다"(마태오 6:23) 하셨다. 부정과 그 밖의 허다한 불완전은 눈을 삼가지 않는 데서 온다. 이런 것에서 괴로움을 체험한 다윗은 그가 걸려 넘어진 원인이 된 "헛된 것에서 나의 눈을 돌리게 하소서"(시편 118:37)라고 하느님께 애원하였다. 순결한 사람은 그리스도 외에는 어떠한 것에도 시선을 두지 않는다.

상상력, 그 밖의 능력의 침묵도 마찬가지로 필요하다. 우리는 수많은 감각과 받는 인상에서 이루어지는 하나의 세계를 어디나 갖고 다니며 이것이 쉴 새없이 우리를 얽매려고 위협하고 있다. 여기서도 침묵의 수련을 해야 한다. 추억과 희롱하며, 하느님 뜻을 거슬러 "무슨 소망을 이루려고 하는 이들"(마지막 피정, 제2일)은 엘리사벳 수녀가 바라고 있던 침묵의 영혼은 아니다. 이런 이들 안에는 잡다한 부조화, 지나치게 소란스런 감수성의 "잡음"(마지막 피정, 제2일)이 영혼의 모든 능력을 끊임없이 하느님께로 올려야 할 아름다운 가락을 헤살놓는다.

오성도 역시 일체 인간적인 음률을 잠잠하게 할 필요가 있다. "아주 사소한 무익한 생각"(마지막 피정, 제2일)도 어떠한 값을 치르더라도 없애야 할, 음률을 깨뜨리는 음이라고 할 수 있다. 지력, 그 자체를 위해서 지나치게 쓰는 지적 활동도 마음의 참된 침묵, 말하자면 순수한 신앙 안에서, 하느님을 찾는 침묵에 방심할 수 없는 장해가 된다. 엘리사벳 수녀는 스승 십자가의 성 요한과 같이 여기서도 아예 아무 것도 용납않는 단호한 태도를 보여 준다. "다른 모든 빛은 끄고"(마지막 피정, 제4일) 재치를 부려 아름다운 사상을 만들지 말고 적나라한 정신으로 하느님에게 나아가야 하기 때문이다.

특히 의지의 침묵이 중요하다. 우리의 성화는 이 의지에 달려 있다. 의지는 사랑의 능력이다. 십자가의 성 요한이 변화에 의한 합일을 준비하는 마지막 정화를 의지에 결부시켰음은 지당한 일이다. "등산 길에선 아무 것도 무, 무, 무, 무, 무" 그리고 산 위에도 "아무 것도 없다"(십자가의 성 요한의 그림 해설). 엘리사벳은 가르멜 산정으로 인도하는 "좁은 길"의 이 정점까지 영적 스승을 따르고자 하였다. 엘리사벳은 하느님과의 합일에 이르고자 하는 이들에게 더더욱 영적인 개인적 기호까지도 모두 초월하여 깡그리 자기 뜻을 모조리 벗어버리기를 강력히 권한다. "이미 아무 것도 모르노라." "느끼거나 말거나, 즐겁거나 말거나 구별짓지 말자"(마지막 피정,제4일). 자신을 잊고 온갖 것을 벗어버리고 하느님께만 합일하기 위해 일체를 초월하도록 굳게 결심해야 한다. 엘리사벳은 지어진 모든 것에서 멀리 떠난 절대적 고독과 침묵에 대한 이상을 여기까지 밀고 왔던 것이다. 그녀의 생애 마지막은 말할 나위없이 그 산 실현이었다.

우리는 이 침묵의 수업을 엘리사벳처럼 그 깊은 뜻에서 알아들어야 한다. "그것은 외면적인 것에서 물질적으로 떠나는 것은 아니다. 정신의 고독, 하느님 아닌 온갖 것에서의 해탈이다"(어떻게 지상에서 천국을 찾을 수 있는가). "내적 사건이나 외적 사건에서도 침묵하는 영혼은 이러한 사물에 차이를 두지 않는다. 이런 이들은 온갖 것을 뛰어넘고, 빠져나와 만사를 초월하여 주님 안에 쉰다"(어떻게 지상에서 천국을 찾을 수 있는가, 제4일).

이것은 십자가의 성 요한이 가르치는 "밤". 온갖 자연적 활동의 죽음이다. "거룩한 잠심의 침범할 수 없는 요새 안에서 하느님과 함께 살고자 하는 이들은 적어도 정신적으로 온갖 것에서 떠나 적나라하게 되어 멀리 떨어져 있어야 한다"(어떻게 지상에서 천국을 찾을 수 있는가,제5일). 이것은 하느님 앞에서도 절대적 침묵이다.

엘리사벳은 그 마지막 피정 제일부에서 내적 침묵으로 온갖 것에서 해방된 영혼의 복된 상태를 노래하고 있다.

"내가 끊임없이 부르고 싶은 그리스도의 노래가 있다. 그것은 '나는 당신을 위해 나의 힘을 간직해 둡니다'(시편 58:10)라는 시편의 말씀이다. 또한 우리 회칙에도 '여러분의 힘은 침묵 안에 있다'라고 가르친다. 주님을 위해 그 힘을 간직하는 것은 내적 침묵이며 따라서 자신을 완전히 통일하는 것이라고 생각한다. 자신의 모든 능력을 오로지 사랑의 수업에만 모으는 것, 또한 하느님의 빛이 우리를 비추어 빛낼 수 있도록 저 단순한 눈을 가질 것이다"(마지막 피정,제2일).

이 침묵은 모두를 지배한다.

"자아와 주고 받으며, 자신의 감수성에 얽매여 무익한 생각이나 욕구에 빠져 있는 이들은 그 때문에 자신의 힘을 분산시키고 만다. 이런 이들은 전체적으로 하느님께 향해 있지 않다. 그 비파줄은 좋은 가락을 울릴 수가 없다. 그러므로 주님의 손이 거기에 닿아도 신성한 가락을 내지 못한다. 왜냐하면 그 음안에는 아직도 많은 인간적인 것이 섞여 있어서 신적인 것과 잘 조화되지 않기 때문이다.

자신의 내적 왕국 안에 아직도 자기를 위해 무언가를 남겨 두고 그 능력을 몽땅 하느님 안에 몰입하지 못하는 이들은 완전한 '영광의 찬미'가 될 수 없다. 또한 이런 이들은 성 바울로가 말하는 '큰 찬미가'를 끊임없이 노래부를 수도 없다. 그 까닭은 이런 이들 안에는 통일이 없기 때문이다. 그리고 단순하게 만사를 통해서 찬미가를 노래할 수 없으며 늘 흐트러진 비파줄을 바로하는 데에 어수선할 뿐이다"(마지막 피정, 제2일).

4. 신적 침묵—만일 줄곧 하느님께 충실하노라면 자기 자신의 노력으로서가 아니고 하느님의 힘에 의해서 자기 안에 또 다른 하나의 침묵이 생긴다. 이것은 성령의 뛰어난 열매의 하나이며 십자가의 성 요한의 도해(圖解) 안에서 말하는 "신적 침묵"이다. 자신 안의 모든 능력은 이미 사물을 탐내어 흩어지지 않는다. 영혼이 아는 것은 이제 하느님뿐이니 그것이 바로 하느님과의 결합이다.

"천상적 영혼, 단순하며, 영적인 생활을 이 지상에서 살고자 하는 이들에게 이 아름다운 내적 통일은 어차피 없어서는 안 되는 것이다. 주께서 막달라 마리아에게 '필요한 것은 한 가지뿐이다'(루가 10:42)에 대해서 말씀하실 때 그녀에게 암시하고자 한 것도 바로 이것이 아니었을까? 이 위대한 성녀는 이것을 잘 이해하고 있었다. 신앙의 빛에 비추어져 성녀는 인성의 휘장 아래 숨겨진 하느님을 알아보고 침묵중에 그녀의 모든 능력을 한데 모아 주께서 그녀에게 하시는 말씀에 빠져들어가 '나의 생명 항상 내 손안에 있으니'(시편 118:109) '어찌된 일인지 나도 모르노라'(아가 6:12) 라고 노래할 수 있었다. 정말 그녀는 하느님 외에는 이미 아무 것도 몰랐다. 아무리 주위에서 떠들어대도 사람들이 퍼부어대는 비난에도 "어찌된 일인지 나도 모르노라" 어떠한 명예나 외부적 그 무엇도 이미 그녀를 거룩한 침묵 밖으로 끌어낼 수는 없었다.

거룩한 잠심의 요새 안에 숨어 있는 이는 바로 이와 같은 모습이다. 이런 이들은 신앙의 빛으로 마음의 눈을 열고, 자신 안에 자리하시고, 살아계신 하느님을 만나, 경탄할 만한 단순함으로 그 하느님 앞에서 끊임없이 살아가므로 하느님은 그 누구에게도 못지 않은 자애깊은 배려로 이들을 지켜 주신다.

이렇게 되면 외부에서 아무리 공격해 와도, 아무리 내부에 폭풍우가 일지라도 또한 명예에 제아무리 큰 상처를 입더라도 언제나 "어찌된 일인지 나도 모르노라"고 할 수 있다. 때로는 하느님이 그 모습을 감추거나, 감각적 은혜를 거두실 때 여전히 '어찌된 일인지 나도 모르노라'이다. 그리고 "나는 그리스도의 사랑을 위하여 모든 것을 잃었다"(필립비 3:8)라고 말할 수 있을 것이다. 이 상태에 있는 이에게 주님은 이제 아주 자유로이 역사하신다. 주님은 원하시는 대로 그들 안에 들어가시어 주님의 헤아리심에 따라 당신을 주신다. 따라서 이렇게 단순해지고, 통일된 이는 변함없는 하느님의 옥좌가 되는 것이다. 왜냐하면 단일(單一)은 삼위 일체의 옥좌이기 때문이다"(마지막 피정, 제2일).

십자가의 성 요한은 저 유명한 저서 안에서 삼위 일체의 침묵을 암시하였다: "성부는 한 말씀하셨다. 그가 성자시다. 성부는 영원한 침묵 중에 항상 이 말씀을 하신다." 엘리사벳 수녀는 이 삼위 일체의 침묵 안에서 침묵의 모범을 찾아내었다. "삼위 일체 안에서 부르는 노래의 메아리인 깊은 침묵이 영혼 안에 가득하기를"(동생에게 보낸 편지).

변화로 이루어진 합일에 따라서 이들은 하느님의 침묵 안에 들어간다. 마음 안에서는 모두가 묵묵하고 지상의 것은 이미 아무 것도 없다. 말씀의 빛 외에는 다른 빛은 없으며, 영원한 사랑 외에는 다른 사랑은 없다. 영혼은 하느님의 생활을 입는다. 그 생활은 피조물의 온갖 북적거림에서 저 멀리 빠져나와 "이미 영원한 나라에서 변함없이 평온히 당신 안에서 살듯이"라는 엘리사벳의 말과 같이 변함없는 생명에 결합한다.

아주 은밀하고 특별한 성령의 역사하심에 따라서 그 생명은 변함없는 침묵의 삼위 일체 안에 옮겨진다. 세상에 있는 동안은 아직 신앙을 통해서이지만, 예지의 은사의 가장 탁월한 효과의 하나로 영혼은 하느님으로 말미암아 하느님처럼 그리고 온통 하느님 안에 들어가 살고 이미 영원한 말씀만을, 즉 말씀의 탄생과 사랑의 숨결만을 듣는다. 전세계도 이런 이들에게는 마치 존재하지 않는 것과 같다. 이런 경지에서는 바로 침묵이 하느님의 신비에 직면한 이의 최고의 피난처가 된다. "다윗이 '침묵은 바로 당신께 드리는 찬미'라고 노래한 것도 이 충만한 깊은 침묵을 가리켜 한 말이다. 그렇다. 이것은 가장 아름다운 찬미이다. 이야말로 삼위 일체의 깊음 속에서 영원히 불리워지고 있는 찬미인 것이다"(마지막 피정, 제8일).

이러한 하느님의 존재 자체는 높은 경지에 이른 이들의 덕의 모범이다. 자신을 잊고 일체를 벗어 버린 엘리사벳 수녀는 그 생애의 마지막에는 침묵과 고독의 품위를 주님의 품안에서 찾기에 이르렀다.

"'하늘에 계신 아버지께서 완전하신 것같이 너희도 완전한 사람이 되어라'(마태오 5:48). 하느님은 '위대한 고독한 자'라고 성 디오니시오는 말한다. 주님은 내가 하느님의 이 완전함을 본받아 위대한 고독한 자가 되어 하느님을 흠숭하기를 원하신다. 하느님은 영원, 무한한 고독 안에 사신다. 피조물에게 마음을 쓰시면서도 하느님은 그 고독에서 나오는 일이 없다. 하느님은 결코 당신 자신 밖으로 나오시지 않는다. 따라서 이 고독은 신성 자체일 수밖에 없다"(마지막 피정, 제10일).

"그 무엇도 나를 이 아름다운 내적 침묵에서 끌어낼 수 없게 언제나 같은 조건, 같은 고독, 같은 이탈이 필요하다. 만일 나의 소망, 두려움, 기쁨, 슬픔, 이 네 가지 정에서 일어나는 모든 감정이 완전히 하느님께 향해 있지 않으면 나는 고독한 자가 아니며, 내 안에는 아직 요란함이 있는 것이다. 그러므로 마음을 가라앉히는 것, 능력의 정지, 전존재의 통일이 필요하다. '듣거라 딸아, 보고 네 귀를 기울이라, 네 겨레와 아비 집을 잊어버리라. 이에 임금이 네 미모에 사로잡히시리라'(시편 44:11-12). 이것은 침묵에로 부르시는 음성이다. '듣거라… 귀를 기울이라…' 그러나 듣기 위해서는 아비 집을 잊어버려야 한다. 말하자면 자연적 생활에 관한 모든 것, 즉 사도가 '육체를 따라 살면 여러분은 죽습니다' (로마서 8:13)라고 지적한 생활을 잊어서는 안 된다. '겨레와 ᄂ라를 잊는다…' 는 것, 이것은 한층 더 힘들어 보인다. 겨레는 우리 자신을 구성하는 온갖 것, 즉 감각, 기억, 인상 등, 한마디로 자아이기 때문이다. 이것을 잊고 버려야 한다. 영혼이 이 자아와 완전히 절교하고 이런 모든 것에서 해방될 때 '임금은 네 미모에 사로잡히시리라.' 미모——적어도 하느님의 아름다움——는 단일 (單一) 이기 때문이다"(마지막 피정, 제10일).

" 창조주는 당신의 피조물 안에서 아름다운 침묵이 가득 차 있고, 영혼이 그 내적 고독 안에 깊숙히 잠심하고 있음을 볼 때, 이 영혼의 아름다움에 매혹되어, 이를 가없는 넓은 고독 안에 이끌어들이신다. 시편 작가가 '나는 하느님의 능력 깊숙히 들어가리라'(시편 70:17)라고 노래한 것은 '넓은 곳'을 말하고 있으며 하느님 자신을 가리키는 것이다"(마지막 피정, 제11일).

이 드높은 고독은 우리를 삼위 일체의 침묵 안에 살게 한다.

엘리사벳의 기도의 끝 부분에서 보여 주는 숭고한 마음의 비상이야말로 이미 이 세상에서 고요하고 변함없으신 삼위 일체 안에 자신을 감추려고 피하는 곳이었다.

"오 나의 하느님, 흠숭하올 삼위 일체여 부디 내 영혼이 이미 영원한 나라에서 변함없고 평온히 당신 안에서 살듯이 온전히 나를 잊도록 도와주소서. 오 변함없으신 나의 하느님, 그 무엇도 나의 마음의 평화를 어지럽히지도 당신에게서 갈라 놓지도 못하게 하시고 순간마다 당신 신비의 깊은 속으로 데려가 주소서.

오 나의 성 삼위, 나의 전부, 나의 지복, 한없는 고요, 나를 사라지게 하는 끝없는 심연이여, 나를 번제물로 당신께 바치나이다. 비오니 당신 빛 안에서 무한한 위대함을 뵙는 날까지 나는 당신 안에 묻히고자 하오니 내 안에 당신을 잠그옵소서."

제 3 장

삼위 일체의 내재

> "나의 모든 수업은 영혼 안에 들어가는 것, 그리고 거기 계신 분 안으로 자신을 온전히 잠그는 것입니다."

  침묵은 참된 생명을 얻기 위한 하나의 과정에 지나지 않는다. 삼위 일체의 내재의 신비는 엘리사벳 수녀의 생각과 생활의 중심점이다. 그녀는 참으로 "하느님의 현존에 사는 성녀이며, 참된 가르멜 수녀였다.
  가르멜의 신비적 영성에서 중요한 진리는, 하느님이 우리 안에 계시다는 신비와 확신이다. 그분을 찾기 위해서 자기 안으로, 내적 왕국 안에 들어가야 한다는 것이다. 영성 생활의 모두가 여기에 요약된다. 성녀 데레사는 「완덕의 길」에서 주의 기도를 풀이하고, 하느님은 천국만이 아니라 우리의 가장 깊은 곳에도 계시며 하느님을 찾고 하느님을 거기서 만나기 위해서는 잠심하는 것을 알아야 한다고 가르치고 있다. 다시 「영혼의 성」에서 성녀는 삼위 일체의 내재를 설명하는데 이것이 성녀의 신비적 영성의 정점이다. 변화적 합일에 이른 이들은 예사롭게 하느님의 세 위격과 함께 살며 삼위 일체와 어울려서 생활하는 것을 지상의 가장 큰 행복의 원천으로 삼고 기뻐한다.
  십자가의 성 요한도 이것을 그의 전(全)신비 신학, 특히 높은 영적 상태의 중심으로 삼고 있다. 그는 자주 신심으로(전례가 자유로 선택할 수 있을 때)

삼위 일체의 미사를 봉헌하는 중 이 신비에 영혼이 저항키 어려울 정도로 세차게 끌려서 그는 탈혼을 막기에 무척 애써야 했다. 가르멜의 전통은 이 두 위대한 영적 지도자의 가르침에 늘 충실해 왔다. 성녀 데레사의 수도원에서는 침묵의 생활로 삼위 일체의 신비에 온전히 빠진 듯한 이들을 만나는 것은 그리 드문 일이 아니다. 예수 아기의 성녀 데레사도 삼위 일체 축일에 자신을 희생물로 바쳤다. 자비하신 사랑에 바치는 성녀의 봉헌문은 본질적으로 삼위 일체적 기도의 하나로 되어 있다. "오 나의 하느님, 지극히 복되신 삼위 일체여, 완전한 사랑의 행위로 살기 위해 당신의 자비깊으신 사랑에 번제의 희생으로 나 자신을 바칩니다"(자서전). 그런데 삼위 일체의 엘리사벳 수녀가 이 신비에 살기 위해서 아주 특별한 은혜를 받았어야 했다는 것을 우리는 인정해야 한다. 주님은 우리가 세례때받은 천상적 은혜를 깨닫기 위해서는 마음깊은 곳으로 돌아가야 함을 알려주는 사명을 엘리사벳에게 미리 맡기셨다. 그 때문에 그녀를 참으로 "삼위 일체 안에 사는" 성녀로 만드셨던 것이다.

1. 하느님 안에 사는 성녀 — 엘리사벳이 소녀시절에 기록한 공책의 첫장에는 성녀 데레사의 다음 구절이 쓰여 있다: "주님 안에서 나를 찾아야 한다"(멘도사의 알바로 주교에게 성녀 데레사가 보낸 시). 열아홉 살쯤에 "자신 안에 존귀하신 분이 계심"을 느낀 그녀는 "주님은 여기 계신 것 같습니다"라고 한 친구에게 자주 말했다. 그리고 양팔을 가슴에 대며 힘차게 주님을 껴안는 듯한 모습을 했다. "고백 신부님을 뵙게 되면 내 안에 일어난 것에 대해 여쭈어 보겠다"라고 혼잣말을 하곤 했다.

그녀와 발레 신부와의 섭리적인 만남과 관상적 신학자인 신부가 하느님의 내재에 관한 그리스도교의 교의에 대하여 어떻게 그녀에게 빛을 주었는지는 이미 말했다. 그것은 엘리사벳 카데즈에게 있어서는 마음을 빼앗는 눈부신 빛, 그녀 생활의 결정적 지침이 되었다. 이 신앙의 신비의 진리에 관해서 확신을 얻은 엘리사벳은 그때부터 그 "성삼위"를 찾기 위해서 안심하고 자기 영혼 깊숙히 잠기었다. 당시의 많은 증언이 이 점에 관하여서 확증을 해주고 있다. 즉 수도원에 들어가기 전부터 벌써 엘리사벳 카데즈는 하느님 내게의 신비에 이상할 정도로 매혹되어 있었다. 이 신비는 언제나 그녀가 마음을 열고 말할 때의 주제였다. "삼위 일체는 그녀의 전부였다"(한 친구의 증언).

  엘리사벳의 생활을 비춘 이 계시를 받은 당시, 그녀는 이것에 대해서 말하는데 싫증내지 않았다. 그러나 몇달 후에는, 이제 거기에 관해서 거의 말하지 않게 되었다. 오히려 그녀가 삼위 일체께 "사로잡혀 버렸다"라고 주변에서는 느꼈다. 이것은 또한 1899년뒤 피정때 첫번째 신비적 은총을 받고 나서 성령의 역사하심으로 엘리사벳이 수동적으로 머물러 있었다는 것을 드러낸다. "이 지극히 거룩하신 삼위 일체 오롯한 사랑이신 하느님 안에 우리를 풍덩 잠기게 합시다. 하느님만이, 오로지 하느님만 계신 곳까지 우리를 데려가 주시도록 합시다"(M. G.에게 보낸 편지, 1901.).

  "'하느님은 내 안에 나는 하느님 안에', 이것이 우리의 표어가 되도록 합시다. 우리 안에, 영혼 깊은 지성소에 하느님이 현존하심은 얼마나 기쁜 일입니까? 거기서 우리는 늘 하느님을 찾아 냅시다. 비록 감각적으로는 그 현존을 느끼지 못하더라도 하여튼 하느님은 언제나 거기에 계십니다. 나는 이렇게 하느님을 찾기를 좋아합니다. 주님이 절대 외로이 혼자 계시지 않게 노력합시다. 우리 생활이 끊임없는 기도가 되도록 합시다. 누가 우리에게서 주님을 빼앗을 수 있겠습니까? 우리의 모두를 거두어 가시어 온통 당신 것으로 만드신 분에게서 우리 마음을 누가 감히 떼어놓을 수 있겠습니까?"(M. G.에게 보낸 편지, 1901.)

  엘리사벳 수녀는 이미 자기 생활의 표어를 찾았다. 수도원 입회 후 8일 만에 주어진 질문서에 그저 그것을 써 넣기만 하면 되었다.

  "당신의 표어는 무엇입니까?
  ── 하느님은 내 안에, 나는 하느님 안에."

  주님 앞에서 사는 가르멜 생활은 "나는 살아 계신 야훼 앞에 있노라"고 외친, 성조 엘리야까지 거슬러 올라가 그것을 소중한 유산으로 여기고 있다. 이것이 바로 가르멜의 본질이다. 숱한 이탈, 침묵, 정화도 그 목적은 단 하나, 모든 능력이 쉴 새없이 주님의 현존에로 향하기 위해서 마음의 자유를 지니는 데 있다.
 이 점에서 엘리사벳 수녀는 자기 생활 환경 안에서 친숙해 있던 하나의 영성적 교설을 찾아냈던 것이다. 그것은 그녀의 내적 생활에서 멀지 않아 곧 완전한 개화가 온다는 표지였다. 그때까지의 그녀는 주께 드린 영웅적 충실함의 보답으로 약간의 신적 은혜를 받은 무척 정갈하고, 아주 경건한 소녀에 지나지 않았다. 엘리사벳에게 아직은 하나의 교설과 영성적 수련이 결핍되어 있었다. 하지만 발레 신부와의 만남은 엘리사벳으로 하여금 한번 흘낏 본 빛 안에 확신을 갖게 하였고 또한 열심히 읽고 있던 십자가의 성 요한의 저서는 하나의 교설을 주었으며, 따라서 그녀를 둘러싼 수도 생활이 남은 부분을 완성시킨 것이다.
 엘리사벳은 영적 사부의 저서에서 영혼 안에 계신 삼위 일체의 신비적이며 온전히 현실적인 본질적 내재의 성질과 효과를 다룬 부분을 정성껏 옮겨 썼다. 독특한 은혜로 그녀는 자신의 영혼 깊은 곳에 계신 하느님의 세 위격의 내재 안에서 "지상의 천국"과 그 영웅적 성덕의 비결을 찾을 수 있었다.
 그리고 무엇보다도 삼위 일체적인 자기 이름을 매우 기뻐했다. "가르멜에서 받은 내 이름을 알려드렸는지요? 삼위 일체의 엘리사벳입니다. 이 이름은 각별한 소명을 띤 듯이 생각됩니다. 아름다운 이름이지요? 나는 얼마나 삼위 일체의 신비를 사랑하는지요. 그것은 내가 그 안에 빠져 버릴 깊은 늪입니다"(한 사제에게 보낸 편지, 1901. 7. 14.). "나는 삼위 일체의 엘리사벳입니다. 말하자면 엘리사벳은 숨어 사라져 버리고, 성 삼위께 점령되는 대로 맡기는 것입니다"(G. 에게 보낸 편지, 1903. 8. 20.).
 엘리사벳의 가르멜 수녀로서의 생활 표어는 "나의 모든 수업은 안으로 들어가는 것, 그리고 거기에 계신 분 안에 자신을 푹 잠그는 것입니다. 주님이 내 안에 살아 계심을 너무도 뚜렷이 느낍니다. 내 안에서 주님을 찾기 위해 나는 다만 잠심하기만 하면 됩니다. 이것이 바로 나의 행복의 전부랍니다"(한 신부에게 보낸 편지, 1903. 7. 15.).
 "친구와 함께 살 듯이, 주님과 함께 삽시다. 만사를 통해 주님과 결합하기 위해 우리의 믿음을 활기있게 합시다. 이것이 성인이 되는 길입니다. 우리는 자신 안에 천국을 갖고 있습니다. 영광의 상태에 들어간 이들을 직관의 빛 안에서 채워 주시는 분이 신앙과 신비 안에서도 우리에게 당신을 주신답니다. 어느 경우든 같은 분이십니다. 나는 나의 **천국을 지상에서 찾았다고 생각됩니다**. 왜냐하면 천국이란 주님이며, 주님은 내 안에 계시므로. 이것을 까달은 날부터 온갖 것이 나에게는 밝게 비추어졌습니다. 나는 내가 사랑하는 이들에게 이 비밀을 넌지시 가르쳐 드리고 싶었습니다. 그들도 모든 것을 통하여 주님께 이르고 그리스도께서 '아버지 이 사람들이 하나가 되게 해주십시오'(요한 17:11)라고 말씀하신 것이 성취되기 위해섭니다"(S. 부인에게 보낸 편지, 1902.).

하나의 생각에 사로잡힌 이들이 모든 것을 그 생각에 맞추어 가는 것은 흔히 있는 일이다. 엘리사벳 역시 온갖 것을 거기에 귀착시켰다. 우리 안에 깊이 숨어 계신 삼위 일체적 신비와는 언뜻 생각하기에 아주 동떨어져 보이는 전례상의 축일도 그녀는 매우 자연스럽게 이 신비와 연관시켰다. 예수 성탄은 그 뚜렷한 예이다. "가르멜에서의 성탄, 그것은 무척 특이하답니다. 저녁에 나는 성당에 갔지요. 그리고 하느님이신 성자를 마리아와 함께 기다리면서 거기서 계속 기도하였답니다. 성자는 이제 구유 안에가 아니라 내 안에 어김없이 탄생하실 겁니다. 왜냐하면 '그분은 임마누엘', '우리와 함께 계신 하느님'이시기 때문입니다!"(큰 어머니에게 보낸 편지, 1903. 12. 30.).

엘리사벳은 영혼 안에 계신 하느님의 내재에서 그 시적 영감의 근본적 주제를 찾아 낸다.

  하느님의 은혜
  그대에게 넘쳐흘러
  그대를 사로잡아
  평화의 강물같이
  그대 안에 흘러들거라.
  바깥 그 무엇도
  그대에게 닿이지 않게

그 고요한 파도 밑에
그대, 파묻히거라.

오 깊음이여,
오 고요함.
이 신비 속, 바로 이곳에
하느님은 그대를 찾아 오시리니,
여기가, 바로 여기서
오, 성모 어머니,
나 묵묵히 어머니를 기리며
어머니와 함께
거룩하신 성삼위를 흠숭하리다.

(1906년 6월 「영광의 찬미」; 디종 가르멜의 한 수녀에게).

성녀 마르타 축일에 엘리사벳은 다음과 같이 쓰고 있다.
"성녀 마르타 축일에 우리는 흰수건 자매님들(조수녀의 제도가 있을 때의 명칭이고, 제2차 공의회 이후는 폐지되었다)을 축하했어요. 이 거룩한 보호자를 기리며 막달레나와 함께 관상의 감미로움에 잠기기 위해서 자매님들은 일을 쉰답니다. 수련자들이 그 대신 부엌일을 맡지요. 나는 아직 수련소에 있답니다. 우리는 서원 후 삼년간 수련소에 머물지요. 그러므로 나는 부엌에서 즐거운 하루를 지냈어요. 성녀 데레사처럼 냄비를 붙잡은 채 탈혼하지는 않았지만 우리 안에 계신 하느님의 현존을 믿으며 마음 속 깊이에서 막달레나가 인성의 덮개 밑에 알아볼 수 있었던 분을 흠숭하고 있었답니다"(큰 어머니에게 보낸 편지, 1905년 여름).

엘리사벳의 편지는 내재하는 하느님과 함께 살기를 권하는 내용으로 채워져 있다. "당신은 주님의 성소가 되어 많은 배신을 겪으시는 이 세상에서 당신은 주님의 쉬실 곳이 되어 드리기를"(B. 부인에게 보낸 편지, 1905. 7.). "주님은 당신을 주께서 즐겨 쉬실 작은 천국으로 만들어 주시어, 주님의 마음을 상해 드리는 온갖 것을 거기에서 치워주시기를. 주님과 함께 사시길 바랍니다. 당신이 어디에 계시든, 무엇을 하든 주님은 아예 당신을 떠나지 않으신답니다. 그러므로 당신도 끊임없이 주님과 함께 있어야 합니다. 당신 안에 들어가면 당신은 거기서 당신에게 선을 하시려는 주님을 언제든지 만날 수 있을 겁니다. 성 바울로가 형제들을 위해서 한 기도를 저도 당신을 위해 하고 있어요. 사도 바울로가 '아버지께서 여러분의 믿음을 보시고, 그리스도로 하여금 여러분의 마음 속에 들어가 사실 수 있게 하여 주시기를 빕니다. 그래서 여러분이 사랑에 뿌리를 박고 살기를 바랍니다'라고 하신 이 말씀은 참으로 뜻깊고, 신비적입니다. 그래요. 온전히 사랑이신 주님께서 당신의 영주할 거처, 사회 속에서의 당신의 독방, 당신의 수도원이 되기를. 주님은 지성소에서와 같이 당신의 마음 가장 깊은 곳에 계시며 그곳에서 흠숭하리만큼 사랑받고 싶어하신다는 사실을 생각해 보십시오"
(B. 부인에게 보낸 편지, 1905년 여름).

    상대와 경우에 따라 표현은 바뀌어도 엘리사벳은 언제나 근본적으로는 같은 생각을 반복하고 있었다. 참 생명은 하느님과 함께 있는 이들의 속깊은 데에 있다. 그곳에서 자기가 사랑하는 이들을 만나고 그녀가 지상의 생활에서 이미 맛보았던 천국 행복의 비결도 또한 거기에 있다.

    엘리사벳 수녀는 하나의 생각에 사로 잡혀 버린 사람이었다. 주일 일시경에 교회는 성 아타나시오 신경을 읊는데 예전에 성녀 데레사가 경험한 것과 같이 그녀의 영혼은 늘 살아온 신비 중의 신비에로 옮겨져 사라지는 것이었다. 엘리사벳은 삼위 일체를 흠숭하기 위해 매주일을 바치고 있었다. 삼위 일체의 축일이 다가오면 막아낼 길 없는 은혜가 그녀를 엄습하였다. 그 며칠 동안 엘리사벳은 지상에는 이미 존재하지 않았다. "삼위 일체의 축일은 정말 나의 축일이고, 내게는 이런 축일은 또 없단다. 나는 지금처럼 뚜렷이 이 신비와 나의 이름 안에 있는 모든 소명을 깨달은 때는 없었어. 앞으로는 항상 이 커다란 신비 안에서 만나도록 하자꾸나. 이것이 우리의 중심, 우리의 사는 집이 되도록 하자. 끝맺기 전에 발레 신부님의 다음의 말씀을 전한다. 이에 대해서 묵상해 보렴. '성령은 너를 말씀 안에 옮겨 가시도록, 말씀은 너를 성부께 인도하고 그리스도와 성인들이 그러했듯이 너도 홀로 계신 분과 온전히 하나가 되길' 바란다"(동생에게 보낸 편지, 1902. 6.). 이렇게 수도 생활의 연륜과 은혜가 더해 감에 따라 영원한 생명을 주시는 분과의 끊임없는 만남을 통해서 그분과 함께 그녀는 날마다 더욱 깊숙히 자신 안에 파묻히고 있었다. 아주 사소한 데 이르기까지도 엘리사벳 수녀는 삼위 일체께 완전히 사로 잡혀 있었음이 증명되고 있다.

조카의 출생 소식을 받자 곧 엘리사벳은 삼위 일체께 마음을 향하며 기뻐했다: "우리는 자벳에게 성대한 축하를 했단다. 오늘 아침 휴식 시간에 친절하신 원장수녀님은 사뭇 기쁘신 듯 자벳의 사진을 우리에게 보여 주셨어. 엘리사벳 이모의 심장이 어찌나 뛰었는지 짐작하겠지? 나의 말가리다, 나는 이 작은 천사를 사랑해요. 그 엄마만큼. 이렇게 말하면 대단하지 않니? 나는 삼위 일체의 이 작은 성전 앞에 가슴벅찬 존경을 드린단다. 그 영혼은 주님을 반사하는 수정처럼 여겨지는구나. 만일 그의 곁에 내가 있었더라면 자벳 안에 계신 분을 흠숭하기 위해서 무릎을 꿇었을 것이다. 가르멜 수녀인 이모 대신 입맞춰 주렴. 그리고 네 마음에 내 마음을 합하여 작은 자벳 곁에 잠심해 주렴. 만일 내가 너와 함께 있었다면 무척 기쁜 마음으로 자벳을 안아 주며 얼려 주었을 것이다. 하지만 주님은 엘리사벳의 천사가 되어 기도로 감쌀 수 있도록 나를 산 위로 부르셨어. 다른 모든 것은 자벳을 위해 나는 기쁘게 희생으로 바친다"(동생에게 보낸 편지, 1904. 3.).

객실에나 또는 편지로서 엘리사벳은 어머니와 동생, 그외의 친구들과 모든 이들에게 조심스러우면서도 꾸준히 마음 깊숙한 곳에 계신 하느님 내재에 관한 사도직을 다하였다. "당신은 주님 안에 있다는 것, 그리고 주님은 지상에서 당신의 거처가 되어 주셨다는 것을 생각해 보십시오. 그리고 주님은 당신 안에 계시고, 당신은 자신의 깊은 속에, 주님을 소유하고 있으며 낮이나 밤이나 기쁨 중에서나 시련 중에서도 언제나 주님을 그 아주 가까운 마음깊은 곳에서 찾을 수 있다는 것도 생각하십시오. 이것은 행복의 비결, 성인들의 비결입니다. 성인들은 자신들이 하느님의 성전이며 성 바울로의 말씀대로 주님과 결합함으로써 '주님과 영적으로 하나 된다'(Ⅰ고린토 6:17)는 것을 밝히 알고 있었습니다. 그러므로 성인들은 이 빛으로 모든 것을 행하였던 것입니다"(M. L. M.에게 보낸 편지. 1903. 8. 24.).

이 이상의 인용은 이미 필요없을 것이다. 이 영혼의 성장을 유의해 보면, 삼위 일체의 신비가 차츰 엘리사벳의 생활을 지배하는 진리가 되어 다른 모든 것은 자취를 감추고 사라져 갔음을 뚜렷이 알게 된다.

11월 21일 성모 자헌 축일에 가르멜 수녀는 모두 서원을 새롭게 했다. 자매들과 함께 엘리사벳 수녀도 새로이 서원문을 읊을 때 가눌 길 없는 은혜의 힘으로 삼위 일체께 이끌려 감을 느꼈다. 수방으로 돌아와 펜을 잡자 조금도 주저함이나 고침도 없이 치솟는 마음의 외침인 저 유명한 기도를 수첩에다 단숨에 써 내려 갔다.

"오 나의 하느님 흠숭하올 삼위 일체여, 부디 내 영혼이 이미 영원한 나라에서 변함없고, 평온히 당신 안에 살듯이 온전히 나를 잊도록 도와주소서. 오 변함없으신 나의 하느님, 그 무엇도 나의 마음의 평화를 어지럽히지도, 당신에게서 갈라 놓지도 못하게 하시고 순간마다 당신 신비의 깊은 속으로 데려가소서.

내 영혼을 고요하게 하시어 이를 당신이 사랑하는 집, 쉬실 곳, 당신의 천국으로 만드소서. 그리고 잠시도 당신을 홀로 버려두지 않고 믿음 안에 깨어 흠숭하며 당신의 창조적 역사하심에 나를 온전히 맡기면서 거기 머물게 하소서.

오 사랑하는 나의 그리스도, 사랑 때문에 십자가에 못박히신 주님, 나는 당신 성심의 정배가 되기 소원이옵니다. 나는 당신을 영광으로 휩싸며 죽기까지 사랑하고 싶나이다. 하지만 나는 무능하오니 부디 당신으로 나를 덧입혀 주시고 내 생애로 하여금 당신 생애의 재현이 되도록 내 영혼을 당신 영혼의 온갖 움직임에 맞추게 하소서. 당신 안에 잠기고 스며들어 내가 아닌 당신으로 살게 하시고, 마침내 내 생애로 하여금 당신 생명의 한 줄기 광채가 되게 하소서. 흠숭자, 속죄자, 구세주로 내게 오소서.

오 하느님의 영원한 말씀이여, 나는 당신께 모든 것을 배우기 위해 당신 음성

제3장 삼위 일체의 내재

에 빠져 들으며 내 한생을 보내고 싶나이다. 모든 어두움, 온갖 공허와 무력함을 통해 언제나 당신을 응시하며 당신 빛 안에서 살고자 하나이다. 오 나의 사랑하는 별이여, 내가 당신 빛 밖으로 나가지 않게 당신께 반하게 하소서.

오! 태우는 불, 사랑의 영이여, 내 영혼 안에 또 하나의 말씀을 낳으시어 나로 하여금 말씀의 인성의 연장이 되게 하시면서 주님의 온갖 신비를 새롭게 하소서.

오 성부여, 가난한 당신의 작은 피조물을 굽어보시어 당신의 그늘로 덮어 주시고, 당신의 모든 기쁨인 사랑하는 아들만을 내 안에서 보소서.

오 나의 성삼위, 나의 전부, 나의 지복, 한없는 고독, 나를 사라지게 하는 끝없는 심연이여 나를 번제물로 당신께 바치나이다. 비오니 당신 빛 안에서 무한한 위대함을 뵙는 날까지 나는 당신 안에 묻히고자 하오니 내 안에 당신을 잠그옵소서"(1904. 11. 21.).

성덕을 지닌 이의 전생애가 뒷받침되고, 특별한 은혜가 없이는 이런 마음에서 우러나온 아름다운 기도문은 만들어지지 않는다.

오늘에 이르기까지 오랜 세월 동안 많은 수도자가 싫증을 내지 않고 이 기도로 살고 있다. 그들이 침묵 중에 이 기도를 읊을 때 엘리사벳은 그들이 잠심과 단순과 사랑 가득한 행위로 자아에서 떠나도록 도우러 올 것이다. 그리고 그들을 삼위 일체 안에까지 평화스럽게 끌어당김으로 자신의 사명을 충실히 다하고 있다.

삼위 일체의 기도문을 지은 1904년 후 주님은 고통을 통해 그녀를 방문하였는데, 그때 그녀가 미소로 보여 준 영웅적 굳셈은 이 하느님의 내재에서 얻은 것이다. 마지막 이별이 다가왔을 때도, 엘리사벳은 친구와 가족에게 전보다 더 정겹게 "성삼위"께 대한 자신의 신심을 유물로 남겼다. "… 우리 안에 계신 사랑 자체이신 주님의 내재에 대한 나의 신앙을 유물로 남기고 갑니다. 밝혀 말씀드리면 '마음 깊숙히' 계신 주님과의 정겨운 친교야말로 나의 생애를 이 세상에서 이미 천국이 되게 했고, 이것을 빛나게 한 아름다운 태양이었습니다. 그리고 또한 그것은 오늘의 고통을 견디어내는 받침대가 되었습니다. 나는 나의 나약을 두려워하지 않습니다. 그것은 '굳센 분'이 내 안에 계시기 때문이랍니다. 그리고 그분은 전능하시고 우리의 소망하는 바를 훨씬 넘어서 역사하신다고 성 바울로도 말하고 있습니다"(B. 부인에게 보낸 편지, 1906.).

동생에게 쓴 유언은 더욱 감명적이다. "사랑하는 내 아우야, 나는 너의 천사가 되기 위해 천국에 가는 것을 다행으로 생각한다. 이 지상에서 이미 이렇듯이 사랑해 온 네 영혼의 아름다움을 나는 거기서 얼마나 정성스럽게 지키겠니. 성삼위께 대한 나의 신심을 네게 남겨 준다. 네 마음 속의 천국에서 성삼위와 함께 살도록 하여라. 성부께서는 그 힘으로 너를 거느리시어 너와 지상 것과의 사이에 구름과 같은 간격을 두고 너를 온통 당신 것으로 지켜주실 것이다. 그리고 네가 죽음도 초개처럼 여길 정도의 굳센 사랑으로 주님을 사랑할 만한 힘을 주실 거다. 당신의 말씀은 마치 수정처럼 네 안에 아로새겨져 네가 그분의 순결로 깨끗해지고, 그분의 빛으로 빛나도록 해주실 거다. 성령은 너를 신비스러운 칠현금으로 변화시켜 그분의 손이 닿는 곳마다 기막힌 사랑의 찬미가 울려퍼지게 해주실 거다. 그때 너는 비로소 내가 지상에서 열망하던 '영광의 찬미'가 될 것이다. 나를 대신할 사람은 바로 네가 아니겠니? 나는 어린 양의 옥좌 앞에서 그리고 너는 마음깊은 곳에서 '영광의 찬미'가 되는 것이다"(동생에게 보낸 편지, 1906.).

마음 가장 깊은 곳에 계신 하느님 내재의 신앙이야말로 저렇듯이 신속히 성덕에 도달한 엘리사벳의 비결이었다. 이에 관해서는 세상떠나기 며칠전에 쓴 그녀 자신의 말로도 의심할 여지가 없다. "천국에 가면 사랑의 도가니 속에서 나는 당신을 계속 생각하겠어요. 당신을 위해 주님과의 합일과 친교의 은혜를 청하겠습니다. 이것으로 내가 천국에 들어간 표지도 될 겁니다. 그리고 또한 이것은 나의 생애가 이 세상에서 맛본 천국이 된 비결이기도 하답니다. 말하자면 그것은 **사랑이라고 불리울 분이 밤낮없이 항상 우리 안에 계시고 우리가 그분과 친교를 맺으며 살기를 원하신다는 것을 믿는 것이랍니다**"(B. 부인에게 보낸 편지, 1906.).

2. 하느님 내재에 관한 가르침—엘리사벳 수녀에게서 체계적인 가르침을 요구하는 것은 무리일 것이다. 엘리사벳은 학자나 신학자역을 할 생각은 전연 없었으며 그녀가 쓴 것을 통해서 세계에 영향을 끼치려는 주님의 섭리에는 아예 예감된 바도 없이 오직 관상가로서, 신앙상의 가장 깊은 의의, 특히 하느님 내재의 교의대로 살아온 것이다.

영성 생활에 관한 기록을 보면 엘리사벳이 특별히 감동되어 옮겨 쓴 것은 십자가의 성 요한의 말씀, 즉 거룩한 학자가 「영혼의 노래」에서 신비적인 하느님 내재의 성격과 효과에 관해서 언급한 부분이었다. 거기에는 관상적으로 매우 깊이 있는 가톨릭 신학의 다음과 같은 고전적 교설이 있다. 즉, "하느님은 창조적 행위로 모든 것 안에 현존하고 있다. 그러나 이 공통된 현존에 덧붙여 의인과 천사들에게는 더욱 초자연적 질서에 따라 안식과 사랑의 대상으로서 특수한 현존이 있다"는 것이다.

엘리사벳은 오랫동안 이 원문을 묵상하고 십자가의 성 요한에게서 하느님의 내재에 관한 영성적 교설의 핵심을 얻었다. 이것이 바로 그리스도교의 가장 전통적이고 가장 위로스러운 진리중에 하나인 것이다.

교회는 "나를 사랑하는 사람은 내 말을 잘 지킬 것입니다. 그러면 아버지께서도 그를 사랑하실 것이고 아버지와 나는 그에게로 가서 함께 살 것입니다"(요한 14:23)라고 하신 예수님의 명백한 가르침 안에서 언제나 이 진리의 원천을 깨닫고 있었다. 원문은 명확하다. 성부와 성자는 신자의 마음 속 깊이 계시며, 동시에 성부와 성자와 하나이신 성령과 함께 거처하신다. 말씀의 탄생의 신비나 성령의 신비도 모두 마음 속 가장 깊은 곳에서 침묵중에 이루어진다. 이렇게 우리의 영성 생활은 우리 안에 계시는 삼위 일체의 생명과의 끊임없는 친교에서 이루어지는 것이다. 하느님의 자녀가 되는 은혜로 신스러워진 이는 하느님과의 우정에까지 높여져 "성부"와 "성자"와 "사랑"처럼 또한 이 삼위 일체와 함께 같은 빛, 같은 사랑으로 살고 "삼위 일체 안에서 완전히 하나 되기 위해서"(요한 17:23) 단란한 삼위 일체 가운데로 맞아들여진다.

주님은 사제적 기도에서 삼위 일체적 생명에 참여하도록 허용된 완전한 이가 영위하는 신적 생활을 묘사하셨다. "나에게 주신 아버지의 이름으로 이 사람들을 지켜 주십시오. 그리고 아버지와 내가 하나인 것처럼 이 사람들도 하나가 되게 해주십시오. 아버지께서 내 안에 계시고 내가 아버지 안에 있는 것과 같이 이 사람들도 우리들 안에 있게 하여 주십시오. …아버지께서 나를 사랑하신 것처럼 이 사람들도 사랑하셨다는 것을 알게 하려는 것입니다. … 아버지께서 나를 사랑하신 그 사랑이 그들 안에 있고 나도 그들 안에 있게 하려는 것입니다"(요한 17:11-26).

이처럼 명확한 주님의 가르침이 있는 한 더 이상 필요한 것이 있을 리 없다. 삼위 일체와 우리 사이에 본성이 하나 될 수는 없지만── 그것은 범신론이다 ──양자라는 명칭으로 우리에게 성자의 모습을 닮게 하여 같은 '사랑의 영'으로 하늘에 계신 성부의 생명에 참여하는 은혜를 받았으며 그것으로써 합일이 이루어진 것이다.

삼위 일체 없이는 영혼은 황야와 같다. 신앙과 애덕으로 자기 안에 하느님의 세 위격을 소유하고, 성부와 성자와 성령과 정답게 "서로 사귀는 친교"(요한 Ⅰ서 1:3)로 살게 되었을 때 우리는 하느님의 거처가 된다. 세례를 받고, 성 바울로가 말하는 "성령의 성전"(Ⅰ 고린토 6:19)이 된 어린아이 안에 하느님의 세 위격은 본질적으로 내재하신다. 우리의 모든 영성 생활은 세례에서 지복 직관에 이르기까지 삼위 일체께 점차 빠른 속력으로 오르면서 발전해 간다. 지복 직관은 원래부터 그 이전의 여러 상태도 ──그 안의 변화적 합일의 가장 높은 것까지도── 세례 안에 그 모든 씨앗을 품고 있다. 하지만 사람들은 이 세례의 은혜, 말하자면 우리가 양자가 되어 삼위 일체의 단란 안에 들어갈 수 있는 은혜의 근본적 중요성에 대해서 별로 생각하지 않고 있다.

하느님의 내재에 관한 아름다운 신학이 엘리사벳의 영적 가르침과 그 신비적 생활의 기초를 이루고 있으며 이것으로써 그녀의 가장 깊은 은밀한 곳까지 알게 되었다. 엘리사벳은 이 신학을 깨치기 위해서 이 신비가 어떻게 가능한가에 대한 긴 학설이 필요하지 않았다. 하느님께서 주신 지혜의 길로 온전히 단순하면서도 드문 깊은 신념으로 세례로 이루어진 소명의 뜻을 통찰하고 또한 무척 좋아했던 성 요한의 말씀으로 지상에서 이미 삼위 일체와 "서로 정겹게 사귀며" 살도록 부르심을 받았음을 깨달았던 것이다.

동생에게 그녀는 유언의 형식으로 "어떻게 지상에서 천국을 찾을 수 있는가"를 설명하는 묵상을 썼다. 생애의 마지막에 썼으며 사후에 동생에게 전해진 이 묵상은 "영광의 찬미"의 묵상과 함께 가장 진보된 단계에서 그녀의 가르침을 요약한 것이라고도 할 수 있다. 그 기도의 시작부터 엘리사벳 수녀는 그리스도의 사제적 기도인 관상적 높은 빛에까지 드높여진 그 빛 안에서 은혜에 의해 삼위 일체의 "유일성 안에 완전히 하나되기 위하여"(요한 17:23) 부르시는 주님의 말씀을 따라 우리의 초자연적 천직에 관하여 쓰고 있다.

"아버지, 아버지께서 나에게 맡기신 사람들을 내가 있는 곳에 함께 있게 하여 주시고 아버지께서 천지 창조 이전부터 나를 사랑하셔서 나에게 주신 그 영광을 그들도 볼 수 있게 하여 주십시오"(요한 17:24). 이것은 그리스도께서 아버지께 돌아가시기 전의 마지막 원의였고 숭고한 마지막 기도였다. 주님은 당신 계신 곳에 우리도 함께 있기를 원하셨고, 그것은 영원한 나라에서뿐만 아니라 이 지상에서도 이미 실현되기를 원하셨다. 이유는 영원한 생명은 지상에서 벌써 시작되어 있고 이 세상에서는 다만 그것이 끊임없는 성장 상태에 있다는 차이뿐이다. 그 까닭에 우리는 주님이 바라는 것을 실현하기 위해서 우선 주님과 함께 어디에 있어야 하는가를 아는 것이 중요하다. 십자가의 성 요한은 "하느님의 아들이 숨어 계신 곳은 아버지의 품이며, 즉 사람의 눈으로 볼 수 없고 또한 어떠한 인간의 지혜로도 깨달을 수 없는 하느님의 본성이어서 예언자 이사야가 '참으로 당신은 숨으신 하느님'이라 외치게 한 바로 그분이다. 하지만 주님의 뜻은 우리가 그분과 함께 있는 것이다. 사도 바울로는 "세례로 말미암아 우리는 그리스도와 하나가 될 것이다"(로마서 6:5) 하셨고 또 "하느님께서는 하늘에서도 그리스도 예수와 함께 살리셔서 하늘에서도 한 자리에 앉게 하여 주셨습니다"(에페소 2:6). "이제 여러분은 외국인도 아니고 나그네도 아닙니다. 하느님의 한 가족입니다"(에페소 2:19)라고 했다. "거룩하신 삼위 일체, 거기야말로 우리가 살 집이고, 우리가 절대 나와서는 안 될 아버지의 집입니다"(어떻게 지상에서 천국을 찾을 것인가, 제1일).

3. 현존의 장소, 곧 영혼 깊은 곳—영혼과 하느님과의 만남의 장소는 그 사람의 마음, 그 가장 깊은 곳이다. 하느님만이 들어갈 수 있고 역사하는 이 더없이 조용한 곳을 신비가들은 'mens' 혹은 영혼의 첨단이라고 부른다. 엘리사벳 수녀는 성녀 데레사와 십자가의 성 요한의 말을 즐겨 써서 이것을 "영혼깊은 곳", 즉 그 제일 깊은 중심을 가리키고 있다.

"천국, 이는 우리 아버지의 집이며 그것은 우리 영혼의 중심입니다. 우리가 가장 깊은 곳에 있을 때는 하느님 안에 있는 것이랍니다"(동생에게 보낸 편지, 1905. 8.). 하느님을 찾기 위해 자기 자신에서 나올 필요는 없다. "하느님의 나라는 바로 너희 가운데 있다"(루가 17:21). 십자가의 성 요한은 하느님이 사람에게 자신을 주는 것은 악마도 그 누구도 할 수 없는 영혼의 실체에서 이루어진다고 했다. 그때에 영혼의 온갖 움직임은 신적인 것이 된다. 그도 그럴 것이 주님은 그 사람 안에서 그 사람과 함께 일하시기 때문이다. 십자가의 성 요한은 또한 "하느님은 영혼의 중심이다"라고도 했다. 우리는 온 힘을 다하여 완전히 하느님을 알고 하느님을 사랑하고 충분히 하느님을 맛들이게 되었을 때 하느님으로 말미암아 도달 할 수 있는 영혼의 가장 깊은 중심에 이를 수 있다. 더구나 거기 도달하기 전에 우리는 이미 자기 중심인 하느님 안에 있으나 아직 자기 영혼의 가장 깊은 중심에 있는 것은 아니다. 그것은 그 영혼에게는 아직 그 이상 더 깊은 데까지 들어갈 여지가 있기 때문이다.

사랑은 우리를 하느님께 결합시킨다. 때문에 이 사랑이 강하면 강할수록 우리는 더더욱 깊이 하느님 안에 들어가고 하느님 안에 스스로 모아진다. 가령 최소한도의 사랑이라도 갖고 있으면 그 사람은 이미 그 중심 안에 있게 되며 그 사랑이 완전하게 되었을 때 영혼 가장 깊은 중심에 이르고 거기서 "하느님처럼 된다"는 데까지 변화되는 것이다. 라코르대르(Lacordaire) 신부가 성녀 막달레나(파지의 성녀 막달레나)에게 한 말은 이러한 영혼 깊은 곳에서 사는 이들에게 꼭 들어맞는 말이리라: "이제 지상의 그 누구에게도 천국의 누구에게도 주님을 찾아선 안 된다. 왜냐하면 그대의 영혼이 곧 하느님이고, 하느님은 그대 영혼이기 때문이다"(어떻게 지상에서 천국을 찾을 것인가, 제3일).

4. 삼위 일체의 내재에서 오는 본질적 행위, 즉 신앙의 활동과 사랑의 실천—
신비적이고 현실적인 이 하느님의 내재는 감각으로는 느낄 수 없다. "하느님은 영적인 분이시다"(요한 4:23). 그러므로 가까이 가려는 이는 "영적으로 참되게"(요한 4:24) 되어야 한다.

엘리사벳 수녀는 여기서 감성이 아무 것도 할 수 없음을 잘 분별하라고 특별히 힘주어 강조한다. 하느님을 느끼려는 것은 영적 생활의 초본자들의 암초이기도 하다. 그리고 이미 성덕에 나아간 이들도 정말 교묘한 핑계 안에 깊게 뿌리박고 있는 이 욕구를 떼내는데 노력해야 할 정도이다. 개인적 체험으로 엘리사벳 수녀는 감성도 경계하기를 익혔다. 또한 수련기 중 거의 매일의 양식이 된 괴로웠던 정화의 기억은 그녀에게 "사람으로서는 감히 생각할 수도 없는 하느님의 평화"(필립비 4:2)만을 철저히 찾도록 끊임없이 재촉하고 있었다.

발레 신부가 하느님은 확실히 내재한다고 보증해 주었을 적에 엘리사벳은 감정적·도취적 기쁨에 젖었지만 이윽고 자신에게 내재하는 하느님을 찾기 위해 신앙에 매달려야 했다. "나와 숨으신 주님 사이에는 이제 휘장이 아닌 두꺼운 벽이 가로 막혀 있습니다. 그렇게도 가까이 주님을 느꼈었는데 정말 괴롭습니다. 하지만 나는 사랑이신 분께서 원하시는 한 이 상태에 머물 각오입니다. 그것은 나의 신앙이 그래도 주님께서 거기 계심을 가르쳐 주기 때문입니다. 감미로움이나 위로가 무슨 소용이 있겠습니까. 그것은 주님은 아니며, 더욱이 우리가 찾고 있는 분은 주님 자신이지 않습니까. 순수한 신앙으로 그분 곁으로 갑시다"(M. G.에게 보낸 편지).

5. 순수한 신앙으로—"하느님 현존의 길"(마지막 피정 제9일)에 안전하게 나아가기 위해서는 신앙만이 살아계시면서, 숨으신 하느님과 접촉하는 유일한 근본적인 행위가 된다. "하느님께로 가까이 가는 사람은 하느님이 계시다는 것을 믿어야 합니다"(히브리 11:6)라고 성 바울로는 말한다. 또 "믿음은 우리가 바라

는 것을 보증해 주고 볼 수 없는 것들을 확증해 줍니다"(히브리 11:1)라고, 즉 신앙은 미래의 행복을 현재의 지평에 놓고 볼 수 있으며, 지금 이미 우리 안에 있는 것으로 그것을 확인하는 것이다. 십자가의 성 요한은 "신앙은 하느님께로 가는 발의 구실을 하고", "어두운 상태에서 의지할 곳"이라 했다. 사랑하는 분께 대해서 우리에게 참된 빛을 줄 수 있는 것은 신앙뿐이다. 우리는 이것을 하느님과 복된 합일에 이르는 유일한 수단으로 선택해야 한다. 신앙은 우리에게 온갖 영적 보화를 가져다 준다.

사마리아 부인에게 예수 그리스도께서 당신을 믿는 모든 이에게 "영원한 생명에 이르는 샘물"을 주시리라 약속한 것은 신앙을 가리켜 하신 말씀이다. 신앙은 이 세상에서부터 우리에게 하느님을 준다. 물론 하느님은 신앙의 장막에 가리워 있으나 그래도 역시 하느님이심은 틀림없다. "완전한 것이 오면", 즉 하느님을 눈앞에 뵙게 되면 "불완전한 것" 다시 말해서 신앙에 따라 지식은 그 완성을 볼 것이다(Ⅰ 고린토 13:10).

"우리는 하느님께서 베푸시는 사랑을 알고 또 믿습니다"(요한 Ⅰ서 4:16). 이것이 바로 우리 신덕의 위대한 행위이며 우리가 하느님께 사랑으로 사랑을 보답하는 길이다. 이것은 성 바울로가 말한 성부의 마음에 숨겨진 비밀이며 마침내 우리가 그것을 깨닫게 될 때 온 넋이 용약할 신비인 것이다. 자신에게 쏟아지는 이 엄청난 큰 사랑을 믿게 되었을 때 모세에 관해 말했듯이 "보이지 않는 하느님을 본듯이 확신을 가지고 행동하였다"(히브리 11:27)라고 말할 수 있을 것이다. 이런 경지에 이른 우리는 이미 맛보고, 느끼는 데에 머물지 않고 하느님을 느끼든 말든 그런 것은 어떻든 좋다. 하느님이 우리에게 기쁨을 주든지 고통을 주든지 이제는 문제되지 않는다. 하느님의 사랑을 믿고 있기 때문이다. 시련을 당하면 당할수록 그 신앙은 커져 간다. 왜냐하면 사랑밖에 못하시는 "무한한 사랑"의 품 속에 쉬러 가기 위해서는 온갖 장해를 넘고 나아가야 하기 때문이다.

"주님은 이렇게 자기 신앙에 온전히 깨어 있는 이에게 그의 마음 깊숙한 곳에서 이전에 막달라 마리아에게 말씀하셨듯이 '네 믿음이 너를 구원하였다. 평안히 가라'(루가 7:50)고 가만히 속삭여 주실 것입니다"(어떻게 지상에서 천국을 찾을 것인가, 제7일).

엘리사벳 수녀는 순수한 신앙으로 끝까지 충실히 하느님께로 나아갔다. "가르멜 수녀는 신앙인입니다"(S. 부인에게 보낸 편지, 1906.). 엘리사벳이 마지막으로 맞이한 예수 승천 축일에는 하느님의 세 위격이 그녀 깊숙히 존재하시고 거기서 밤낮으로 "전능하신 상담자"(그녀가 승천 날에 받은 은혜를 원장 수녀에게 표현한 것)가 되어 주심을 뚜렷이 그녀에게 나타내 주셨다. 하지만 그후 병실의 고독 속에 숨은 엘리사벳은 여전히 주님을 어두운 신앙으로 찾았어야 했다. 이 행위는 지상에서 하느님 생명으로 사는 온갖 생활에서 없어서는 안될 절대적 조건인 것이다.

"나는 주님의 작은 포로란다. 주님과 대화를 계속하기 위해서 제일 좋아하는 작은 수방에 돌아오면 하늘스런 기쁨이 나의 마음을 채운다. 나는 주님과 함께 잠기는 고독을 얼마나 사랑하는지 모른단다. 나는 정말 즐거운 은둔자의 고요한 생활을 하고 있어. 그렇다고 이 생활에서 자신의 무능함을 느끼지 않는 것은 아니지. 숨어만 계신 주님을 나도 찾을 필요가 있단다. 허나 그럴 때 나는 신앙을 깨울 수밖에 없어. 그리고 주님께서 나의 사랑을 즐기시기 위해 주님의 현존을 즐기게 아니해 주심을 더욱 기뻐한단다"(동생에게 보낸 편지, 1906. 7. 15.).

엘리사벳의 수도 생활은 서원 전날 밤 가대소에서 들은 말씀을 실현하는 것이었다. "…나의 사랑하는 분을 위해 고통과 자기희생으로 이룬 신앙의 천국"(한 신부에게 보낸 편지, 1903. 7.).

6. 사랑의 우위성— 애덕의 실천은 신앙보다 더욱 필요하다. 이 두 향주덕은 우리를 하느님에게까지 들어올리는 두 개의 날개다. 믿는 것만으로는 부족하다. 사랑해야 한다. … 오로지 사랑해야 한다. … 엘리사벳은 다른 성인들과 마찬가지로 사랑의 우위성을 강조하여 더욱 우리를 깨우치고 있고, 주님 자신도 율법과 예언자와 다른 모든 하느님의 계명에서 이 첫째 계명, 즉 "이스라엘아 들으라. 우리 하느님은 유일한 주님이시다. 네 마음을 다하고 목숨을 다하고

생각을 다하고 힘을 다하여 주님이신 너의 하느님을 사랑하라"(마르코 12:29-30)에 귀착시키고 이에 대해 얼마나 역설하셨는가. 여기에 그리스도교 교설의 정점이 있다. 우리는 잠시 이것에 대해 생각해 보자.

사도들, 교부들이나 학자, 그리고 성인들이 주님의 이 말씀에 지극한 충실을 다해 싫증도 없고 쉴 새도 없이 계속 되풀이함은 정말 감동적이다. 교회는 이 말씀을 만대에 전하고 있지만 그것은 언제나 새로운 뜻과 힘을 갖고 있다. 성 요한은 예수님의 가르침 전체를 요약하는 이 계명의 하늘스런 깊이를 주님의 가슴에서 쉬면서 깨쳤다. 노후에도 그는 늘 이것을 되뇌고 있었다. 그 열성에 놀라워 하면 그는 주님의 애(愛)제자답게 "이것이 주의 계명입니다. 그리고 이것만으로 충분합니다"(성 예로니모 서간)라고 했다. 성 바울로도 "사랑의 생활을 하십시오"(에페소 5:2) "사랑은 율법의 완성입니다"(로마서 13:10) 하고 가르친다. 성 아우구스띠노의 다음의 유명한 말은 널리 알려져 있다: "사랑하십시오. 그리고 그대가 원하는 것을 하십시오." 그의 뒤에 온 성 베르나르도도 "하느님을 사랑하는 한계는 한계없이 사랑하는 것이다"(신애론) 라고 거듭 말했다. 또 성 도미니꼬는 "나는 다른 어떤 책에서보다도 사랑의 책에서 더욱 많이 배웠다. 사랑은 온갖 것을 가르쳐 준다"라고 썼으며 성 토마스는 짧은 말로 뜻깊게 "사랑은 영혼의 생명이다"(신학 대전)라고 했다.

다시 여기서 되풀이할 필요도 없이 성인들의 말은 이 사랑의 계명의 주해에 지나지 않는다. 성녀 데레사도 완덕의 절정을 목표로 하는 이들이 해야 할 일은 "모두를 사랑하는 것이다"라고 지적하고 있다.[1]

"암야"의 학자라고 하기보다 "사랑의 학자"인 십자가의 성 요한은 "생애의 마지막 날에 우리는 사랑에 관해서 심판받으리라"고 썼다. 20세기에 들어와서는 주님의 "사랑하십시오"(마태오 22:37)란 위대한 말씀에 대한 메아리로 예수 아기의 성녀 데레사는 그 아름다운 노래 '사랑에 산다'를 우리에게 남겨 주었다. 이는 지금 우리가 그리스도교의 진수라고도 할 수 있는 것에 직면해 있음을 뜻한다. 성 프란치스꼬 살레시오는「신애론」의 첫머리에서 "교회에서는 모든 것이 사랑

주1) : 십자가의 성 요한의「영혼의 노래」28절에도「영혼의 성」제6, 7궁방에서와 같은 교설을 볼 수 있다.

에 속해 있으며 사랑을 따라서, 사랑 때문에, 사랑을 통해서이다"(신애론의 머릿말)라고 밝혀 말하고 있다.

이렇게까지 사랑을 역설하는 이유는 간단하다. 애덕은 우리와 하느님과 우정을 맺게 한다. 삼위 일체의 온갖 풍요로움이 은혜와 영광으로 말미암아 우리의 것이 된다. 성자와 성령과 서로 얽혀서 생활하게 된 하느님의 위격을 참되이 "즐기는 "권능이 우리를 부축해 준다. 이 하느님과 사람과의 영적 사귐은 우정의 가장 순수한 법칙에 따라 개화된다. 말하자면 하느님은 당신 자신을 주시고 당신의 지복도 가져다 주시는데 우리는 그것에 따라서 하느님을 친구로 삼고 자신을 초월하여 무한히 하느님을 사랑하고 자신의 최고 행복을 하느님의 행복 안에 둔다.

엘리사벳은 주님의 이 가르침을 간직하고 특히 성 요한의 다음 구절을 즐겨 되풀이했다. "우리는 하느님께서 우리에게 베푸시는 사랑을 알고 또 믿습니다"(요한 Ⅰ서 4:16). 그녀는 한걸음 더 나아가 자신의 영성 생활 전체를 성 바울로가 말한"그 크신 사랑"(에페소 2:4)의 빛으로 쌓아올렸다 해도 지나친 말은 아니다. "나는 자신이 엄청난 큰 사랑을 받고 있음을 느낍니다. 이 사랑은 큰 바다 같아서 그 속에 나를 잠가버리고 없애버리면서 영원한 빛 가운데서 하느님과 만날 날을 기다리는 동안 지상에서 이루어지는 나의 직관입니다. 하느님은 내 안에 계시고 나는 하느님 안에 있습니다. 나는 오로지 하느님을 사랑하고 또한 하느님께서 사랑해 주시는 대로 맡겨 드리면 됩니다. …어느 때나 모든 경우에 말입니다. 사랑 안에 깨어 있고 사랑 안에서 움직이고 사랑의 품에서 잠듭니다. 영혼을 하느님의 영혼 안에, 마음을 하느님의 마음 안에 맡기면서. 이러한 교류로 하느님은 나를 씻어 주시고 나의 비참에서 해방시켜 주시기 위해서"(한 신부에게 보낸 편지, 1903. 8.). "밤낮으로 마음 안에 있는 천국에서 주님의 사랑을 노래하고 싶습니다"(한 신부에게 보낸 편지, 1906. 6.). "나에게는 이제 단 하나의 소망뿐입니다. 주님을 사랑하는 것, 언제나 항상 주님을 사랑하는 것입니다. 참된 정배로서 하느님의 영광을 위해 열심을 다 하는 것입니다. 내 안에 주님의 거처, 숨은 집을 만들고 거기서 주님을 지극한 사랑으로 악인들이 끼치는 온갖 모독을 잊으시게 하고 행복하게 해드리고 싶습니다"(A.부인 에게 보낸 편지, 1903. 2. 15.). "'주님은 나를 사랑하시고 또 나를 위해 당신 몸을 내어 주셨습니다'(갈라디아 2:20.). 이것이 사랑의 완성입니다. 자신을 드리는 것… 사랑하는 분 안으로 온통 옮겨지는 것이며 사랑은 사랑하는 이를 자아에서 떠나게 하며 이루 말로 다 할 수 없는 탈혼 중에 그 사랑의 대상을 당신께로 끌어 갑니다. 아름다운 표현이라고 생각됩니다. 이것이 우리의 빛나는 표어가 되기를 바랍니다. 우리는 '사랑의 영'에게 이끌려 신앙의 빛으로 어린 양의 옥좌 앞에서 영원히 노래할 사랑의 찬가를 천국의 복된 이들과 함께 노래하러 갑시다. 그래요. 사랑 안에 우리의 천국을 만들기 시작합시다. 주님은 사랑이십니다. 성 요한이 우리에게 그렇게 말하고 있습니다. '하느님은 사랑이시다'(요한 Ⅰ서 4:8) 라고. 주님 사랑 안에 머뭅시다. 그리고 주님 사랑이 우리 안에 머물도록 합시다"(A. 부인에게 보낸 편지, 1904. 2. 15.).

　예수 아기의 성녀 데레사처럼, 그리고 아마 그 영향을 받았음인지 (그녀는 '작은 꽃'에서 인용하기도 했다) 그녀도 또한 사랑 안에서 천직을 찾았다. "… 나는 성인이 되고 싶습니다. 주님께서 기뻐하시게 성인이 되고 싶습니다. 앞으로 제가 오직 사랑으로만 살 수 있게 주님께 부탁해 주십시오. '이것이 저의 천직입니다'"(G.에게 보낸 편지, 1903. 8. 20.). "우리가 이 지상에 오래 머물지 않아도 되는 것은 사랑 때문이라고 생각됩니다. 더욱이 십자가의 성 요한은 분명히 밝혀 말합니다. 성인의 저서 안에는 사랑의 희생이 되어 죽는 이는 사랑으로 급소를 찔리어 그 영혼은 넘쳐흐르는 강과 같은 하느님의 사랑의 큰 바다 안에 사라지며 또한 이 강은 크기가 마치 큰 바다 같다고 묘사한 감동적인 장이 있습니다. 성 바울로는 '우리 하느님은 태워버리는 불이십니다'(히브리 12:29) 라고 합니다. 만일 우리가 단순히 사랑 가득한 눈길로 언제나 하느님과의 합일 안에 있다면, 그리고 흠숭하올 주님처럼 우리도 하루를 마치고 '나는 나의 아버지를 사랑하기 때문에 언제나 아버지께서 기뻐하시는 일을 합니다'(요한 8:29)라고 말할 수 있다면 주님은 우리를 태워버릴 수 있을겁니다. "그리고 우리는 영원히 한껏 타기 위해서 크신 사랑 안에 온통 맡길 겁니다"(AC. B. 190€.).

　엘리사벳의 온갖 것이 죽어 가려고 할 때 이 사랑의 우위성은 그 어느 때보다도 한층 강렬히 빛나고 있었다. 그녀는 병자성사를 주러 온 사제를 "오 사랑… 사랑이여, 사랑이여…" 라고 외치면서 맞이했다(추억).

　하느님께로 날아가기 전 엘리사벳은 한 친구에게 다음과 같이 써 보냈다: "내가 이제 세상을 떠나 하느님 아버지께로 돌아갈 때가 가까워졌습니다. 떠나기 전에 당신에게 나의 마음의 말, 내 영혼의 유언을 보내고 싶습니다. 주님의 마음이 제자들을 떠나시려던 마지막 순간보다 더 사랑에 넘친 때는 없었습니다. 주님의 작은 정배의 마음 속에도 이 생애의 마지막에 이르러, 어쩐지 비슷한 것이 일어나는 느낌입니다. 밀물과 같이 나의 마음에서 솟아나 당신 마음에로 밀려 가는 것을 느끼고 있습니다. … 영원이라는 빛 아래 우리는 사물을 진실된 입장에서 바라보게 됩니다. 주님을 위해 주님과 함께 하지 않는 모든 것은 얼마나 헛된 것인지요. 부디 모든 것에 사랑으로 인을 찍어 주십시오. 남는 것은 오직 그것뿐입니다"(B. 부인에게 보낸 편지, 1906.).

그것은 또한 엘리사벳 주위에서 임종자를 위한 기도를 바치고 있던 자매들에게 그녀가 말한 마지막 말이기도 했다. "생명의 끝날에는 모든 것은 사라집니다. 사랑만이 남습니다. 모든 것을 사랑으로 해야 합니다"(추억).

이렇게 엘리사벳 수녀의 생활에서 보여준 하느님 내재의 실천적 가르침은 모두 끊임없는 사랑의 교환이라는 한 곳으로 귀착된다. "사랑이라고 부르는 분이 계셔서 우리가 그분과 친교를 맺고 살기를 원하십니다"(어머니에게 보낸 편지, 1906. 10. 20.).

7. 실천, 즉 잠심의 행위를 거듭할 것— 하느님 앞에서 산다는 수업은 단지 관상적 영혼을 위한 것만은 아니다. 세례의 은혜는 우리 각 사람에게 삼위 일체를 준다. "내가 사랑하는 가르멜의 고독 안에서 나의 특전처럼 여겨지는 이 '가장 좋은 몫'(루가 10:42)은 주님께서 제공해 주신 것입니다"(S. 부인에게 보낸 편지, 1902. 7.).

그것은 오로지 신앙과 애덕과 그리스도교적 모든 덕의 실천으로 하느님께 합일해 있으면 된다. 어떤 이는 하느님 앞에서 살기 위해 어색한 태도를 하고 눈을 감고 있어야 한다고 생각하고 있다. 그것은 엄청난 잘못이다. 성 바울로가 언급하듯이 "먹고 마시는 일이 아니라"(로마서 14:17)고 하지만 이런 모든 것을 통해서 하느님은 훌륭한 찬미를 찾아낼 수 있으시다.

성인 돈 보스꼬는 아이들과 함께 먼지 속에서 딩굴었으며 엘리사벳 수녀는 휴식 시간에 사랑스럽게 치명자의 흉내를 내기도 했다. 그들은 그것 때문에 하느님의 현존을 잊어버리지는 않았다. 중요한 것은 지향이며 우리는 이것을 할 수 있는 한 의식적으로 하느님께로 향해야 한다.

바로 이런 데서 우리와 성인들의 차이점이 드러난다. 성인들은 그 행위에서, "먹든지 마시든지" 전부 주님의 영광을 찾는다. 이와는 달리 많은 그리스도신자는 묵상기도에서 주님을 찾을 줄 모른다. 왜냐하면 그들은 영성 생활을 어쩐지 가까이하기 어려운 것, 신비가라고 하는 소수의 특별한 은혜를 받은 이들에게만 주어지는 것이라고 상상하고 전부를 복잡하게 만든 때문이다. 참되이 하느님으로 사는 생활은 십자가에 못박히신 분의 날인이 된 일상의 온갖 평범한 십자가 가운데 삼위 일체께로 나아가는 삶이며 이는 세례에서 시작되는 하느님으로 말미암아 살게 되는 생활인 것이다.

엘리사벳 수녀는 주님의 섭리로 사회에 머물게 한 이들과의 접촉에서 이 점을 역설하기를 잊지 않았다. "당신은 사회에 있으면서 온전히 주님의 것이 되고 싶지요? 그것은 아주 간단하답니다. 주님은 언제나 우리와 함께 계시므로 늘 주님과 함께 하면 됩니다. 당신의 모든 행위를 통하여 고통 안에서도 육체가 부숴질 때도 하느님 눈길 아래에 머무십시오. 당신 안에 계신 주님을 바라보십시오."(A. 부인에게 보낸 편지, 1902. 9.).

그 무엇도 우리가 사랑으로 주님께 이르고자 하는 것을 방해할 수는 없다. 기쁨도 슬픔도 건강도 병도 사람들의 아침도 악의까지도. 심지어 '우리의 죄까지도'(마지막 묵상, 제7일)라고 엘리사벳 수녀는 말한다. "하느님을 사랑하는 사람들에게는 모든 일이 서로 작용해서 좋은 결과를 이룬다는 것을 우리는 압니다"라고 말한 성 바울로의 로마서(8:28) 원문을 인용하였으며 거기에 성 아우구스띠노의 대담스런 말까지 덧붙이고 있다. "죄까지도"(etiam Peccata), 즉 주님의 자비의 영광이 될 용서와 자기 나약을 익히 자각하기 위한 겸손 때문에 선익이 되는 것이다.

엘리사벳 수녀는 사물을 복잡하게 하지 않는다. 하느님의 내재라는 커다란 신비에 살려는 이에게 그녀는 실천적인 유일한 권고를 주고 있다. "주님 앞에서 잠심하는 행위를 거듭하라"고.

"사랑하는 어머니, 주님과 함께 잠심하기 위해서 고독을 이용하시면 좋습니다. 어머니의 몸이 쉬실 때, 마음의 쉼은 주님이시라는 것과 아이가 엄마의 품에 안기기를 좋아하듯 어머니도 사방 팔방에서 어머니를 둘러싼 주님의 팔 안에 쉬실 수 있기를 바랍니다. 우리는 주님의 팔 안에서 나올 수는 없답니다. 허나 우리는 가끔 하느님의 현존을 잊고, 주님외의 것에 얽매어 주님을 혼자 계시게 버려두게 됩니다. 주님과 정답게 사는 것은 매우 간단하며 그것은 피곤하기보다는 오히려 쉼이 된답니다. 아이들이 엄마 곁에서 쉬듯이 말입니다. 어머니의 온갖 고통을 주님께 바쳐 주십시오. 이것은 주님과 하나 되는 좋은 방법이며, 주님의 마음에 드는 기도랍니다"(어머니에게 보낸 편지, 1906. 7.).

"어머니, 성 바울로의 말씀 안에는 제 생활을 요약한 듯한, 매순간의 저를 표현한 말이 있습니다. 그것은 '한없이 자비로우신 하느님께서는 그 크신 사랑으로 우리를 사랑하셔서'(에페소 2:4)입니다. 그래요 어머니, 이런 모든 은혜의 큰 파도, 그것은 '주님은 저를 무척 사랑하신' 때문입니다. 사랑하는 어머니, 주님을 사랑합시다. 마치 헤어질 수 없는 사랑하는 이에게와 같이 주님과 함께 삽시다. 하느님 앞에서의 잠심이 진보하셨는지 어쩐지 부디 알려 주세요. 제가 어머니의 마음의 '작은 엄마'란 것을 아시지요? 그렇기에 저는 어머니에 대해서 무척 염려된답니다. 복음서의 이 말씀을 기억해 주십시오. '하느님의 나라는 너희 안에 있다.' 이 작은 왕국 안에 들어가 거기서 마치 당신 궁전에서처럼 사시는 임금님을 경배하시기 바랍니다"(어머니에게 보낸 편지, 1906. 6.).

이러한 잠심 행위를 가르치기 위해서 엘리사벳 수녀는 어머니에게 작은 묵주를 만들어 드렸다. 그리고 편지에 그것을 충실히 사용하고 있는지 묻고 있다. "어머니 작은 묵주알을 충실히 넘기고 계신지요? 알려 주세요"(어머니에게 보낸 편지, 1906. 6.).

8. 하느님 내재에 관한 요점— 하느님 내재의 신비를 생활의 전부로 삼기 위해서 엘리사벳 자신이 사용한 방법과 그녀의 심리 상태를 더욱 잘 드러내는 두 통의 편지가 있다.

첫째 편지는 어느 어린이에게 쓴 것인데 이 아이는 무척 풍요로운 천성으로 은혜를 받았으면서도 제멋대로 하는 성질로 주변을 괴롭히고 있었다. 진정 어머니 같은 애정으로 엘리사벳 수녀는 아이에게 말한다.

" 정말이지 나는 너를 위해 기도한단다. 그리고 내 마음의 이 깊숙한 성소(聖訴)에 밤낮으로 계시는 주님 곁에서 나는 너를 지키고 있어. 나는 결코 혼자는 아니란다. 그리스도께서 늘 거기 계시고 내 안에서 기도하시며, 나도 주님과 함께 기도하고 있어요. 나는 너 때문에 마음 아파하고 있단다. 정말 네가 불행하다고 느껴지는구나. 허나 그것은 확실히 너의 잘못이야. 그러나 걱정할 것은 없어. 나는 너의 말대로 네가 '머리가 돌았다'고는 생각하지 않아요. 다만 신경이 날카로워져서 흥분되어 있다고 생각할 뿐이지. 그 때문에 너는 남을 괴롭히고 있는 거야. 만일 행복의 비결을 주님께서 나에게 가르쳐 주신 것처럼 내가 네게 배워 줄 수 있다면 얼마나 기쁠까! 너는 내게는 걱정도 고통도 없을 거라고 말하였지. 내가 정말 행복하다는 건 사실이야.

그러나 만일 너도 우리가 가령 괴로울 때라도 무척 행복할 수 있다는 것을 알았으면 좋겠어. 언제나 주님을 바라보고 있어야 해. 시작할 때는 자기 안에서 갖가지 감정이 솟아오르지만 이를 누르기 위해 노력하고 있노라면 차츰 평온해지고 인내와 은총의 도움으로 목적에 이르게 된단다. 내가 했듯이 너도 자신 안에 작은 밀실을 만들어야 해요. 그리고 주님이 거기 계시다는 것을 생각하여 가끔 그곳에 들어가야지요. 초조하고 괴로울 때는 서둘러 거기로 피해 가 모두를 주님께 맡기도록 해요. 만일 조금이라도 주님을 알게 되면 기도는 이미 지루한 것이 아니지. 나에게는 오히려 그것은 휴식이고 위로라고 생각되더군. 우리는 아주 순수하게 사랑하는 주님 곁에 가서 마치 어린아이가 엄마 품에 안기듯 주님 곁에 앉아 마음을 털어놓아야 한단다. 네가 내 곁에 앉아 나에게 털어놓는 것을 좋아했지 않니? 꼭 그와 같이 예수님 곁으로 가는 거란다. 예수님이 얼마나 잘 알아들으시는지를 네가 깨달았으면 좋겠어. 네가 이것을 알아듣기만 하면 이제 괴로워할 것도 없어질 거야. 이것이 가르멜 생활의 비결이지. 가르멜 수녀의 생활은 밤낮으로 쉴 새 없이 주님과 친교하는 거란다. 만일 주님께서 우리 수방이나 복도를 가득 채워 주지 않으신다면 얼마나 공허를 느끼게 될까? 하지만 만사를 통해서 우리는 주님을 바라보고 있어요. 왜냐하면 우리는 자신 안에 주님을 소유하고 있고 우리의 생활은 이 세상에서 미리 맛보는 천국이기 때문이지요."(F.에게 보낸 편지, 1904.)

둘째 편지는 어머니에게 보낸 것이다. 사람이나 사물을 성급하게 다루는 것은 엘리사벳의 방식은 아니었다. 소홀히하지는 않았으나, 그녀는 하느님의 때를 기다리는 것을 알고 있었다. 어머니의 마음 속을 뚫고 들어가 이를 도야할 수 있게 된 것은 엘리사벳의 생명을 앗아갈 뻔했던 발작이 가라앉은 후였다. 마지막이라고 여겨진 면회 때 어머니의 마음과 딸의 마음은 이것이 마지막이라고 느낄 때에 사랑하는 사이에서 이루어지는 깊고 정겨운 친밀로 하나되어 이해하였다. 엘리사벳은 깊이 사랑하는 어머니에게 자기의 내적 생활의 비결을 가르치려고 이 기회를 이용하였다. 그것은 두 모녀에게는 하느님 앞에서 맺어진 오직 신스러운 새 형태의 우정의 출발점이 되었다. 이 면회 다음날 엘리사벳은 어머니에게 하느님 내재의 작은 교리라고도 할 만한 편지를 보냈다.

"'나를 사랑하는 사람은 내 말을 잘 지킬 것이다. 그러면 나의 아버지께서도 그를 사랑하시겠고 아버지와 나는 그를 찾아 가 그와 함께 살 것이다'(요한 14:23). 사랑하는 어머니, 저는 이 편지를 시작하면서 한 가지 명백히 말씀드리고 싶습니다. 저는 늘 어머니를 무척 사랑하였지만 어제 뵌 후로는 더욱 강해졌습니다. 어머니의 가슴에 제 마음을 있는 그대로 열어 밝히고 서로 한마음으로 살고 있음을 느꼈을 때 정말 기쁘게 생각되었습니다. 어머니께 대한 나의 사랑은 한 자녀가 더없이 좋은 어머니께 품는 애정만이 아니고 엄마가 그 자녀에게 품은 애정도 깃들여 있는 것 같습니다. 저는 어머니의 마음의 작은 엄마랍니다. 어머니도 그것을 원하고 계시지요? 우리는 지금부터 성신강림 준비를 위한 피정을 시작합니다만 저는 여러 자매님들과 떨어져 제가 가장 좋아하는 작은 다락방에 있으므로 더더욱 고요히 지낼 수 있을 겁니다. 저는 성령께서 어머니 마음에 하느님의 내재를 보여 주시도록 간청하겠습니다. 어머니를 생각하면서 이 신비를 다룬 책을 찾아 봤습니다. 하지만 이것을 드리기 전에 다시 한번 뵙고 싶습니다. 어머니 저의 말을 믿으셨으니 다행합니다. 그것은 제 자신의 말이 아니기 때문입니다. 성 요한 복음서를 읽으시면 주님이 언제나 '너희는 나를 떠나지 말라. 나도 너희를 떠나지 않겠다'(요한 15:4)라고 간절히 권하고 계심을 아시리라 생각됩니다. 그리고 처음에 쓴 훌륭한 말씀, 주님께서 우리 안에 계시다는 말씀도 아실 겁니다. … 성 요한의 서간 안에 우리가 삼위 일체와 '서로 사귐'을 원하고 계십니다.'서로 사귀다…' 정말 마음 뿌듯한 말씀이며, 또한 아주 간단합니다.

성 바울로는 그것은 다만 믿기만 하면 된다고 하십니다. '하느님은 영적인 분이십니다'(요한 4:24). 그러므로 우리가 하느님께 다가가기 위해서는 신앙이 필요합니다. 어머니의 마음은 '하느님의 성전'이라는 것을 생각하시기 바랍니다. 이것을 가르쳐 주시는 것도 성 바울로십니다. 성 삼위는 아침부터 밤까지 언제든지 어머니 안에 계십니다. 물론 영성체 때처럼 성자의 인성은 거기에는 안 계시지만 신성만은 항시 현존하십니다. 천국의 복된 이들이 흠숭하고 있는 그 하느님의 본질은 실제로 어머니 안에 계십니다. 이 사정을 아시게 되면 사람과 하느님 사이에는 참으로 경건한 친교가 솟아나게 됩니다. 이렇게 된 이는 이제 고독하지는 않습니다. 만일 하느님이 어머니 안에 계시는 것이 좋으시다면 그렇게 생각하셔도 됩니다. 어느 편이든 좋으신 대로 하시기를… 오직 하느님과 친밀히 사시기만 하면 됩니다. 제가 드린 작은 묵주를 사용하시는 것 잊지 마세요. 저는 그것을 어머니를 위해서 특별히 사랑을 다해 만든 것이랍니다. 그리고 어머니의 작은 성소 안에서 5분간의 기도를 세번 하시고 계시겠지요. 어머니께서 주님과 함께라는 것을 늘 생각해 주세요. 그리고 사랑하는 분과 함께 하듯이 행동하세요. 이것은 정말 간단하고 이 때문에 무슨 훌륭한 생각 같은 것도 필요 없답니다. 다만 주님께 우리의 심정을 있는 그대로 털어놓는 것으로 충분하답니다."(어머니께 보낸 편지, 1906. 6.).

9. 하느님의 현존을 통한 진보—세례가 그리스도 신자의 마음깊은 곳에 심어 준 하느님의 내재는 "언제나 진보 도상에 있다"(어떻게 지상에서 천국을 찾을 것인가, 제 1일). 그러나 이것을 충분히 생각하는 이는 드물다. 은혜의 번수가 더해 감에 따라 삼위 일체의 내재는 새롭게 깊어진다. 물론 주님이 변하는 것은 아니다. 영혼은 더더욱 신적이 되어서, 삼위 일체의 각 위격과 한층 정겨운 친교로 들어가는 것이다.

은혜로 하느님의 자녀가 된 이가 하느님의 본성을 닮으면 닮을수록 하느님 아버지는 보다 깊숙이 그 안에 내재하신다.

그리고 또한 하느님의 은사에 비추어진 이는 신적, 그리고 인간적 사정을 영원한 지혜, 참된 빛 안에서만 보게 되어 하느님의 모든 것—— 삼위 일체와 우주——을 표현하는 영원한 생각이신 분을 통해서만 보게 될수록 말씀은 더더욱 보다 깊숙히 그 사람 안에 내재하신다.

우리가 자기 자신과 온갖 피조물에게 대한 집착을 벗어 버리고 삼위 일체의 생명인 하느님 안에 이루어 주시는 성령의 자극에 자기를 맡길수록 "사랑"은 우리 안에 보다 깊이 내재한다.

신학은 이 점에 관해 주저함이 없이 언급한다. 우리 마음 안에 계신 삼위 일체의 내재는 은혜를 받는 정도에 따라 커진다. 특히 하느님이 큰 은혜로 영혼을 찾아오실 때, 여러 단계를 거쳐서 변화적 합일에까지 우리를 높여 주는 수동적 정화의 은혜, 신비적 은혜 등을 받을 때에 그 내재는 커진다.

엘리사벳은 이 세상에서의 우리 영적 생활의 온갖 진보를 결정짓는 것의 중요한 신학적 교설을 역설하고 있지는 않지만 그녀 특유의 방법으로 다른 길에서 이것을 찾고, 그뜻을 특별히 강조하고 있다. "이 세상에서 이미 주님은 당신이 계신 곳에 우리도 함께 있기를 원하고 계십니다. 왜냐하면 영원한 생명은 이 세상에서 벌써 시작되어 있으며 이 세상에서는 다만 그것이 쉴 새없이 성장하는 상태에 있다는 것뿐입니다"(어떻게 지상에서 천국을 찾을 것인가, 제2일)라고.

10. 하느님 현존의 두 가지 효과, 즉 자기 망각과 변화적 합일—영혼 안에서 이루어지는 이 하느님의 내재의 효과는 매우 다양하다. 세례를 받은 이는 모두가 마음껏 신적 위격을 즐길 수 있다. 세례를 받은 이와 성부와 성자와 성령과의 이 친밀이야말로 우리의 영적 생활의 본질이다. 바로 이것이 "지붕 위에서 외칠" 진리이다.

"이것을 깨친 날부터 내 안에서 모든 것이 빛나기 시작했습니다"라고 엘리사벳은 말하고 있다(S. 부인에게 보낸 편지, 1902.).

은혜로 삼위 일체가 영혼 안에 내재할 때의 첫째 효과는 하느님을 즐길 수 있게 되는 것이다. 영혼의 지복은 벌써 이 지상에서 시작된다. 왜냐하면 우리는 실제로 본다는 것을 제외하고는 망덕과 애덕으로 그 대상이신 분을 이미 소유하고 있기 때문이다.

주님은 무한한 사랑으로 우리를 감싸고 이 세상에서부터 당신의 온갖 지복 안에서 참여하기를 원하신다. 자기 안에 계신 삼위 일체를 이미 체험한다(G.에게 보낸 편지).

"만일 우리가 일단 자신의 이 부를 깨닫게 된다면 온갖 기쁨, 피조물에서 오는 것이나 하느님에게서 오는 것이나, 또 그것이 자연적 것이든지 초자연적 것이든지 모두 우리를 더욱 자신 안에 깊이 들어가게 하고 자기가 갖고 있는 참된 선, 즉 하느님을 기쁘게 해 드리게 된다. 이렇게 될 때 십자가의 성 요한의 말씀같이 하느님과 어느 정도의 유사점을 갖게 된다"(마지막 피정, 제11일).

영혼 안에 계시는 삼위 일체의 온갖 효과를 상세히 설명하려면 주님의 자연적 또는 초자연적인 모든 은혜를 더 자세히 열거하는데만 치우치게 될 것이다. 엘리사벳 수녀는 끊임없이 자신의 "영혼 안"에 잠기는 습관이 되어 있었다. 그녀의 신앙은 거기에서 은혜의 원천이신 분의 보이지 않는, 그러나 현실적·본질적 내재를 찾아 얻을 수 있었다. "주님은 나를 구원하시고 깨끗이 하시고 당신으로 변화되게 우리 안에 계십니다"(G.에게 보낸 편지, 1905. 2.).

엘리사벳은 자신 안에 내재하여 사시는 하느님께 특히 두 가지를 청하고 있다. 말하자면 자기를 온통 잊기까지 하느님을 사랑하는 것과 하느님으로 변화되는 것이다.

"사랑만이 당신의 내적 왕국을 완전히 통치하고 또한 그 사랑의 무게가 자신을 깡그리 잊게 하는 경지에까지 당신을 끌고 가시기를 … 이러한 완전한 이탈에까지 이른 이들은 얼마나 행복할까요"(A. 부인에게 보낸 편지, 1906.).

"참으로 평화와 행복의 비결은 자신을 잊는 것, 자기 자신을 상관하지 않는 것이라고 생각됩니다. 그것은 자신의 육체적·정신적 비참을 느끼지 않는 것은 아닙니다. 성인들도 이런 고통스러움을 경험했습니다. 다만 그들은 비참 중에 살고 있지는 않지요. 그들은 끊임없이 그런 것에서 떠났던 것입니다. 그리고 그런 것으로 마음이 흩어질 때 별로 놀라지 않았어요. 시편 작가가 노래했듯이 자신들이 '티끌임을'(시편 102:14)알고 있습니다. 그러나 다시 '오히려 주님 앞에 오롯하였고 이 몸을 허물에서 지켰나이다'(시편 17:24)라고 덧붙입니다. 당신은 내가 사랑하는 육친에게 하듯 말하기를 원하시므로 맘놓고 열어 보이지만 주님은 당신이 이런 무거운 공허감을 느끼는 괴로운 때에 제한없는 위탁과 신뢰를 당신에게 요구하신다고 여겨집니다. 이때야말로 당신 안에 주님을 받아들일 수 있는 보다 큰 능력, 말하자면 주님과 비슷한 무한한 심연을 파고 계시다고 생각하세요.

그리고 당신을 못박는 손에 맡기고 의지로는 기뻐하도록 힘쓰기 바랍니다. 더욱이 나는 당신의 고통 하나하나와 시련 하나하나가 당신이 주님과 하나되기 위해 주님께서 직접 보내주신 '사랑의 증거'(히브리 12:6)로 받아들이기를 권하고 싶어요. 건강에 관해서도 자신을 잊으라는 것은 정양을 게을리하시라는 뜻은 아니지요── 정양해야 하는 것이 당신의 의무이며 따라서 가장 좋은 고행일 겁니다──오직 그것을 철처한 의탁으로 바치면서 어떤 일이 생기더라도 '감사합니다' 라고 주님께 말씀드려야 합니다. 몸이 짐이 되고 마음은 그것으로 피곤해질 때 낙심하지 마시도록. 신앙과 사랑으로 '다 내게로 오너라. 내가 편히 쉬게 하리라'(마태오 11:28)라고 하신 분의 곁으로 가야 합니다.

정신적인 것에 관해서는 자신의 비참을 지나치게 생각한 나머지 낙심하는 일이 절대 있어서는 안 됩니다. 성 바울로는 '죄가 많은 곳에는 은총도 풍성하게 내렸습니다'(로마서 5:20)라고 하셨습니다. 제일 약한 자야말로──가령 제일 죄많은 사람이라도──가장 굳게 희망할 이유가 있다고 생각됩니다. 자신을 잊고 주님 팔 안에 뛰어들어 가는 이 행위는 자기 내면을 끊임없이 깨끗이 해주시기 위해서 오시는 구세주를 소유하고 있으면서도, 시종 자신을 되돌아보고 자기를 규명하면서 자신의 비참과 함께 살기보다는 훨씬 주님께 영광을 돌리고 주님을 기쁘게 해드리는 것이 된답니다. 예수님이 아버지께 '아버지께서는 아들에게 모든 사람을 다스릴 권한을 주셨고 따라서 아들은 아버지께서 맡겨 주신 모든 사람에게 영원한 생명을 주게 되었습니다'(요한 17:2)라고 하신 아름다운 말씀을 기억하고 계십니까? 주님께서 당신에게 주시고 싶은 것이 이것입니다.

주님은 당신이 늘 자신을 벗어 버리고 온갖 염려를 떠나 마음 깊숙히 주님께서 선택하신 고독 안에 들어가기를 원하십니다. 주님은 언제나 그 곳에 계십니다. 비록 당신이 그것을 느끼지 않더라도… 주님은 당신을 기다리고 계시며 우리가 아름다운 전례 안에서 노래하듯이 '감탄하올 교환'(예수 봉헌 제1 저녁기도. 현재는 1월 1일 천주의 모친 축일의 교송)으로 천상 정배와 그 정배와의 친밀한 생활을 함께 하기를 원하고 계십니다. 당신의 나약함이나 과실, 그리고 마음 산란한 온갖 것에서 주님은 이러한 끊임없는 접촉으로 당신을 해방시키려 하십니다. '나는 이 세상을 단죄하러 온 것이 아니라 구원하러 왔기 때문이다'(요한 12:47)라고 주님은 말씀하지 않으셨던가요? 당신이 주님과 함께 계시는 것을 방해할 것은 아무 것도 없다고 생각해 주십시오. 자기가 열심에 타고 있는가, 의욕을 잃고 있는가를 너무 문제 삼아서는 안 됩니다. 이 상태에서 저 상태에로 바뀌가는 것이 세상의 통상적 일입니다. 하지만 우리가 변할 때라도 주님은 변하지 않습니다. 그 자애로우심으로 당신에게 몸을 굽히시고, 당신 안에 데려가시어 살게 하신다는 것은 믿으셔야 합니다.

그러나 아무리 해도 공허감과 비통에 압도될 때는 '아버지, 아버지께서 하시고자만 하시면 무엇이든 다 하실 수 있으시니 이 잔을 저에게서 거두어 주소서'(마태오 26:39)라고 게쎄마니 동산에서 아버지께 말씀하신 때의 주님의 마음 고통을 당신의 마음 고통에 합하시기를. 자신을 잊는 것이 어렵게 생각되겠지만… 그러나 걱정마세요. 그것은 실은 아주 간단하다는 것을 아시면 좋을 텐데. '나의 비결을 알려드릴까요? 내 안에 계신 주님, 당신의 성전 (Ⅰ 고린토 3:16)이 되시어 거기 계신 이 주님을 늘 생각하는 것입니다. 성 바울로께서 그렇게 말씀하시니 우리는 그것을 믿어도 됩니다. 차츰 영혼은 주님과 함께 사는 즐거운 생활에 익숙해 집니다. 그리고 사랑이신 하느님께서 그 거처로 정하신 작은 천국이 자신 안에 있음을 깨치게 될 것입니다. 그렇게 될 때 마음은 신스러운 분위기 안에서 호흡하게 되어 세상에 있는 것은 육체뿐이고 마음은 구름이나 휘장을 넘어서 '변함없는 분'안에 살 수도 있게 됩니다. 그런 것은 자기에게는 불가능하고, 자기는 형편없이 비참하다고 생각해서는 안 됩니다. 비참은 오히려 구원해 주시는 분께로 가는데 보다 큰 이유가 될 것입니다. 이 비참을 바라봄이 우리를 깨끗이 해주는 것이 아니랍니다. 오롯이 순결하시고 거룩함 그 자체이신 분을 바라봄이야말로 우리를 씻어 줍니다. 성 바울로는 '하느님께서는 오래전에 택하신 사람들을 당신 아들과 같은 모습을 가지도록 미리 정하셨습니다'(로마서 8:29)라고 하십니다. 정말 괴로움에 못 견딜 때 조각가이신 주님께서 작품을 보다 아름답게 하시려고 끌을 사용하신다고 생각하고 당신을 완성하시는 그 손안에서 안온히 머물기 바랍니다. 이 위대한 사도 성 바울로는 제3 천국에 올림을 받으신 다음에도 자신의 연약함을 느끼고 주님께 탄식하셨답니다. 그런데 주님은 '너는 이미 은총을 넉넉히 받았다. 내 권능은 약한 자 안에서 완전히 드러난다'(II 고린토 12:9)라고 답하셨지요. 진짜 격려가 되는 말씀이 아닙니까, 부디 용기를 내시기 바랍니다. 나는 예수아기의 데레사 수녀라는, 24세로 성덕의 향기 드높은 생을 마치신 젊은 가르멜 수녀에게 특히 당신을 부탁하겠어요. 이분은 돌아가시기 전에 '세상 사람들을 도우면서 나의 천국을 살겠습니다'라고 하셨습니다. 그녀가 받은 특별한 은혜는 사람들의 마음을 밝게 해주고 사랑과 신뢰와 위탁의 파도에 실려 나아가게 하는 것이었습니다. 자기 자신을 잊게 되었을 때 그녀는 행복을 찾았다고 말했습니다. 성인들을 낳는 이 깨침, 우리에게 이런 큰 평화와 행복을 주는 깨침을 당신이 얻을 수 있도록 함께 날마다 기도합시다"(A. 부인에게 보낸 편지, 1905. 11. 24.).

엘리사벳 수녀는 여기서 그 가장 비밀스러운 비결을 밝히고 있다. 수년간 그녀에게서 성덕의 완성에 마지막 장해가 된 것은 완전한 자아 망각의 부족이었다. 삼위 일체가 그녀를 해방시키고 온갖 능력을 사랑의 삶이라는 하나의 봉헌에 이르기까지 엘리사벳은 오랫동안 '나 자신을 깡그리 잊게 해주십시오'라고 삼위 일체 앞에서 간청하고 있었다. 이 해방은 앞서도 말했듯이 그녀의 영성 생활의 결정적 개화의 신호, 사랑의 승리의 신호였다. 이것은 자아를 잊고 오로지 하느님께 영광을 드리는 것만을 원하게끔 우리를 내적 잠심에로 이끄는 본질적인 영성 생활의 드높은 은혜이다.

이 자아 망각에서 오는 효과는 변화에서 이루어진 합일의 완성이다. 엘리사벳은 특히 그 생애의 마지막에 이것을 생각하기를 좋아했다. 주님은 그녀 안에서 그 파괴의 일을 진행시킴에 따라 그녀는 이 복된 변화로 이루어진 합일에도 더욱 생각을 달리게 되었다. 그리고 "십자가에 못박히신 분으로 변하게 된다"라는 열망과 "영광의 찬미"가 되려는 열정을 보다 잘 실현시키기 위해 거룩한 병자는 자신의 소망의 과녁으로 삼고 이 변화로 이룩될 합일을 동경하였다. 엘리사벳은 그리스도로 변해지는 그 정도에 따라서 하느님께 영광을 드리게 된다는 것을 알고 있었다.

언제나 같은 방법으로 엘리사벳은 자신의 목적을 추구하였다. 말하자면 주님의 내재를 항상 의식하고, 주님과의 중단없는 접촉으로 씻어지고, 구원받는 방법이다. "주님은 우리를 용서하시고, 우리를 일으키시고, 그리고 주님 자신 안에, 주님의 순결 안에, 무한한 거룩함 안에 우리를 데려 가시기를 더없이 원하고 계십니다. 주님은 주님 자신과의 끊임없는 접촉으로 우리를 깨끗이 해주십니다. 주님은 우리가 무척 깨끗해지기를 원하신답니다. 또한 주님 자신이 우리의 순결함입니다. 우리는 주님과 같은 모습으로 바꾸어져야 합니다. 주님은 우리를 당신의 온갖 것에 참여시키시고 주님으로 변하기를 갈망하고 계십니다"(G.에게 보낸 편지, 1903.).

"영광의 찬미"의 마지막 묵상을 쓰는 동안 엘리사벳 수녀는 십자가의 성 요한이 그 신비 신학의 절정인 삼위 일체 안에서 이루어진 영혼의 변화를 저술한 「영혼의 노래」와 「사랑의 산 불꽃」의 숭고한 말씀 안에 다시 잠기었다. 엘리사벳은 이것을 다시없는 즐거움으로 삼고 쉼없는 충실성으로 이 최고의 은혜를 얻으려고 노력하였다.

"'우리의 하느님은 태워버리는 불이십니다'(히브리 12:29)라고 사도 바울로는 말하였다. 이는 하느님께 닿는 온갖 것은 다 파괴하고 일체를 하느님으로 변화시켜 버리는 사랑의 불이다. 사도 바울로의 말과 같이 자신을 온통 하느님께 맡겨 버린 이들의 마음깊은 곳에서 이루어지는 그 신비스러운 죽음은 매우 단순하고 감미로운 것이다. 이 경지에 있는 이들은 자신에게 아직 남아 있는 파괴나 벗기는 신고는 이미 생각도 않고, 오히려 자신 안에서 타고 있는 사랑의 불길 속으로 빠져들고자 한다. 이 사랑의 불길은 바로 삼위 일체 안에서 성부와 성자와의 맺음인 사랑, 곧 성령이시다. 이들은 생생한 믿음으로 그 안에 들어간다. 그리고 거기서 영혼은 단순히, 고요히 성령으로 말미암아 온갖 현실과 감각적인 감미로움을 넘어 '거룩한 어두움' 속에 옮겨져서 마침내 하느님과 비슷한 모습으로 변화된다. 그는 삼위 일체와 함께 '정겨운 친교 안에' 살게 되고 성삼위와 같은 생명에 살게 될 것이다"(어떻게 지상에서 천국을 찾을 것인가, 제6일).

주께서 원하시는 성부와 완전히 닮는 또 하나의 방법은 역시 하느님 앞에서 사는 것이다. 이것은 하느님께서 아브라함에게 '내 앞을 떠나지 말고 흠없이 살아라'(창세기 17:1)라고 하신 말씀과 같다. 영혼은 하느님 앞에서 산다는 멋진 길을 조금도 에두르지 않고 곧장 나아간다. 주님의 오른 팔의 힘으로 이끌리어 그 나래로 휩싸주시리니 밤의 무서움도 대낮에 날아오는 화살도 어둠 속을 싸다니는 역질도 한낮에 쳐오는 재앙도 무서워하지 않고(마지막 피정, 제9일. 시편 90:4-6 참조) '홀로 계신 분과 함께 홀로' 나아간다.

이것은 변화에 따라 합일이 이루어진 때이다. 이때는 오로지 영혼은 지복직관만을 목말라한다.

"'암사슴이 시냇물을 그리워하듯 내 영혼, 하느님을 그리나이다. 내 영혼 하느님을 생명의 하느님을 애타게 그리건만 그 하느님 얼굴을 언제나 가서 뵈오리까'(시편 41:2-3) 하지만 '영광의 찬미'는 '복된 평화의 도읍'(대성전 축성 기념일 전례) 거룩한 예루살렘에 옮겨질 날을 기다리면서 지금은 '있을 집을 찾은 참새처럼 새끼두는 둥지를 만든 제비와 같이'(시편 83:4 참조) 그 숨을 곳, 그 지복 그 영원한 생명이 시작되는 지상 천국을 찾은 것이다"(마지막 피정, 제16일).

영혼은 자신이 삼위 일체의 집이 되어 있음을 알고 행복에 넘친다.

"이것이 오늘 나의 비파를 연주하는 신비이다. 주님은 지난날 자캐오에게 하셨듯이 나에게도 말씀하신다. '자캐오야, 어서 내려 오너라. 오늘은 내가 네 집에 머물러야 하겠다'(루가 19:5)고. 어서 내려 오너라. …하지만 어디에? 자기 자신에서 나와, 자기에게서 떠나, 적나라하게 되라는 것이다. 한마디로 나를 깡그리 없앤 후 나의 가장 깊은 곳까지 내려가는 것이다.

'내가 네 집에 머물러야 하겠다'… 나에게 이 원의를 밝힌 분은 주님이시다. 사랑의 제자 요한의 표현을 빌린다면 주님은 내가 성부와 성자와 성신과 '친교'를 맺도록 그리고 성부와 사랑의 영과 함께 내 안에 살기를 원하신다. '이제 여러분은 외국인도 아니고 나그네도 아닙니다. 성도들과 같은 한 시민이며 하느님의 한 가족입니다'(에페소 2::19)라고 사도 바울로는 말한다. 우리가 '하느님의 한 가족'이라 함은 변함없는 삼위 일체의 품 안에서 사는 것, 영혼 안의 심연, 즉 십자가의 성 요한의 표현대로 '침범 못할 거룩한 잠심의 성채' 안에 산다는 것이다.

'내 영혼은 야훼의 뜰 안이 그리워 애태우다 지치나이다'(시편 83)라고 다윗은 읊었다. 이는 하느님을 관상하고, 주님과 정겨운 친교를 맺기 위해서 자신 안에 깊숙히 들어가는 사람의 태도일 것이다. 이 영혼은 자신 안에 사시는 하느님의 전능하신 사랑, 그리고 그 무한한 엄위로운 광휘 앞에 아연해지고 신적 얼빠짐이라 할 만한 상태에 빠지게 된다. 그것은 생명이 이 영혼에서 떠나는 것이 아니고, 영혼 자신이 이 자연적 생명을 경시하고 거기서 떠나는 것이다. 그것은 스스로가 엄청나기까지 풍요로운 하느님의 본체에 맞갖지 않음을 알아차리고, 자기 자신에게 죽어서 하느님 안으로 흘러 들어가기 때문이다.

이렇게 적나라하게 자신에게서 해방된 피조물은 얼마나 아름답겠는가…. 이 피조물은 '눈물의 골짜기' (하느님 아닌 모든 것)에서 빠져나와 그 목적지인 '넓은 곳'에 들어가기 위해 마음은 끊임없이 위를 향해 있다. 시편 작가가 노래한 이 '넓은 곳' 이라 함은 '무한하신 성부, 무한하신 성자, 무한하신 성령'(성 아타나시오 신경) 곧 헤아릴 길 없는 삼위 일체를 뜻함에 어김없으리라.

이러한 이들은 감각도 본성도 초월하고 또한 자기 자신도 초월한 더구나 온갖 기쁨, 고통을 뛰어넘어, 가로막는 온갖 구름도 뚫고 나아가 사랑하는 분 안으로 깊숙히 들어갈 때 비로소 쉬게 된다. 그리고 하느님은 그 사람에게 '깊은 심연의 안식' 을 주신다. 이 모든 것은 영혼이 거룩한 성채 안에서 밖으로 나오지 않는 채 이루어진다. '어서 내려오시오' 라고 주님은 분부하시는데 내려온 이는 이 거룩한 성채에서 밖으로 나오지 않고 변함없는 삼위 일체와 마찬가지로 영원한 현재 안에서 사는 것이다. 삼위 일체를 삼위 일체이기에 항상 흠숭하고 날이 갈수록 더더욱 단순해지고, 단일한 눈길로써 그 '영광의 빛남'(히브리 1 : 3), 달리 말하면 하느님을 흠숭해야 할 모든 완덕의 끊임없는 '영광의 찬미'가 되어 사는 것이다(마지막 피정, 제16일).

11. "아! 만일 내가 모든 이들에게 전할 수 있다면"—주께서 우리를 당신의 모습과 비슷하게 만드신 것은 이 영광의 심연에까지 우리를 이르게 하기 위함이라고 십자가의 성 요한은 말하고 있다.

"이러한 신묘한 일 때문에 만들어지고, 자신 안에 그것이 성취됨을 보도록 불림을 받았는데 도대체 그대는 무엇을 하고 있는가?"

"어처구니없는 시시한 일로 그대의 시간을 낭비하고 있는가?"

"그대들이 선망하고 있는 것은 천박할 뿐이고, 보화라고들 하는 것은 비참에 지나지 않는다. 세상의 고귀함과 영예를 추구하다가, 빈곤과 수치 속에 매몰되었음을 어찌 깨닫지 못하는가?"

"그대들을 위해 수많은 보화가 마련되어 있는데도 그것을 무시하고 더구나 그것을 얻기에 부당한 자가 되는 것만을 익히고 있는듯하구나"(영혼의 노래, 39절).

이와 같은 슬픔에 잠겨서 엘리사벳은 1906년 8월 2일 저녁—— 그녀가 가르멜에 입회한 지 다섯번째 기념일 ——에 끊임없이 하느님 앞에서만 살면서 받은 모든 은혜를 회상하였다. 그리고 또한 자기와 같이 이 은혜로 살 수 있었음에도 불구하고 그것을 헛되이 해버린 많은 이들을 생각하면서 외쳤다.

"아, 만일 사람들이 하느님과의 이 친교 안에서 살기를 응락했다면 엄청난 힘과 평화와 행복을 거기서 퍼낼 수 있음을 나는 모든 이들에게 전하고 싶습니다. 하지만 사람들은 기다린다는 것을 모릅니다. 주님께서 감각적인 방법으로 당신을 주시지 않으시면 그만 그들은 주님 앞을 떠나 버립니다. 따라서 주님께서 온갖 선물을 갖고 그들 곁으로 오실 때 이미 거기엔 아무도 없습니다. 영혼은 밖으로 나가 버렸으므로 바깥 사물 속에 있습니다. 우리는 자기 안의 깊숙한 곳에 살고 있지 않습니다"(어머니께 보낸 편지, 1906. 8. 3.).

■제 4 장■

영광의 찬미

"내 마음 안의 천국에서는 영원한 분의 영광
… 오직 그것뿐"

  이웃과의 관계에서만 하느님을 바라보는 인간이 지닌 어쩔 수 없는 경향 때문에 많은 사람들은 모든 일과, 더구나 하느님까지도 자신과의 관계에서 판단하려고 한다. 하지만 실제로는 하느님의 입장에서 자기 자신까지 포함해서 바라보아야 한다.

  그리고 이런 까닭에 성화는 많은 사람으로부터 목적 자체인 듯이 보이고 있다. 그러나 실제로 성화 그 자체는 보다 높은 목적, 곧 삼위 일체의 영광이라는 절대적인 종극 목적에 종속한다. 하느님은 오직 당신의 영광만을 위해서 만물을 만드셨고, 또한 그 아드님을 세상에 보내셨다. 하느님이 만일 당신 자신 이외의 누구를 위해 행동하신다면 이미 하느님일 수는 없다.

  하느님의 초월성을 깨달은 이에게 가장 기본적인 이 진리도 성인들의 생애 마지막 즈음, 즉 그들이 이미 완전히 하느님께 결합되었을 때 비로소 생활 속에 지배적인 진리로 드러난다. 그때 그들의 영혼은 하느님과 하나의 영이 되어 그들의 생각은 하느님의 슬기와 합일하고 의지는 하느님의 뜻과 하나 된다. 세상에서 완성되는 온갖 성덕의 종점인 "하느님께 영광을 돌린다"는 계획을 오직 성모와 그리스도만이 존재의 첫 순간부터 완전히 실현하였다.

  우리들의 하느님께 관한 사랑에는 이중의 움직임이 있다. 즉, 사람은 자신 때문에 하느님을 사랑하고 또한 하느님 때문에 하느님을 사랑한다.

자신 때문에 하느님을 사랑하는 것은 지극히 정당한 일이다. 이는 하느님 안에서 우리의 능력 모두를 채울 대상을 찾는 것이다. 이 뜻으로 시편 작가는 "하느님 곁에 있는 것이 내게는 행복"(73 : 28)이라고 노래한다. 그리고 엘리사벳 수녀는 "나는 지상에서 천국을 찾았습니다. 천국이란 하느님이며 하느님은 내 안에 계시므로"라고 했다. 또 "우리가 신앙으로 소유하고 있는 분과 성인들이 지복 직관으로 소유하고 있는 분은 같습니다"(S. 부인에게 보낸 편지, 1902.)라고 되뇌고 있다.

성 아우구스띠노는 하느님을 사랑하고 하느님과의 합일을 추구하기 위한 또 다른 하나의 방법을 가르친다. 즉, "하느님 때문에, 하느님으로 말미암아 산다." 성 토마스는 "자신 때문에 살지 말고 하느님 때문에 산다"(성 토마스 신학 대전, 제2부의 2.)라고 한다. 이것은 영적 생활의 절정이며 보다 높은 정의이다. 이는 성화를 자극하는 지복 직관에 대한 소망을 버리고 온전히 무사 무욕의 순수한 사랑을 가지라는 뜻은 아니지만 마땅한 자세는 무엇보다도 우선 하느님 때문이라는 것이다. 만사에서, 특히 사랑에서는 "첫째로 섬겨야 할 분은 하느님 이시다."

성인들은 고뇌나 십자가에 의해 온전히 자신에게서 해방되었을 때 비로소 이 명백한 진리를 깊이 깨친다. 그때 그들은 하느님과 같은 생활을 시작하게 되는 것이며 말하자면 하느님의 모습을 입게 되는 것이다. 그들은 빛으로 가득한 평화스럽고 고요한 신앙을 얻고 만사를 말씀의 빛 속에서 보게 되고 망덕 안에서 삼위 일체적 풍요로움을 결코 잃지 않고 이미 확고히 소유한 것같이 느낀다. 그들의 사랑은 하느님이 자신 안에 형언할 길 없는 만족을 누리는 가장 깊은 쉼에 동화된 듯이 생각된다. 그들의 의로움은 만사에서 하느님께 영광과 영예를 돌려 드리려는 꺾이지 않는 의지이다. 그들의 현덕은 우주만물의 아주 세세한 점에 이르기까지도 꿰뚫은 드높은 섭리를 발견케 한다. 그들은 온갖 피조물과의 접촉에서 하느님의 본질을 갈라놓는다. 감히 접근하기 어려운 순결을 지니고, 인간적인 모든 동요를 눌러 이기고, 이것을 지배하는 굳센 용기는 마침내 하느님의 불변성에 그들을 닮게 한다. 성인의 생애의 아름다운 황혼은 영원한 생명의 평화에 넘친 전주곡과 같다. 그들은 거기서 삼위 일체의 유일성 안의 신적 상태에서 사는 것이다.

이것은 천국의 성인들에게는 예사로운 것이지만 세상에서는 아주 적은 수의 완전한 이들만이 도달하는 변화에 따라 이루어진 합일의 최고 상태이다.

1. 새 이름 — 매우 빨리 찾아온 엘리사벳 수녀의 생애의 황혼에도 이와 같은 일이 일어났다.

오랫동안 그녀는 자기 자신에게 사로잡혀 빠져 나올 수 없었다. 하지만 하느님은 새 이름을 계시하여 엘리사벳을 이 최고의 은총에로 끌어올릴 채비를 하시고 손수 그녀를 자신에게서 해방시켰다. 이 새로운 이름이야말로 그녀의 영성 생활에서 결정적인 뜻을 갖게 되었다.

그것은 어느 대휴식[1]때 였다. 엘리사벳 수녀는 한 선배 수녀의 수방을 방문했다(저자는 이것을 이 수녀 자신에게서 들었다). 엘리사벳 수녀는 겸허히 그의 말을 들었다. 두 사람은 오직 주님과의 즐거운 사귐을 이야기하면서 악인들이 나쁜 일을 공모하듯이 하느님의 사랑으로 사는 것을 서로 격려하였다. 그때 느닷없이 선배 수녀가 엘리사벳에게 말했다. "나는 사도 바울로의 서간에서 굉장한 구절을 발견했어요. 하느님은 우리를 당신의 영광의 찬미를 위해서 만드셨다는 것입니다." 엘리사벳 수녀는 무척 감동되어 마음이 사로잡혔다. 자기 수방에 돌아와서 라틴어 원문을 보려고 서간을 들고 몹시도 감동된 이 구절을 찾기 시작했다. 그러나 찾지 못했으므로 그 수녀에게 가서 "다시 가르쳐 주세요"라고 했다. 이 일을 말한 그 수녀는 다음과 같이 덧붙였다. "그후 엘리사벳은 거기에 관해서 아무 말도 안 했어요. 훨씬 후에 병실에 들어간 다음 원장님과 다른 수녀들이 엘리사벳 수녀를 '영광의 찬미'라고 부르는 것을 보고 비로소 알았어요.

주1) : 수녀들 서로의 대화가 허용되는 특별한 때.

저는 사도 바울로의 이 구절을 그다지 중시하지 않았어요. 저는 이것을 자기 이름으로 한 엘리사벳 수녀와 같은 은혜를 받지 않았답니다." 참으로 하느님은 엘리사벳을 은혜의 절정으로 옮겨주시기 위해서 그녀가 친숙해 있던 성 바울로의 이 구절을 사용하셨던 것이다.

이 구절과의 만남은 1905년 봄 아니면 여름이었다. 은혜는 시작에 서서히 움직였으나 엘리사벳의 내적 생활의 방향을 결정지으면서 1906년 1월 1일에 그녀는 벌써 쓰고 있다. "신부님 저의 비밀스러운 속사정을 말씀드립니다. 저의 이상은 '주님의 영광의 찬미'가 되는 것이랍니다. 이것은 성 바울로 서간에서 읽은 것인데 저의 천상 정배께선 저의 천직이 여기 있다는 것과 성도들의 도움에서 '거룩하시다'를 노래하기 전에 이 세상에서 이미 노래하기 시작해야 함을 깨우쳐 주셨답니다. 하지만 그것은 대단한 충실스러움이 요구됩니다. 그도 그럴 것이 '영광의 찬미'이기 위해서는 주님의 손에서만 메아리치도록 주님 아닌 온갖 것에서 죽어야 하므로. 그러나 주님은 다정하신 아버지처럼 저를 용서해 주시고 그 눈길은 저를 깨끗이 해주십니다. 성 바울로처럼 저는 '앞으로 나아가기 위해서 뒤에 것을 잊도록' 힘쓰고 있습니다"(한 신부에게 보낸 편지, 1906. 1.).

그후 엘리사벳 수녀는 신부에게 개인적으로 편지를 쓸 경우 미사 중에 자기를 '찬미의 호스티아'나 혹은 '영광의 찬미'로 봉헌해 주도록 청하였다.

성지주일 저녁 마치 다구쳐 오듯 병은 급작스럽게 발작을 일으키면서 주님이 엘리사벳을 덮쳤을 때 그녀는 만사가 이제 끝났다고 생각하고 기꺼이 죽음을 기다렸다. 어느 정도 안정되었음에 오히려 놀란 그녀는 주님이 이 지상의 일에서 떼어 주시어 오직 당신의 영광에만 전심하도록 정해 주셨음을 깨달았다. 그때 자기의 이름, 즉 지상에서도 또한 영원에서도 그녀의 이름이 될 이 이름의 뜻을 더더욱 알아차렸다. "삼위 일체를 위해 영광의 찬미가 되는 것" 바로 이것이 "주님과 함께 끊임없이 바쳐지는 희생의 제단"(한 신부에게 보낸 편지, 1906 . 7.).이 된 고통의 침대 위에서 바쳐지기를 주님이 요구하신 것이다.

엘리사벳의 내적 생활은 단순화되었다. "영광의 찬미가 되기 위해 십자가에 못박힌 채 있는 것" 그뿐인 것이다. 처음에는 서서히, 다음에는 신속히 그녀는 자신을 잊기 시작했다. 만사에서 그녀는 끊임없이 찬미했으며 다른 일체는 헛된 것으로 생각했다. 삼위 일체의 엘리사벳이란 이름까지도 이미 그녀의 독특한 도정을 모두 충분히 표현할 수 없게 되었다. 친한 이들에게는 엘리사벳이라 서명하지 않고 Laudem gloriae (영광의 찬미)라고 쓰게 되었다. 엘리사벳이란 하느님의 내재를 즐기기 위해 마음 속깊이 숨은 영혼을 가리키는 것이다. Laudem gloriae는 그와 비교도 안 될 만큼 높은 상태를 드러내는 이름이다. 말하자면 하느님의 영광에만 마음을 쏟는다는 뜻이다.

그것은 빈사의 백조의 노래이다. 엘리사벳의 예술적인 위대한 영혼에서는 성령이 닿는 곳마다 천상적 음률만이 울리게 된다. 그녀의 모든 능력은 항상 통일된 상태에 있었으므로 집중하기 위해 이미 많은 노력이 필요하지 않았다. 엘리사벳 안에서 쉴 새없이 새로운 찬미가가 울려퍼진다. 즉 끊임없는 영광의 찬미가이다. 헛된 생각이나 원의 같은 것은 모두 사라져 버렸다. 고요하고 또한 십자가에 못박힌 그녀의 영혼에는 사랑의 승리의 결과인 합일이 자리잡고 있다. 그녀의 칠현금의 모든 좋은 성령의 보다 가벼운 숨결에도 가락을 울리려고 기다리고 있다. 이 괴로운 갈바리아의 무거운 가락에 지복의 기쁨이 눈앞에 다가옴으로써 느끼는 신적 환희의 떨리는 음률도 섞여 있다. 모두가 조화되고 그것이 온통 자기화된 엘리사벳에게는 말씀께서 읊조리는 영광의 찬미가처럼 하느님께로 올라갔다.

엘리사벳 수녀의 생애의 아름다운 마지막은 정말 신비스럽다. 그녀의 죽음의 통지를 받은 발레 신부는 그녀의 마지막 몇 주간을 상기하면서 카데즈 부인에게 "예사롭지 않은 아름다움과 신비스러운 때"였다고 써 보냈다. 하느님은 십자가 위에서 그녀를 그리스도의 모습에 닮게 하는 데 성공하셨다. 그녀 자신도 사랑으로 "완전한 영광의 찬미였던 그리스도"(마지막 피정)가 되는 것 그리고 "성부 앞에 성자를 보여 드리는 것" 외에는 아무런 열망도 품지 않았다. "저는 제 중심에서 신앙 안에서 천국을 살고 있습니다. 그리고 저는 이 지상에서 벌써 '주님의 영광의 찬미'가 되어 주님을 기쁘게 해드리려고 애쓰고 있습니다"(한 신부에게 보낸 편지. 1906. 5.).

이 이름은 친한 이들 사이에서는 아주 자연스럽게 되풀이된 표어가 되었다. 원장과의 사이에서도 이젠 그것만이 화제가 되었다. 특히 발병 이후 이 딸은 원장어머니에게 이미 아무런 비밀도 없었다. 원장이야말로 작은 찬미의 호스티아를 삼위 일체께 봉헌하는 사제였다. 대화때나 수도원 안에서 지내는 축일 등에도 엘리사벳의 생각은 어김없이 거기에 미친다. 성녀 제르맨 축일은 지상에서 마지막이라고 예감한 엘리사벳 수녀는 친구에게 하프를 쥔 세 사람을 그려 달라고 부탁했다. "세 사람 중의 한 사람은 아주 아름다워야 합니다. 그것은 원장님을 상징하는 것이니까요. 또 한 사람은 이 가르멜에서 맺어진 나의 영적 작은 자매이며 셋째 사람은 저입니다"(H. 부인에게 보낸 편지, 1906. 6. 3). 그녀는 이 그림 위에 "하느님은 우리를 찬미로 미리 예정하셨다"고 쓰도록 부탁했다. 그것은 그녀의 최고의 소명, 영광의 찬미를 상징적으로 표현한 것이다.

두터운 애정과 정말 자녀다운 마음으로 사랑했던 원장의 축일, 엘리사벳에게는 마지막이 될 이 축일을 병실에서 이렇게 축하할 수 있었다. "그날 저녁 내 작은 수방에서 원장님과 작은 두 자녀만으로 정답게 가난한 축하를 드렸습니다. 참으로 세라핌과 같은 나의 사랑하는 작은 자매는 당신이 보내 주신 기쁨을 하느님께 청하여 돌려 드리게 될 것입니다. 이 자매는 작은 탁상에 꽃과 함께 여러 가지를 꾸며 주었답니다. 당신의 좋은 선물은 삼위 일체의 그림과 함께 제일 돋보이는 자리에 두었습니다. 이 그림을 깊이 감사드립니다. 장식 리본이 양쪽에 나부끼고 있었고 어머니께서 보낸 메달과 말가리다의 작은 선물도 있었어요. 그리고 작은 수예품, 영적 꽃다발, 그중에도 당신의 미사는 가장 아름다운 꽃이었습니다"(H. 부인에게 보낸 편지, 1906. 7.).

수녀들에게 은혜의 "비밀"을 털어놓을 때, 엘리사벳은 이미 자기 이름을 "영광의 찬미"라고만 했다. 동생 말가리다에게 보낸 하직 편지에는 추신으로 "이것이 천국에서의 나의 이름이다"(1906년 여름)라고 씌어 있다.

이 새 이름은 엘리사벳에게서 세례의 은혜가 최고도로 개화된 과정을 알고자 하는 심리학자 혹은 신학자에게는 가장 중요한 자료가 될 것이다. 이 "특별한 이름"은 목자가 양 한 마리 한 마리를 식별하여 부를 때의 이름이며 한 사람

한 사람의 미리 정해진 사명을 깨우쳐 준다. 이 이름이 엘리사벳의 사명을 보다 뚜렷이 드러내는 특색이라고 우리는 확신해도 좋으리라.

가르멜 수녀뿐만 아니라 모든 관상적 영혼의 가장 큰 장해는 하느님을 따라 사는 대신 자기 속에서 자신을 바라보면서 사는 것이다. "영광의 찬미"가 된 엘리사벳 특유의 은혜는 사람들을 자신의 마음 속에 집중시키고 사랑과 영광의 찬미로 말미암아 자신에게서 놓여 나고 벗어나게 하는 것이다.

만일 제르맨 원장이 엘리사벳 수녀를 산 작은 성녀로 간주하여 섭리적 영감으로 그 비밀을 쓰도록 명하지 않았다면 우리는 이렇게 정상에 이른 그녀의 영성 생활에 관하여 거의 아무 것도 몰랐으리라. 엘리사벳이 8월 15일부터 31일까지 지상에서 마지막이 된 피정에 들어가려 했을 때, 원장은 그녀가 이 "영광의 찬미"라는 자신의 사명을 어떻게 이해하고 어떻게 생각하는가를 쓰라고 명했다. 거룩한 병자는 그 뜻을 이해하며 미소로써 승낙했다(필자는 이 사정을 제르맨 원장 자신에게서 들었다). 엘리사벳은 작은 수첩에다 23시부터 밤늦게까지 원장이 오지 않는 시간에 매우 괴로운 불면 중에 쓰기 시작했다. 수첩을 처음부터 끝까지 다 썼을 때 그녀는 그것을 원장에게 드리고 그후는 거기에 대해서 마음쓰지 않았다. 고뇌와 지복 안에 잠겨 있는 엘리사벳으로 하여금 성령이 명백히 쓰도록 이끌어 준 이것은 영성계에서 손꼽히는 참된 걸작이며, 엘리사벳을 더욱 위대한 신비적 저자의 대열에 들게 해준 것이다. 아무런 수정도 없이 단숨에 치솟은 이 숭고한 생각은 저작상 특수한 은혜라고 밖에는 설명할 길이 없다. 이것은 시에나의 성녀 카타리나가 같은 성령의 인도로 저 감동적인 '대화'를 구술했을 적에 속기사가 성녀를 따라가지 못했던 그 속도를 우리는 회상하게 된다. 이것은 온갖 인간적 면을 초월했으며 거기에선 신적 예술, 드높은 아름다움이신 사랑의 영의 초기술적 필치를 명백히 인정할 수 있다.

엘리사벳 수녀의 보다 깊은 생각은 마지막 피정 안에 있다 : "영광의 찬미의 마지막 피정"은 말하자면 그녀의 작은 신비의 요약이며 신비적 체험의 최고도에 이른 그녀의 영성적 가르침의 진수이다. 이것은 영광의 찬미라는 사명에 따라서 자신을 말끔히 잊고, 오직 삼위 일체의 영광에로 이어지는 성덕의 길을 걸으려는 많은 "영광의 찬미"를 위해 하나의 생활 지침을 써서 남긴 것이다.

영광의 찬미라는 직분에 관한 엘리사벳의 생각 안에서 그 내적 생활의 보다 근본적인 생각과 그녀의 영성 전체의 요점을 찾을 수 있다. 말하자면 침묵, 절대적 이탈, 삼위 일체께 대한 사랑 그리고 성의(聖意)에 대한 숭배, 십자가에 못박히신 그리스도와 영혼과의 보다 밀접하고도 열띤 동화, 더구나 이것이 모든 것을 변모시키는, 한 가닥 특별한 빛 속에서 삼위 일체의 영광이라는 순수한 빛에 비추어져 보여진다. 즉, 우리가 캄캄한 속에서 살고 있다고 느끼는 자기 주위의 친한 이들을 위해 요술 지팡이로 한번 휘둘러 별안간 빛 가운데 환히 밝혀진 속에서 드러내는 것과 같이 온전히 새로운 하나의 영성적 세계가 솟아나는 것이다.

이제 엘리사벳의 영혼은 이것만을 알려고 한다. 즉, 사랑으로써 십자가에 못박히신 그리스도. 영혼이 바로 이분을 닮아 죽기를 갈망하는 그리스도. 그 영광의 끊임없는 찬미가 되려는 삼위 일체. 성부의 영광의 완전한 찬미이신 아드님. 영원한 분의 아드님의 모상을 자신 안에 형성할 사명을 갖고 계신 은총의 성모 마리아.

이것은 8월 15일 저녁 "하늘의 문"께 자기의 영원한 생명을 준비해 주시도록 청하고 지상에서 마지막이 될 피정에 들어가려고 했을 때의 엘리사벳 수녀의 가장 내밀한 심정이었다. 여기서도 또한 그녀의 심리 상태 그 자체가 가르침이 되고 있다.

2. "영광의 찬미"란 침묵하는 영혼이다 — 무엇보다도 우선 영광의 찬미가 된 이는 침묵의 사람이다. 여기서 우리는 엘리사벳의 수덕 생활의 기초를 다시 보게 된다 : "어찌된 일인지 나도 모르노라." 이는 온갖 것에서, 또 자신에게서 이탈하고 오직 성령의 숨결로 자유로이 울릴 수 있는 영광의 찬미의 전예정표이다.

"'어찌된 일인지 나도 모르노라' 란 아가의 신부가 사랑의 밀실로 인도될 때 부른 노래이다. 이 노래는 또한 피정 첫날에 '영광의 찬미'가 된 자가 끊임없이 불러야 할 노래라고 생각된다. 주님은 우선 그녀를 끝없는 심연 속 깊고 깊은데까지 잠기게 해주신다. 그것은 이미 시작된 영원, 쉴 새없이 진행되고 있는 이 세상에서부터 시작해야 할 영원한 임무를 깨닫게 하기 위해서다.

'어찌된 일인지 나도 모르노라.' 말하자면 나는 '그리스도를 알고 그리스도의 죽음을 닮은 자가 되어 그 고통에 동참하는 것'밖에는 이미 아무 것도 모르고 또한 알려고도 않는다.

천국에서 누릴 순수한 영적 생명을 지상 생활에서 영위하기를 원하는 이에게는 이 아름다운 내적 합일은 얼마나 필요한 것인지"(마지막 피정, 제1일).

"이렇게 되면 바깥에서 어떠한 공격이 오더라도 또한 내부에서 아무리 큰 폭풍우가 일더라도 그리고 명예에 큰 손상을 입더라도 한결같이 '어찌된 일인지 나도 모르노라'고 할 수 있다"(마지막 피정, 제2일). 여러 능력의 통일과 침묵으로써 자신의 깊은 속에 잠겨 있는 이는 영광의 찬미에 전념하고 있는 것이다.

엘리사벳 수녀의 이 생각은 위대한 영성적 스승인 십자가의 성 요한의 신비신학의 바탕을 이룬 "모르노라"의 교설과 합치하고 있다.

3. 엘리사벳 수녀와 위대한 신비가들의 가르침—이 가르침에는 절대적 이탈이 현저한 특징으로 되어 있는데 그 소극적 성격은 하나의 준비적 과정이다. 우리가 추구하는 이 허무, 이 "무"는 "모두"를 소유하기 위한 준비적 조건이며 이 "모두"야말로 우리의 영성 생활을 적극적으로 이루게 한다. 왜냐하면 복음 정신은 무엇보다도 우선 본질적인 적극적 종교로서 드러나고 있다. 사람은 하느님의 은사의 정도에 따라 영광을 드린다. 성모와 그리스도는 보다 많은 영광을 드린 분들인데 그것은 이 두 분이 가장 많이 받으셨기 때문이다. 이 가르침은 영성생활의 바른 기초를 이루는 것이다. 가령 끝자리라도 좋으니 천국에 가기만 하면 좋겠다는 말을 흔히 듣는데 이렇게 말함은 하느님께 대한 참된 사랑과 그 영광을 이해하지 못한 증거이다. 이것은 엘리사벳의 영성적 가르침에서도 또한 넓은 그리스교적 세계관에서도 근본적인 것이다.

하느님의 영광에는 두 가지 종류가 있다. 즉, 당신 내부에 있는 내적 영광과 하느님이 만드신 만물을 통한 외적 영광이다. 후자에서는 하느님의 본질적 영광, 즉 영원, 유일한 생각이신 말씀 안에 볼 수 있는 영광을 말하는 것이 아니다. 말씀은 모두를 말씀하셨다. 그것은 하느님의 본질의 나눌 수 없는 유일성과 위격의 삼위 일체 안에서 하느님이 하느님일 수 밖에 없는 모든 이유를 충분히 표현한다. 말하자면 성부의 품의 다함없는 풍요로움, 성자의 아름다움, 성부와 성자를 완전히 하나 되게 하는 사랑, 하느님의 창조적 재능에서 솟아나와, 어린이의 장난감처럼 그 손 안에 있는 전세계 모두를 표현한다. 이리하여 성부는 당신의 영광을 성자에게 드러내고 성부의 모습과 그 영광은 말씀 안에서 빛나고 반영된다. 말씀은 성부가 성부이심을 모두 남김없이 나타내고, 성부와 성자는 서로가 합일하는 그 영원한 사랑을 알고 계시다. 이것이 하느님의 본질적 영광이며 말씀, 즉 영혼 깊숙히 계신 삼위 일체 안에서의 영광이다.

전세계도 이 무한한 영광에 아무 것도 보탤 수 없다. 그리고 삼위 일체 앞에서는 그리스도의 인성도 자신의 무를 고백하지 않을 수 없다. 신적 위격의 삼위 일체적 교류와 신적 본질의 불가분적 유일성 안에서 하느님은 스스로 충족되신다. 외부에서 오는 모든 것, 그리스도로부터 오는 것까지도 부수적인 것에 지나지 않는다. 하지만 하느님은 절대적으로 이것을 원하신다. 왜냐하면 가치의 단계와 만물의 질서가 그렇게 요구하는 까닭이다. 영예와 지혜와 권능과 영광은 창조주께 바쳐져야 하기 때문이다.

하느님의 지혜와 하느님의 그외의 속성과는 감탄할 만한 통합을 이룸으로써 하느님은 이 부대적 영광을 우리의 행복 안에서만, 그리고 **이 행복의 정도에 비례해서 찾아진다.**

"너희가 많은 열매를 맺고 참으로 나의 제자가 되면 내 아버지께서 영광을 받으실 것이다"(요한 15:8)라고 주님은 가르치신다. 보다 거룩한 이는 하느님께 영광을 돌리는 사람이다. 이 뜻에서 육화되신 말씀은 그 거룩한 인성에게 주신 헤아릴 길 없는 부요는 하느님의 온갖 은사에 대한 보다 완전한 "영광의 찬미"이다. 무한한 차이는 나지만 그리스도 다음으로 가장 많은 은사를 받으신 분은 성모시다. 그리고 그 아래에 모든 성인이 자리하고 있다. 그 때문에 평범한 성덕으로 만족해 버리는 것은 하느님의 영광에 대한 그르친 생각이다.

엘리사벳 수녀는 젊은 여성으로서 놀랄 만한 깊은 생각으로 특별히 노력하지도 않고, 은혜의 힘에 움직여져 지혜의 드높은 빛, 즉 하느님의 빛으로써 만물을 판단하게끔 인간의 눈이 미칠 수 있는 최고의 빛에까지 이르렀다. 자신은 무엇보다도 우선 하느님을 위한 성녀, 더구나 가능한 한 위대한 성녀가 되어야 함을 완전히 깨달았던 것이다. 엘리사벳의 성덕은 하느님의 영광과 긴밀히 연결되어 있었다.

소녀 시절의 일기에 "나는 성녀가 되고 싶다"고 썼고 그리고 이것을 정정하여 "하느님 당신 때문에 성녀가 되고 싶습니다"고 기록하였다. 생의 마지막은 19세 소녀가 품었던 소망의 훌륭한 실현이었다.

변화로 이루어진 합일의 정상에 올려지면 올려질수록 영광의 찬미의 임무를 보다 잘 이행할 수 있다고 엘리사벳은 깨닫고 있었다. 하느님이 받으실 영광은 당신의 모든 덕의 아름다움이 인간 안에 반영되는 정도에 따라 이루어진다. 천국의 영광 안에 들어간 이들은 이 최고의 변화에 도달한 것이다. "그들은 하느님을 그 단일한 본질 안에서 직관하고 있기 때문이다. 그들은 '하느님께서 나를 아시듯이 나도 완전하게 알게 될 것입니다'(Ⅰ 고린토 13:12). 결국 직관으로 그분을 알게 되므로 그들은 '우리는 주님과 같은 모습으로 변화하여 영광스러운 상태에서 더욱 영광스러운 상태로 옮아 가고 있습니다'(Ⅱ 고린토 3:18). 이렇게 그들은 그들 안에서 당신의 영광을 바라보시는 하느님께 대해 끊임없는 '영광의 찬미'로 변화되는 것이다. '하느님의 모습을 닮은'(창세기 1:26) 피조물 안에서 당신의 모습을 바라보는 것, 이것이 창조주의 뜻이다. 따라서 한 점의 흠도 없는 투명한 수정을 통해 피조물 안에서 당신의 온갖 덕, 모든 아름다움으로 빛나는 것을 바라보시는 것, 이것이야말로 참으로 하느님 자신의 영광의 연장이다. 사람은 단순한 눈길로 하느님을 바라보면서 자신을 둘러싼 온갖 것에서 떠나고 또한 특히 자기 자신에서 떠날 수 있다. 이렇게 되면 이 사람은 '하느님의 영광의 지식'(Ⅱ 고린토 4:6)으로 빛나게 된다. 왜냐하면 자신 안에 하느님이 반영되기 때문이다. 이러한 이는 참으로 하느님의 온갖 은사의 '영광의 찬미'인 것이다.

그리고 만사를 통하여, 혹은 보다 평범한 행위에서도 '위대한 찬미가', '새로운 찬미가'를 노래할 수 있게 된다. 이 찬미야말로 하느님의 마음을 깊이 기쁘게 해드리는 것이다"(마지막 피정, 제3일).

모든 능력을 하느님께로만 돌림으로써 하느님의 것임을 증명하는 이것이 하느님의 온갖 은사의 영광의 찬미라고 그녀는 생각한다. 또한 참되이 "영광의 찬미"가 되는 이는 하느님을 최대한으로 받기를 갈망하는 이라고 생각한다. 그는 칠현금처럼 주님의 손이 닿기를 갈망한다. 그리고 하느님으로부터 오는 온갖 은사는 하느님의 영광의 찬미를 노래하기 위해서 밤낮으로 울리는 현과 같은 것이다(마지막 피정, 제2일).

이 생각들은 사람들을 해방시켜 하느님께로 비약시키는 대신 그들을 자기 자신에게로 되돌아오게 하고 힘이 빠지게 하며 온전한 사랑의 전개를 위축시켜 버리는 온갖 옹색한 생각과는 온전히 반대된다.

4. 지상에서 시작하는 영원한 생명— 언제나 절정에로 이끌려 가면서 엘리사벳 수녀는 "영광의 찬미"의 모범을 밤낮으로 기도와 흠숭을 드리며 어린 양의 옥좌 앞에 대령한 천국의 축복된 이들 안으로 찾아간다.

"영혼의 노래"와 "사랑의 산 불꽃"을 읽은 다음, 지복 직관은 엘리사벳의 마지막 나날에 단 하나의 생각으로 모아져 그녀 영혼의 온갖 약동에게 영원한 율동을 주었다. 그리고 묵시록의 마지막 장은 보다 중요한 양식이 되었다. 그녀는 거기에서 "마지막 피정"의 거의 대부분을 채우고 있는 영원한 것의 뜻을 취하였다. 주위분들에게 "주님은 이제 영원한 것밖에 말씀하시지 않습니다"라고 거듭 말하고 있었다.

언제든지 완벽한 교의상의 이해력을 갖고, 엘리사벳은 가톨릭 신학의 중요한 또 다른 하나의 영성적 가르침에도 언급하고 있다. 그것은 지상에서의 우리들의 신적 생명은 이미 "시작된 영원한 생명"이라는 것이다. "자신 안의 천국에서 천상의 성인들과 같은 임무를 다하는 것은 하느님의 마음을 대단히 기쁘게 해드리는 일이라고 생각됩니다"(마지막 피정, 제2일). "천국에 있는 이들의 임무가 어떤 것인지 나를 깨우쳐 주기 위해, 또한 내가 '영광의 찬미'가 되기 위한 자신의 임무를 다하기 위해서 가능한 한 나의 생활이 천상에 계신 분들의 생활을 닮도록 사도 바울로는 이제 약간 휘장을 열어 '성도들이 광명의 나라에서 받을 상속'(골로사이 1:12)을 엿볼 수 있게 해주었다. 또 오늘은 그리스도의 애제자 성 요한이 나를 '평화의 감미로운'(성전 봉헌 기념일 전례) 거룩한 예루살렘에 쉬게 하려고 '영원한 문'(시편 23:7)을 열어 준다. 그는 우선 나에게 '그 도성에는 태양이나 달이 비칠 필요가 없습니다. 하느님의 영광이 그 도성을 밝혀 주며 어린 양이 그 도성의 등불이기 때문입니다'(묵시록 21:23)라고 한다. 만일 나의 내적인 도성을 '영원한 왕이시며, 오직 한 분뿐이시고 눈으로 볼 수 없는 만세의 왕'(Ⅰ 디모테오 1:17)의 도성과 다소 닮게 하고 하느님의 큰 빛으로 비추어지게 하기 위해서 나의 내적 도성에서는 다른 모든 빛은 꺼버리고 마치 거룩한 도성에서와 같이 어린 양만이 그 유일한 등불이 되도록 해야 한다"(마지막 피정, 제4일).

천국 성도들의 생활은 빛과 사랑의 생활이다. 이 이중의 움직임에서 엘리사벳 수녀는 자기 안의 천국에서 그들의 임무를 모방하여 영광의 찬미가 될 요강(要綱)을 짰던 것이다. 지상에서 이룩하기에 불가능한 지복 직관을 대신하는 것은 신앙의 덕이다.

"신앙과 그 아름다운 빛이 나타나기 시작한다. 이 빛만이 나를 비추고 천상 정배를 맞이하기 위해서 나를 이끌어 줄 것이다. 시편 저자는 '그(천상 정배)는 어둠을 면사포로 두르옵시고'(시편 17:12)라고 노래했으며 또한 이어서 '광채를 겉옷 삼아 두르셨나이다'(시편 103:2)라고 하고 있다. 이것은 언뜻 보기에 모순 같지만 여기서 내가 배워야 할 것은 자신의 모든 능력을 어두움과 공허 속에 묻어 버리고 신비적 어두움 안에 자신을 깊이 몰입시키지 않으면 안 된다는 것이다. 그렇게 하면 나는 마침내 주를 만나 뵙고 다함께 '겉옷 삼아 두르신 빛'에 뒤덮일 것이다. 왜냐하면 천상 정배께서 그의 정배도 당신의 빛, 당신만의 빛으로 빛나며, '하느님의 영광에 싸여'(묵시록 21:11) 있기를 원하시기 때문이다. 모세의 신앙은 마치 '보이지 않는 하느님을 본 듯'(히브리 11:27) 확고부동했다고 한다. 만사에서 끊임없이 감사의 노래를 부르면서 이 세상을 살아야 할 '영광의 찬미'의 태도도 또한 이와 같아야 한다. 마치 '보이지 않는 분'을 만나 뵙는 듯 그 신앙에 확고히 머물러, 하느님의 '너무나 큰 사랑'에 대한 동요없는 신뢰를 가져야 한다. '우리는 하느님께서 우리에게 베푸시는 사랑을 알고 또 믿습니다'(요한 Ⅰ서 4:16)" (마지막 피정, 제4일).

"'믿음은 우리가 바라는 것들을 보증해 주고 볼 수 없는 것들을 확증해 줍니다'(히브리 11:1)라고 성 바울로는 말하고 있다. 이 말로써 자신 안에 생긴 빛 속에서 잠심하는 이에게는 느끼거나 말거나 어두움이나 빛이나 위로나 메마름에 아무 얽매임도 없다. 이런 이는 자신이 아직도 무엇에 동요될 경우 그런 것에 여전히 의식하는 자신을 부끄럽게 느낀다. 그리고 아직 사랑이 부족한 자신을 깊이 경멸하고 그 상태에서 해방되려고 즉시 주님을 바라본다. 주님께서 주시는 온갖 기쁨 위로를 잊고 주님 자신을 '그 마음의 산(山) 절정'에서 경배한다. 사도의 으뜸인 성 베드로의 다음 말씀은 사랑이신 하느님께 대한 신앙이 결코 흔들리지 않는 이들에게만 하신 말씀으로 생각된다. '여러분은 믿고 있으며 또 말할 수 없는 영광스러운 기쁨으로 넘쳐 있습니다(Ⅰ베드로 1:8)'" (마지막 피정, 제4일).

천국에서의 사명을 지상에서 본받으려는 "영광의 찬미"를 부추긴 둘째 심정은 "사랑의 경배적 활동"이다.

"영광의 찬미"가 된 자의 심리상태는 천국 성도의 상태와 비슷해야 했다. "'거룩하시다, 거룩하시다, 거룩하시다. 전능하신 주 하느님, 전에도 계셨고 지금도 계시고, 장차 오실 분이시로다' 하고 외치시고 있었습니다. …그들은 옥좌에 앉아 계신 그분 앞에 엎드려 영원무궁토록 살아 계신 분께 경배를 드리고 있었습니다. 그리고 자기들의 금관을 벗어서 옥좌 앞에 내놓으며 주님이신 우리 하느님, 하느님은 영광과 영예와 권능을 누리실 만한 분이십니다'(묵시록 4:8-11). 어떻게 하면 나는 내 마음의 천국 안에서 천상 성도들의 이 끊임없는 경배의 사명을 본받을 수 있을까?

'그들은 엎디어, 경배하고 자기의 관을 옥좌 앞에 내놓았다.'

우선 첫째로 **부복하고** 자신의 허무 안에 깊이 잠겨야 한다. 어느 신비가의 표현을 빌린다면 그때, '무엇에도 흔들리지 않는 완전한 참된 평안을 얻는다. 왜냐하면 아무도 자신을 찾을 수 없을 정도로 깊이 자신의 비천 안에 잠겨 있기 때문이다.'

여기에 이르러서야 비로소 사람은 참된 경배를 할 수 있는 것이다. 경배! 아, 이것은 천국의 말이다! 이것은 또한 '사랑의 탈혼'이라고 정의할 수 있으리라. 그것은 사랑하는 분의 아름다움, 힘, 가없는 위대함에 압도되는 것이다. '주를 경배하라. 우리 하느님은 거룩하시다'(시편 99:9)라고 시편은 말하였으며 또한 '세상의 임금들이 모두 다 조배하며 만백성이 그이를 경배하리라'(시편 71:15)라고 했다"(마지막 피정, 제8일).

"이러한 천상 성도들의 영원한 마음이 그에게 지상에서의 성덕의 산 모범이 되었던 것이다. 이러한 생각으로 잠심하고 성 바울로가 말하는 '주님의 생각'(로마서 11:34)으로 모든 깊은 뜻을 깨닫는 이는 지나가는 사물, 불안이나 걱정, 자기 자신을 초월한 마음으로 이미 천국에 있는 듯이 사는 것이다. 자기가 경배 드리는 분이 당신 안에 모든 행복, 온갖 영광을 소유하고 계심을 알고 천국 성도들처럼 '주님 앞에 자신의 관을 내어놓고' 겸허히 자신을 비우고 갖가지 곤란과 고뇌 속에 있더라도 자기가 경배하는 분의 행복 안에서 자신의 행복을 찾는 것이다. 마음을 완전히 비우고 다른 데로 옮겨져 있기 때문이다. 이런 태도로 경배하는 이는 십자가의 성 요한이 말하는 레바논에서 흘러 내리는 물로 채워진 우물과 비슷하다. 바로 이 영혼이야말로 '하느님의 도성을 강물의 줄기들이 지존의 거룩한 장막을 즐겁게 하도다'(시편 45:5)라고 할 수 있다"(마지막 피정, 제8일).

5. 십자가에 못박히신 분의 찬미— 본래 철저히 삼위 일체이었던 엘리사벳의 영성 생활은 끝까지 예수 그리스도를 중심으로 했으며 그것은 마지막이 가까워 질수록 더욱 더 강렬해졌다. "영광의 찬미"가 매우 괴로운 불면의 여러 밤을 지새우면서 갈망한 것은 천사처럼 깨끗이 죽는 것이 아니고 십자가에 못박히신

예수와 같이 되어 죽는 것"(G. 에게 보낸 편지, 1906년 10월말)이었다.

　엘리사벳은 언제나 이 하느님의 모범을 바라보고 있었다. 그녀의 이상 전부는 주님을 자기 안에 재현하기 위해 그분을 관상하는 것이었다. 성부의 눈에 "그분"을 보여 드리고 싶었다. 더구나 그녀는 그리스도의 모습으로 완전하게 변모하는 것은 그 죽음을 닮는 자가 되는 것임을 알고 있었다. 마지막 피정 동안 이 생각은 잠시도 떠나지 않았다. 삼위 일체의 내재나 "영광의 찬미"에 관한 묵상을 쓰면서도 자주 병고로 인해 쇠잔한 작은 음성으로 "주님이 당신의 갈바리아로 나를 인도하심을 느낍니다"라고 원장에게 거듭 말했다. 온갖 성덕이 거기서 완성된다고 그녀는 생각하고 있었던 것이다.

　"영광의 찬미"가 되는 이는 본질적으로 십자가에 못박힌 사람이다. 이 사람은 '아무도 헤아릴 수 없는' 큰 군중을 보고, '저 사람들은 큰 환난을 겪어낸 사람들입니다. 그들은 어린 양이 흘리신 피에 자기들의 두루마기를 빨아 희게 만들었음'을 안다. '그들은 하느님의 옥좌 앞에 있으며 하느님의 성전에서 밤낮으로 그분을 섬기는 것입니다. 그리고 옥좌에 앉으신 분이 그들을 가리워 주실 것입니다. 그들은 다시는 목마르지도 않을 것이며 태양이나 어떤 뜨거운 열도 그들을 괴롭히지 못할 것이요 옥좌 한가운데 계신 어린 양의 그들의 목자가 되셔서 그들을 생명의 샘터로 인도하실 것이며 하느님께서 그들의 눈에서 눈물을 말끔히 씻어 주실 것입니다'(묵시록 7:14-19).

　손에 종려가지를 들고 하느님의 위대한 빛에 비추어진 이 모든 뽑히운 이들은 우선 그에 앞서 커다란 환난을 견디어야 했고, 예언자가 노래한 '바다와 같은 큰' 고통을 맛보아야 했다. 주님의 영광을 뵈옵고 경배하기 전에 우선 그리스도가 받은 굴욕을 함께 하고, '빛에서 빛으로 나아가 하느님의 모습으로 변화'되기 전에 사람이 되신 말씀, 사랑 때문에 십자가에 못박히신 분을 닮지 않으면 안 되었던 것이다.

　성 바울로가 '하느님의 성전은 거룩하고, 여러분이 바로 성전입니다'라고 하신 우리의 내적 성전에서 밤낮으로 하느님을 섬기려는 이는 주님의 고난에 실제로 참여할 각오를 하고 있어야 한다. 그는 구원된 자이며 또한 자기도 다른 이들을 구원해야 한다. 그 때문에 그는 하프를 들고, '나는 우리 주 예수 그리스도의 십자가밖에는 아무 것도 자랑할 것이 없다. 나는 그리스도와 함께 십자가에 못박혔으므로', '나는 그리스도의 몸인 교회를 위하여 그리스도의 남은 고난을 내 몸으로 채우고 있다'라고 노래하고 있다.

'왕후가 당신 오른편에 서 있다' 함은 바로 이런 이의 태도를 말하는 것이다. 그는 못박히시고 쓸모없는 자로 다뤄지고, 모욕을 당하면서도 언제나 용감히, 침착히, 품위있게, '영광스러운 은총의 찬미'(에페소 1:16)를 위허서 고난의 길을 향한 주님의 오른편에 대령하면서 갈바리아에로 오른다. 주님은 그 정배에게도 함께 당신의 구원 사업에 참여시키고자 하신다. 또한 정배도 역시 자기가 걷는 이 고난의 길을 영원한 지복의 길이라고 생각한다. 그 길은 그를 영원한 행복으로 이끌 뿐만 아니라 거룩한 주님은 그에게도 고통 안에서 평안을 찾기 위해 고통의 온갖 것을 초월해야 함을 깨치게 한다.

여기에 이른 이는 그 마음의 성전에서 밤이나 낮이나 하느님을 섬길 수 있게 된다. 내적이거나 외적이건 어떠한 시련도 주님께서 그를 가둬둔 거룩한 성채에서 그를 데려내오지 못한다. 그는 이미 굶주림도 느끼지 않는다. 그도 그럴 것이 영원한 지복에 대해서 심한 동경을 느끼기는 하지만 주님이 양식으로 하신 아버지의 뜻만으로 넉넉히 채워졌기 때문이다. 그는 '이미 태양이 내리쬐는 것도 느끼지 않는다.' 다시 말해서 고통도 이미 고통으로 받아들이지 않는다. 그러므로 어린 양은 그를 생명의 원천으로 인도할 수 있게 된다. 어디나 당신 원하시는 곳으로 원하시는 대로⋯ 그는 자기가 이끌려가는 오솔길에는 조금도 개의치 않고 오직 자신을 인도하는 목자만을 바라보고 있다. 이렇게 하느님은 '만물에 앞서 태어나신 분'(골로사이 1:15)의 모습과 닮은 이 사람, 당신의 양자라고 말할 수 있는 그를 굽어보시고 당신 친히 '예정하시고 불러 주시고, 거룩하게 하신' 자로 인정해 주신다. 그리고 당신의 업적을 완수하는 것, 즉 영원히, 끝없이 그 '영광의 찬미'를 노래부르게 하려고 그를 당신 왕국에 옮겨 주시고 영광을 주시려는 아버지의 마음을 생각하면서 기뻐 춤출 것이다"(마지막 피정 제5일).

6. 영혼은 하느님을 노래하는 천국이다 — 마지막 날이 가까웠을 무렵 엘리사벳은 이 세상에서 이미 "영광의 찬미"의 영원한 사명을 다하는 데만 마음썼으며 오직 이에 충실하였다. "영광의 천국"에서 성인들이 행하는 것을 "마음 안의 천국"에서 이룩하려고 그녀는 노력했다. 그것은 "하느님의 집"이 되는 최고의 내적 소명의 전개였다. 엘리사벳 수녀가 받은 근본적 은혜는 마음 가장 깊은 곳에서 잠심하고 거기에 계신 분과 함께 사는 것이며 그곳에서 지상에서 살 천국을 찾았던 것이다. "영광의 찬미"라는 자신의 드높은 소명도 그 내부에서 이루어진 당연한 발전이었다. "천상 예루살렘을 기다리는 동안, 내 자신이 산 천국이므로 이 천국에서도 또한 영원한 분의 영광만을 노래해야 한다"(마지막 피정, 제7일).

이 내적 천국에서 이루어지는 온갖 활동, 사랑의 모든 행위와 덕의 실천은 그 곳에 사시는 하느님께 드리는 영광의 찬미이다. 하느님의 업적이 외계(外界)에서 영원한 분의 영광을 말하고 있음과 같다. 마음의 침묵 안에서 이렇게 하느님께 드리는 영광은, 피조물이 하느님께 드릴 수 있는 최고의 봉헌물이다.

"'하늘은 하느님의 영광을 얘기하나이다'(시편 18:1). 하느님의 영광, 이것이 바로 하늘이 말하고, 알려 주는 것이다. '낮은 낮에게 전한다'(시편 18:2). 하느님께서 나에게 주시는 모든 빛, 온갖 은혜는 저 '날'에게 그 영광을 알리는 이 '날'인 것이다. '주님의 계명은 올바르니 마음을 즐겁게 하고, 주님의 법은 환하시니 눈을 밝혀 주도다'(시편 18:9)라고 작가는 노래한다. 따라서 내가 하느님의 뜻, 그 내적 명령 하나하나에 충실히 응답하는 것은 나를 그분의 빛 안에 살게 하는 것이 된다. 이 빛도 또한 하느님의 영광을 얘기하고 알리는 하나의 소식이다.

여기에 기묘한 신기스러움이 있다. '야훼여, 당신을 쳐다보는 자 얼굴 빛나고'(시편 34:5)라고 예언자는 부르짖는다. 자신을 온갖 것에서 갈라놓는 힘이 될 단순함에서 깊은 내적 눈길로 만사에서 하느님을 바라보는 자는 빛나게 된다. 이것은 저 '날'에게 하느님의 영광을 알리는 이 '날'인 것이다"(마지막 피정, 제7일).

내적 천국에서는 기쁨도 영적 위로도, 또한 온갖 고난도 전부 같으며 모두가 영원한 분의 영광을 노래한다. "'밤은 밤에게 지식을 전하도다'(시편 18:3). 이는 무척 위로가 되는 말이다. 나의 무력, 혐오, 암흑 또는 과실까지도 영원한 분의 영광을 얘기한다. 나의 마음도 육신의 고통도 또한 주님의 영광을 말하고 있다. '내게 주신 모든 은혜, 무엇으로 주님께 갚사오리. 구원의 잔 받들고서 주님의 이름을 부르리라'(시편 115:3-4)고 다윗은 노래했다. 만일 내가 주님의 성혈로 물들은 이 잔을 들고, 환희에 넘친 감사로 거룩한 희생 제물의 피에 나의 피를 섞는다면 마침내 나의 희생은 무한한 것이 되어 성부께 아주 훌륭한 찬미를 바칠 수 있게 된다. 이때 나의 고통은 영원한 분의 영광을 말하고 전하는 하나의 '소식'이 되는 것이다.

여기서 (하느님의 영광을 알리는 사람 안에) '하느님은 하늘에서 태양에게 장막을 마련해 주셨다' 태양은 말씀이며 천상 정배이시다. 만일 하느님께서 내안에서 '그분께 대한 사랑'과 '그분의 영광'밖에 아무 것도 찾을 수 없을 때 천상 정배는 나를 선택해 그 '신방'으로 인도하여 '한걸음 치닫는 거인인 양' 그 안에 뛰어드시어 나는 이미 '그 사랑의 열을'(시편 18:6-7) 피할 수 없으리라. 이것이 바로 십자가의 성 요한이 말하는 상서로운 변화를 가져오는 저 '태워버리는 불'인 것이다. 성부의 영광의 찬미가 되기 위해서는 '각각 다른 것처럼 보이면서', '둘은 오직 하나가 되는' 것이다(마지막 피정, 제7일).

7. 영광의 찬미가 된 이의 임무— "영광의 찬미의 마지막 피정"이 삼위 일체의 내재의 신비에 관한 마음의 움직임으로 끝맺은 것에 반하여 "지상에서 천국을 어떻게 찾을 것인가"를 동생에게 가르치려고 쓴 소론(小論)이 영광의 찬미의 모든 임무를 요약한 생각으로 마친 것은 매우 흥미로운 변화이다. 더욱이 이것은 엘리사벳 수녀의 만년의 종교적 심리의 구체적으로 이룬 통일이어서 쉽게 설명할 수 있는 현상이다.

"삼위 일체께 드리는 기도"만큼은 알려지지 않은 엘리사벳의 이 소론은 그럴 수록 더욱 우리의 관심을 끌 만한 것이다.

누를 길 없는 은혜에 밀려서 엘리사벳 수녀는 그 생애의 마지막에 이르러, 성덕에 관한 최고의 이상을 밝히고 있다. 그녀의 마음을 이토록 강렬히 감동시킨 에페소서의 성구, 그리스도 안에서 우리의 예정된 궁극적 뜻에 관한 신학상 전형적인 구절을 취하여 예술가적인 이 영혼은 지상에서의 자신의 최고 사명을 강렬한 운율로 노래한다. 자기 동생뿐 아니고 그녀를 따라 영광의 찬미의 임무를 실현하고 싶은 이들에게 남긴 이것은 마음의 유언이라고 할 만한 것이다. 이 알찬 교의적 사념에는 아무 것도 덧붙일 것이 없다.

"'모든 것을 뜻하신 대로 이루시는 하느님께서 당신 계획을 따라 우리를 미리 정하시고 택하셔서 그리스도를 믿게 하셨습니다. 그러므로 맨 먼저 그리스도께 희망을 둔 우리는 하느님의 영광을 현양할 수밖에 없습니다'(에페소 1:11-12). 이것은 하느님께 직접 배운 성 바울로의 말씀이다. 우리는 어떻게 하느님의 이 크신 원의, 우리에게 품으신 영원 불변의 뜻을 실현할 수 있을 것인가… 한마디로 말해서 어떻게 하면 우리는 우리의 소명에 응답하고 지극히 거룩하신 삼위일체의 완전한 영광의 찬미가 될 수 있을까?

천국에서는 모두가 성부와 성자와 성령의 영광의 찬미가 되어 있다. 거기서는 한 사람 한 사람이 보다 순수한 사랑 안에 자리잡고 이미 자기 자신의 생명이 아닌 하느님의 생명으로 살고 있다. 성 바울로의 말씀에 따르면 "그들은 하느님께서 그들을 아심같이 하느님을 안다"(어떻게 지상에서 천국을 찾을 것인가, 제10일). 이것을 달리 말하면 다음과 같은 뜻이다.

"'영광의 찬미'란 하느님 안에 살고, 사랑의 감미로운 위로 안에서도 자기 자신을 생각지 않고 온통 자신을 잊고 가장 순수한 사랑으로 하느님을 사랑하는 이를 말한다. 주시는 모든 은혜보다도 그것을 주시는 하느님 자신을 사랑하고, 가령 하느님께로부터 아무 것도 못 받을 때라도 한결같이 하느님을 사랑하고 자기가 사랑하는 분의 선만을 원하는 이를 가리킨다. 하지만 실제 하느님을 위해 선을 원하고 바라는 것은 어떻게 하는 것인가! 그것은 하느님의 뜻을 행하는 것밖에 다른 것은 없다. 하느님의 뜻은 만사를 그의 최대의 영광을 위해 정하셨기 때문이다. 영광의 찬미가 되고자 원하는 이는 이미 하느님의 뜻 이외에 정말 아무것도 원할 수 없을 만큼 자신을 없애 버리고, 주님의 손에 자기 자신을 남김없이 맡겨 버려야 한다.

'영광의 찬미'란 흡사 성령이 신성한 가락을 연주하는 하프처럼 그 신묘한 손 안에 머무는 침묵의 영혼을 말하고 있다. 이 영혼은 고통이 보다 아름다운 소리를 내는 현의 하나임을 알고 있다. 그러므로 하느님의 마음을 더욱 깊이 감동케 해드리기 위해서 자신의 악기에도 이 줄이 있음을 기뻐한다.

'영광의 찬미'란 신앙과 단순함으로 하느님을 바라보는 이다. 그것은 하느님을 오직 있는 그대로 비춰주는 거울, 하느님이 그 안에 흘러들어, 넘치는 하나의 끝없는 심연과 같은 것이다. 그것은 또한 하느님이 그 안에 당신의 온갖 성덕과 광휘를 반영하고 바라볼 수 있는 수정 같은 것이다. 이렇게 하느님이 자신이 갖고 계신 온갖 것을 나누어 주고자 하는 원의를 자기 영혼 안에 넘치도록 받아 들일 자세를 갖춘 이야말로 하느님의 모든 은혜의 참된 영광의 찬미라고 할 수 있다.

끝으로 '영광의 찬미'란 끊임없이 감사하고 있는 이를 말한다. 그 행위, 생각, 소망 하나하나는 영혼을 더더욱 깊숙히 하느님의 사랑 안에 뿌리내리게 하고 흡사 영원히 거룩하시다(영광의 찬미)를 반향하는 것과 같다.

영광스런 천국에서는 모든 영혼이 밤낮으로 쉴 새없이 '거룩하시다, 거룩하시다, 거룩하시다.' 전능하신 주 하느님 …'(묵시록 4:10)을 찬미하면서 '옥좌에 앉아 계신 그분 앞에 엎드려 영원무궁토록 살아 계신 그분에게 경배를 드리고 있었습니다'(묵시록 4:10). '영광의 찬미'는 벌써 마음 안의 천국에서 영원히 이어갈 임무를 시작한 것이다. 이 찬미가는 잠시도 멈춤이 없다. 그는 자기 안에서 온갖 것을 이루는 성령의 손 안에 있기 때문이다. 이를 테면 줄곧 의식하지 않더라도(조금도 마음을 흩지 않고 하느님을 계속 바라보는 것은 인간적 나약으로는 어렵기 때문이다) 끊임없이 주님을 찬미하고 경배하고, 하느님의 영광을 열망한 나머지 이를 테면 찬미와 사랑 안에 빠져버린 것이다.

우리도 자신 안의 천국에서 삼위 일체의 영광의 찬미, 티없으신 우리 어머니의 사랑의 찬미가 되고 싶다. 언젠가는 이 세상 장막이 걷혀질 때, 우리도 하늘

나라로 인도될 것이다. 거기서 우리는 한없는 사랑의 품 속에서 삼위 일체의 영광의 찬미를 노래하고 하느님은 승리자에게 약속된 '새 이름'을 우리에게도 주실 것이다. 그 이름은 어떤 것일까 ' 영광의 찬미' 바로 그것이다…"(어떻게 지상에서 천국을 찾을 것인가, 제10일).

제 5 장

그리스도를 닮다

"나를 그리스도의 인성
의 연장이 되게 하소서"

서로 다른 영성에 속한 성인들에게 우리가 볼 수 있는 것은 하나의 공통된 특징이다. 말하자면 그들이 그리스도를 닮은 사람이 된 것이다. "하느님께서는 이미 오래전에 택하신 사람들이 당신의 아들과 같은 모습을 가지도록 미리 정하셨습니다"(로마서 8:29)라고 성 바울로는 가르친다. 전통적 표현에 따르면 그리스도인은 또다른 하나의 그리스도이다.

우리를 그리스도와 닮게 하는 이 은혜는 원래 각양각색이다. 어떤 이는 예수의 생애의 특정한 면을 두드러진 빛으로 재현한다. 예컨대 나자렛의 침묵, 군중에게 대한 언어의 힘, 또는 사람들을 다스리는 지배력. 혹은 예레미야처럼 고통하는 메시아의 모습, 욥과 같이 고난의 치욕과 친한 이들로부터의 버림받음. 예수의 겸손, 인내, 부에 대한 경멸, 흠숭자 및 속죄자로서의 생활, 성부께 대한 사랑, 학자로서의 빛, 교회의 가장 으뜸으로서의 현덕, 십자가의 순교에서 보여준 굳센 용기 등. 가장 주님께 사랑받은 이는 절대적 이탈 안에서 주님을 본뜬다. "그들은 여자들과 더불어 몸을 더럽힌 일이 없는 사람들이며 그들은 어린 양이 가는 곳이면 어디든지 따라 다닙니다"(묵시록 14:4). 그리스도의 성덕은 무한하다. 예수님은 당신 친히 모든 덕의 모범을 보여 주신다. 하느님은 우리 은혜의 전형이시며 머리이신 그리스도의 은혜의 "헤아릴 수 없이 부요하심"

(에페소 3:8)은 결코 다 퍼낼 수 없으며 따라서 이 세상에 성인들을 제한없이 불어나게 하실 수 있다.

엘리사벳 안에서 거룩하신 스승의 생생한 유사점을 보는 것은 그리 놀라운 일은 아니다. "'내가 사는 것이 아니라 그리스도가 내 안에서 사는 것입니다' (갈라디아 2:20). 바로 이것이 가르멜 수녀로서의 저의 이상입니다"(한 신부에게 보낸 편지, 1904. 11. 23.).

세례로서 시작된 이 그리스도로 모습이 바뀌어짐은, 엘리사벳의 생애중 모든 시기에 걸쳐 쉴 새없이 계속되었다. "나는 모든 사람에게서 주님이 사랑받으시게 하고 싶다…" (1899. 1. 30.). "나는 죽도록 주님을 사랑한다" (1899. 3. 1.)라고 소녀 시절의 일기에 기록되어 있다. 그리고 가장 세속적인 축제도 엘리사벳을 내재하시는 그리스도에게서 갈라놓을 수는 없었다. 가르멜 수녀가 된 후 엘리사벳 수녀는 "내가 사는 것이 아니라 그리스도가 내 안에서 사는 것입니다"라고 새긴 서원 때의 아름다운 십자가를 얼마나 큰 열정으로 가슴에 꼭 껴안았던가. 그리스도는 그녀의 내적 생활의 모든 움직임이 사랑의 약동 속에 표현되었던 저 숭고한 삼위 일체께 올리는 기도의 중심을 이루었다. "사랑하는 그리스도여 …나는 당신 성심의 정배가 되길 소원하옵니다. …나는 당신을 영광으로 휩싸며 죽기까지 사랑하고 싶나이다." 병상에서도 "십자가에 못박히신 예수로 변모되어 죽는 것"밖에 엘리사벳은 원하는 것이 없었다.

그리스도께 대한 신심은 그녀의 일생뿐만 아니라 그의 생각에서도 또한 중심을 이루고 있다. 어떠한 원천에서 그녀는 이를 길어 냈을까?

1902년 10월 수도원의 피정에서 발레 신부는 높은 관상적 빛으로 힘차게 성 토마스의 그리스도론의 원리를 펼쳤다. 신부는 특히 육화되신 말씀의 본성, 본질적으로 구세주인 그 자격, 머리로서의 그리스도의 은혜, 지식, 사랑, 기도등을 역설하였다. 엘리사벳은 이 피정 동안 내적 위로를 별로 못 받았지만 그리스도의 신비에 관해서 넓은 안목이 생겼으며, 빛은 곧 그녀 생활 안에 들어갔던 것이다. "이번 피정은 정말 훌륭했어요. 얼마나 깊고 어찌나 신비스러웠는지요! 발레 신부님은 줄곧 예수 그리스도께 관해 말씀하셨답니다. 당신도 나와 함께 계셔서 나와 같이 이 빛 안에 이끌려 사라져버렸다면 얼마나 좋았을까요. 우리 안에 계시고 우리에게 당신의 신비 전부를 가르치시기를 원하시는 이 사람이 되신 말씀, 예수님께 온갖 것에서 언제나 항상 일치되어 있도록 해요. 수난 전날 주님은 제자들을 위해 하늘의 아버지께 이렇게 말씀하셨잖습니까? '나는 나에게 주신 말씀을 이 사람들에게 전하였습니다. 아버지께서 주신 영광을 나도 그들에게 주었습니다'(요한 17:8-22). 주님은 늘 우리 안에 살아 계시며 일하고 계십니다. 우리를 만들어 주시고, 우리 영혼의 영혼, 생명의 생명이신 주님을 두고 성 바울로가 하신 말씀처럼 '나에게는 그리스도가 생의 전부입니다'(필립비 1:22)라고 할 수 있도록 합시다. 주님은 순수하게 주님만을 위해서 힝하지 않는 것을 바라보시고 슬픔에 젖고 싶지 않으십니다. 그분은 구세주시니까요. 그분의 사명은 우리를 용서하시는 것입니다.── 그리고 신부님은 피정 때 이렇게 말씀하셨답니다. '그리스도의 마음 안에는 단 하나의 움직임뿐입니다. 말하자면 죄를 씻어 주시고, 사람들을 성부께로 인도하시는 이것입니다'라고"(A. 부인에게 보낸 편지, 1902. 11. 9.).

성 바울로의 서간은 엘리사벳에게는 특히 빛의 샘이었다. 성 암브로시오의 말씀처럼 "그리스도를 마시기" 위해서 그녀는 나아갔던 것이다. 그녀를 위해서 이 이상 좋은 스승은 없었다. 이방인의 박사는 그리스도 안에 숨겨진 은총의 부, 지식과 지혜의 보화를 세상에 나타내는 사명을 하느님께 받은 것이었다. "바울로의 마음은 그리스도의 마음", 곧 바울로는 그리스도의 마음을 마음으로 하고 있었다. 그가 초대 신자에게 보낸 신앙 표명은 그리스도의 신비에 관한 교회의 가르침 모두를 요약하고 있다.

예술가적 성격과 창의력을 풍요롭게 갖고 있으면서도 그리 꼼꼼하지 않았던 엘리사벳은 사모하는 성 바울로의 연구를 위해 카드를 만들었다. 이 노트에는 익히 연구된 원문의 성구가 정확히 기록되어 있었고 한편 그 대부분은 그리스도의 신비에 관한 여러 가지였다. 관상적인 그녀는 마음의 의지할 곳으로 자주 사도의 원문을 사용하였다. 또한 사도의 생각이 온통 그녀의 것이 된 다음에는 편지나 두 편의 묵상록 긴 구절을 자주 인용하고 있다. 그리스도로 말마암은

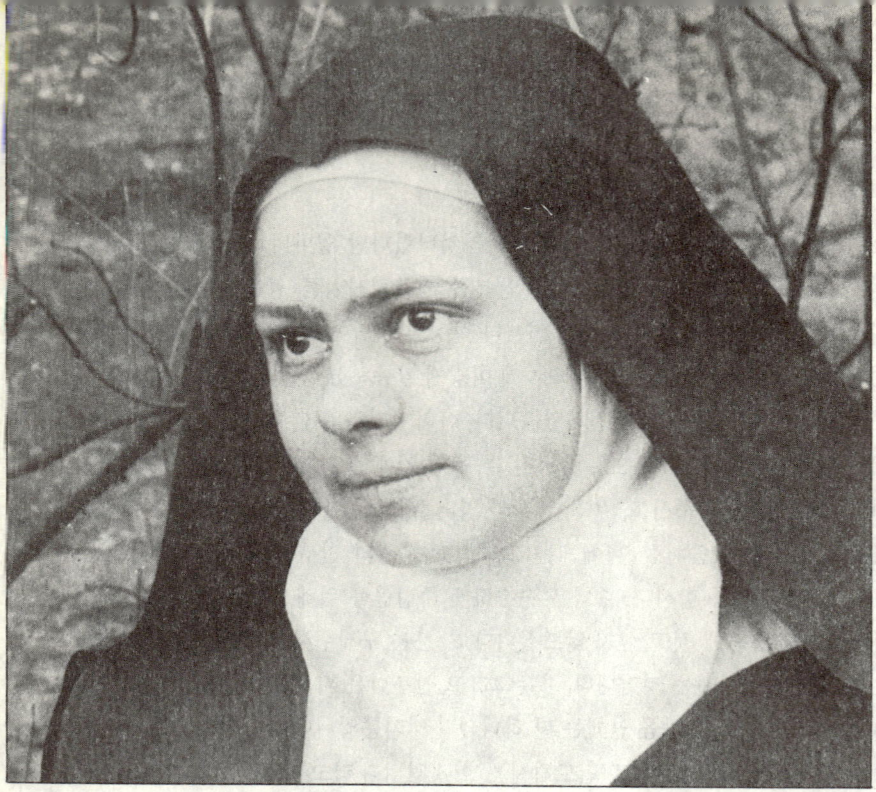

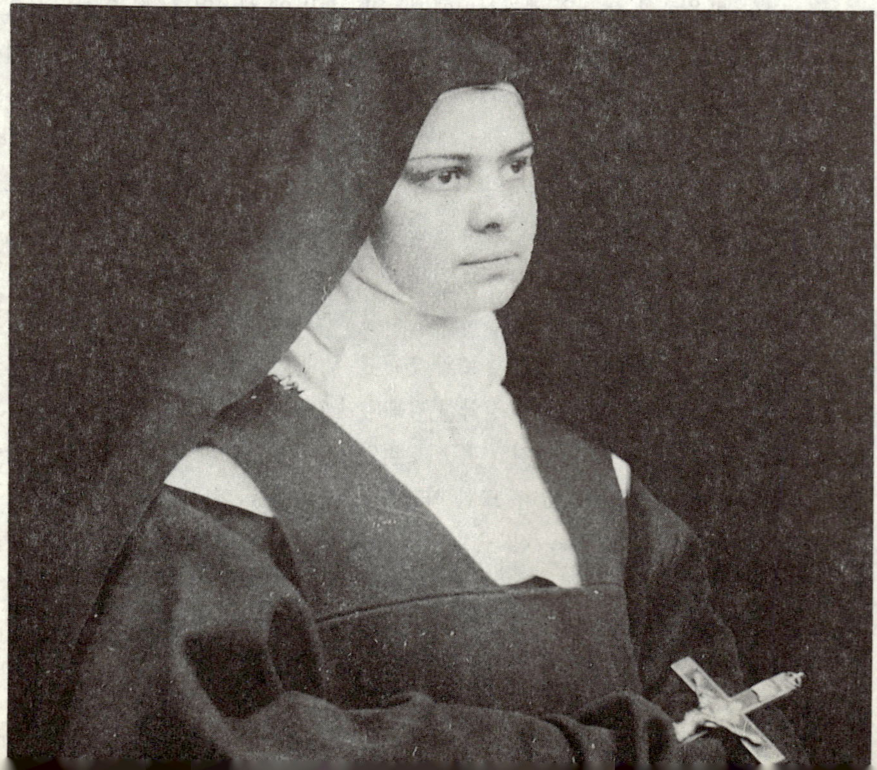

예정된 우리의 구원, 전우주의 모든 것이 그리스도 안에 통합되고, 구원된 모든 이들로 이루어진 신비체의 머리인 하느님의 아들과 우리의 합일, 그 신적 영혼의 온갖 움직임에 우리를 동화시킬 필요성, 아버지 앞에 아드님을 보여 드리는 것. 말하자면 그리스도의 인성의 연장이 되어 자기 안에 흠숭자, 구세주로서의 그리스도의 모든 신비를 재현시키는 것—성 바울로와의 접촉에서 구원 신학의 큰 시야가 엘리사벳의 관상적인 사고 안에 펼쳐졌던 것이다. 이 고의적 광활함이야말로 그녀의 영성적 수기의 풍요로움이며 힘이다.

엘리사벳이 인용하고 있는 원문 전부를 열거하기에는 너무 많은 지면이 필요하므로 그 구절 가운데서 그녀에게 감동을 준 신비적 교설의 대략만을 아래에 뽑아 보도록 하겠다.

1. 그리스도 안에서 이루어진 예정된 구원—성 바울로와의 접촉으로 그리스도 중심을 강조하는 특징이 엘리사벳의 교설에 영향을 주게 되었다. 성 바울로가 그리스도 안에서 우리의 구원 예정의 모든 뜻을 상세히 기록한 로마서의 근간인 구절을 그녀는 정성스럽게 옮겨 쓰고 있다. "하느님께서는 이미 오래전에 택하신 사람들이 당신 아들과 같은 모습을 가지도록 미리 정하셨습니다. 그래서 그리스도께서는 많은 형제 중에서 맏아들이 되셨습니다. 하느님께서는 미리 정하신 사람들을 불러 주시고 부르신 사람들을 당신과 올바른 관계에 놓아 주시고 당신과 올바른 관계를 가진 사람들을 영광스럽게 해주셨습니다"(로마서 8:29-30).

"예정된 구원의 신비, 하느님께서 선정(選定)하시는 신비가 사도의 눈에는 이렇게 비쳤던 것이다.

우리도 '미리 알고 계신 사람들' 안에 한 사람이 아닐까? 하느님께서 예전에 예언자를 통하여 하신 말씀을 우리에게도 하시지 않을까? '나는 지나가다가 네가 꽃다운 한창 나이가 된 것을 보고 내 겉옷 자락을 펴서 너의 맨몸을 감싸 주었다. 나는 맹세하고 너와 약혼한 사이가 되었다. 너는 내 사람이 되었다'(에제키엘 16:8). 확실히 우리는 세례로써 하느님의 것이 되었다. 성 바울로의 '부르셨다'란 말은 바로 이를 가리킨 것이다. 틀림없이 삼위 일체의 인장을 받기 위해 불림을 받은 것이다. 또한 성 베드로가 '우리는 하느님의 본성을 나누어 받게 되었습니다'(Ⅱ 베드로 6:4) 하신 것처럼 하느님의 생명이 우리 안에 시작된 것이다. 따라서 하느님은 성사로 통하거나 혹은 마음깊은 곳에서 하느님과의 직접적 접촉으로 우리를 의롭게 해주셨다. 그리고 신앙으로 말미암아 특히 예수 그리스도께서 우리에게 얻어 주신 속죄에 대한 우리의 신앙 정도에 따라서 우리를 의롭게 해주셨다.

끝으로 하느님은 우리에게 영광을 주시려고 하신다. 성 바울로의 말에 의하면 '아버지께서는 성도들이 광명의 나라에서 받을 상속에 참여할 자격을 우리에게 주셨습니다'(골로사이 1:12). 하지만 우리는 '성자의 모습을 닮는' 척도에 따라서 영광을 받게 되는 것이다.

이 흠숭하올 모습을 끊임없이 바라보면서 계속 그 빛 아래 머물자. 이 모습이 우리 안에 깊이 새겨지도록 하자. 주님과 같은 마음을 갖고 만사를 행하자. 그렇게 하면 우리는 '하늘과 땅에 있는 모든 것이 그리스도를 머리로 하고 하나가 될 것입니다'(에페소 1:10)라고 하느님이 그 마음 안에서 결정하신 크신 뜻을 실현하게 된다"(지상에서 어떻게 천국을 찾을 것인가, 제9일).

이론만을 전개하는 신학자가 그리스도를 통한 인간 구원의 섭리적 계획을 알기만 했던 그들과는 달리 엘리사벳은 순이론적 설명을 모두 버리고 곧장 실생활에서 그것을 생활 규범으로 삼았다.

"'모든 것이 그리스도를 머리로 하고 하나가 될 것입니다'(에페소 1:10). 하느님의 위대한 섭리의 신비를 깨친 위대한 사도 바울로는 다시 나에게 '하느님은 모든 것이 그리스도를 머리로 하고 하나가 될 것을 마음 안에 결정하셨습니다'라고 가르친다. 그리고 하느님의 계획을 실현하도록 그는 계속 나를 도우며 하나의 생활 규범을 밝혀 준다. '여러분은 그리스도 예수를 주님으로 받아들였으니 그분을 모시고 살아 가십시오. 그리고 여러분은 그리스도에 대한 믿음에 뿌리를 박고 그 터 위에 굳건히 서서 가르침을 받은 대로 믿음을 더욱 견고히 하여 넘치는 감사를 하느님께 드리십시오'(골로사이 2:6)라고"(마지막 피정, 제1

3일).

　엘리사벳의 이 계획은 실천적 생활 방침을 위한 신비적인 것의 해설이며 역사적 방법, 엄격한 규칙에 따른 객관적 해석과는 다르다. 삼위 일체의 엘리사벳 수녀는 성서 안에서 "생명의 빛"(요한 8:12)을 찾는 관상가로서 성 바울로를 읽었던 것이다. 그리고 성 바울로의 구절들을 해설하면서 그녀는 실은 자신의 보다 깊이 있는 영적 움직임을 가져왔던 것이다.

　참스러운 가르멜 수녀로서 우선 첫째로——더구나 강력히——하느님과의 합일의 예비적 조건인 전적 이탈에 관하여 강조한다.

　"**그리스도와 함께 산다**', 이는 매순간 주님 안에 **보다** 깊이 들어가기 위해서 자신에게서 떠나고 자신을 잊어 버리는 것이다."

　"주님 안에 깊이 뿌리를 박고 어떤 일을 만나더라도 '누가 감히 우리를 그리스도의 사랑에서 떼어놓을 수 있겠습니까? (로마서 8:35)라고 할 수 있을 만큼… 이렇게 그리스도 안에 그 뿌리를 단단히 박을 때 신성한 수액(樹液)은 풍성히 그 사람 안에 흘러들어가 온갖 속된 불완전한 본능적 생활은 쓰러진다. 성 바울로의 말씀처럼 '승리가 죽음을 삼켜 버렸다'(Ⅰ 고린토 15:54).

　"이렇게 자신을 벗어버리고 그리스도를 입으면 이 사람은 이미 외부와의 접촉도 내부의 곤란에도 아무런 두려움도 없다. 이것들은 그에게 있어서 장해가 되기는커녕 보다 깊이 주님 안에 **뿌리내리는** 계기가 된다. 역경에서나, 순경에서나 만사에서 '주님을 위해 항시 그분을 흠숭하는' 상태에 있게 된다. 말하자면 그는 이미 자신과 다른 모든 것에서 벗어나 온전히 자유로워졌기 때문에 시편 저자처럼 '나를 거슬러 군대가 진을 쳐도 내 마음은 겁내지 않으리라. 나를 거슬러 싸움이 일어도 오히려 나는 든든히 믿으리라. 야훼는 나를 그 장막 그윽한 곳에 나를 숨겨 두시리라'(시편 27:3-5)고 말할 수 있을 것이다. 장막 안이란 곧 하느님 자신 안이라는 뜻이다. 성 바울로가 '예수 그리스도 안에 뿌리를 박고 …'라 하신 것도 이 마음일 것이다.

　그러면 '그 터 위에 **굳건히 서서**…'란 무슨 뜻일까?

　시편 저자는 '그는 바위 위에 덩그렇게 올려 두시리라. 금시 내 머리가 나를 둘러싼 원수들 위로 쳐들려 있도다'(시편 27:5-6)라고 노래한다. 이것이 바로 예수 그리스도 위에 세워진 이의 모습이 아니겠는가? 주님은 인간의 자아와 모든 감각, 본성 위에 **보다** 높이 솟아, 온갖 위안이나 고뇌를 뛰어넘어 순수히 **하느님 그 자체**가 아닌 모든 것에서 초월하여 세워진 '바위'시다. 이렇기에 그는 자신을 깡그리 파악하고 자기를 지배하고 자기 자신 위에 또는 만물 위에 초월할 수 있게 된다.

또 성 바울로는 '믿음을 더욱 견고히' 하라고 권유한다. 영혼에게는 아예 졸음을 허용해서는 안 된다. 말씀 안에 깊이 잠심하고 주님의 눈길 아래 계속 깨어 있는 신앙, 하느님의 '그 크신 사랑'(에페소 2:4)에 대한 믿음으로 더욱 굳세어져야 한다. 하느님은 '그 충만하심으로써' 이 믿음을 가진 이를 채워 주신다.

끝으로 성 바울로는 '감사하면서 예수 그리스도 안에서 성장하기를' 우리에게 바란다. 그것은 만사는 감사로써 완성되어야 하기 때문이다. '아버지 당신께 감사하나이다'(요한 11:14). 이는 주님의 영혼 안에서 끊임없이 되풀이 된 노래였는데 주님은 우리 안에서도 이 노래의 울림을 듣고 싶어 하신다"(마지막 피정, 제13일).

2. 예수의 영적 내재 — 많은 그리스도교 신자에게 그리스도는 이미 20세기 이전 무대에서 사라진 역사적 인물이나 아니면 영원한 천국의 저 깊은 데로 가버린 가까이하기 어려운 추상적인 존재처럼 여겨지지만 엘리사벳에게는 예수님이 다른 성인들의 경우와 마찬가지로 생활의 가장 작은 것에까지도 관계되는 일상의 구체적 실재, 곧 최고의 실재였던 것이다. 눈에 보이지 않지만 바로 곁에 계신 그리스도의 현존은 언제나 그들을 그늘어 주신다. 그들에게 하느님의 아들이며 마리아의 아들이신 예수님이 자기들 곁에 계시며, 은혜를 주시고, 빛으로 비추시며, 부축해 주시고, 필요할 때는 꾸중하시며, 구원해 주시고, 또한 영원한 생명을 주심을 매순간 느낀다.

성인들의 생활에서 예수님의 이러한 정다운 현존을 알아차리기 위해서는 그리스도께서 말씀으로 성부와 성령과 같이 어디나 곳곳에 존재하신다는 것을 우리는 상기할 필요가 있다. 성 삼위 일체는 언제나 나눌 수 없다. 성부와 성령과 함께 말씀은 시간과 공간을 채우고 그 신적 현존이 미치지 않는 곳은 우주 전체 어디에도 없으며 만일 그분이 몸을 아끼시면 전우주는 무가 되어 버린다.

육화되신 말씀은 영광에 빛나시고 그리스도의 얼굴의 아름다움으로써 성인들을 충만케 하시면서 천국에 계시고 그 인성은 성체 안에 숨어 계시다. "선택된 사람들이 지복 직관 안에서 바라보는 분과 지상의 사람들이 믿음으로 합일한 분과는 같은 분입니다"(숙모에게 보낸 편지, 1903.). 그리스도는 영광의 빛을 수많은 선택된 영혼들에게 주시어 복되게 하시며 또한 이 세상 여정에 있는 교회에는 신앙과 성사를 통하여 당신 자신을 주시면서 모든 이들의 생명이 되어 주신다. 밤낮도 없이 그분에게서 성화의 은밀한 "치유의 힘이 나와"(루가 6:19) 순간마다 그와 맞닿는 성인의 영혼을 신화한다. 삼위 일체에서 모든 이들에게 내리는 말씀이신 그리스도의 인성은 모두에게 은혜, 빛, 힘, 즉 교회가 세상에서 그 사명을 이루기 위해 필요로 하는 은총을 가져다 주신다. 초자연계 안에서 우리 존재와 움직임과 생명은 그리스도 안에 있다. 또한 '그분 없이'는 우리는 아무 것도 할 수 없다(요한 15:6).

가톨릭 신학은 우리의 영성 생활 전체에서도 가장 중요한 하나의 교의로서 이 점을 강조하고 있다. 그것은 말하자면 머리신 그리스도의 은총의 교의이다. 세례로써 주어진 삼위 일체적 생명은 오직 그리스도 예수를 통해서만 우리 안에 펼쳐진다(에페소 1:2).

엘리사벳의 영혼의 움직임은 온통 이 교의 위에 기초를 이루고 있다. 마음 속 깊은 곳에서 사시는 그리스도의 은혜로 그녀는 매순간 잠겨 들어 가기를 원했다. "주님께서 영원한 생명을 주심을 저는 느낍니다"(원장에게). 주님께서 그 신적 순수함으로써 그녀를 감싸 깨끗이 해주시고 세상 소란을 초월하여 드높혀 주시며 이미 영원 안에 들어간 것과 같은 안온함과 고요를 간직해 주시도록 청하면서 "주 안에서" 모든 것을 하는 습성을 길렀던 것이다.

"'태초부터 계신 분' 곁에서 그 사랑을 항상 우리 위에 부어 주시는 변함없으신 분 안에 잠심하며 머물러 있습니다. 우리는 '없는' 자입니다. 주님은 온통 우리가 당신 것이 되기를 원하셔서 '이미 내가 사는 것이 아니고 바로 그분이 내 안에 사십니다'라고 할 수 있을 만큼 모두를 감싸 주십니다. 그분 곁으로 나아갑시다"(M. G.에게 보낸 편지, 1901.). "주님의 내재는 어찌나 상쾌하고 달콤한지! 이것이 얼마나 큰 힘을 주는지요. 주님은 우리 안에 계시며 죄로 뒤덮인 이 세상에서의 반려, 마음을 털어놓을 수 있는 분이시며 매순간 친구가 되어 주실 만큼 우리를 사랑해 주십니다. 이를 믿는다는 것은 얼마나 멋있는지요! …그것은 어머니와 아들의, 남편과 아내 사이의 정다움과도 같아요. 이것이 가르멜 수녀의 생활이랍니다. 더구나 그분과의 합일은 가르멜 수녀의 빛나는 태양이며 이로써 무한한 시야가 펼쳐집니다"(G. 에게 보낸 편지, 1903.).

엘리사벳의 마음 속 깊이 내재하는 그리스도와의 정다운 합일이야말로 그녀의 믿음, 애덕, 그리고 기도와 흠숭의 생활 안에 집중되었다. "내게 머물라", 이 명령을 내리고 이 뜻을 밝히시는 이는 하느님의 말씀이다. "'내게 머물라'고 하심은 단 몇 분간, 혹은 몇 시간뿐만 아니고 영속적으로 상주적으로 머무는 것이다. '내게 머물면서 내 안에서 기도하고 내 안에서 흠숭하고 내 안에서 사랑하고 내 안에서 고통하고 내 안에서 일하고 내 안에서 행동하라. 내게 머물면서 모든 이들과 접촉하고 만사를 행하라'"(어떻게 지상에서 천국을 찾을 것인가, 제2일).

엘리사벳은 즐겨 그리스도의 이 '그 크신 사랑'(에페소 2:4)앞에서 잠심하고 주님께서 원하시는 대로 자신을 맡겨 드렸다. "성 바울로는 '이제 여러분은 외국인도 아니고 나그네도 아닙니다. 성도들과 같은 한 시민이며 하느님의 한 가족입니다'(에페소 2:19) 라고 하셨습니다. 우리는 이런 초자연적 하느님의 세계에 이미 살고 있습니다. 주님의 사랑은 이 위대한 사도의 말에 의하면 '그 크신 사랑'인데 이것이 지상에서의 나의 천국입니다. 얼마만큼 사랑받고 있는지 우리로서는 도저히 깨달을 수 없습니다. 하지만 이것만은 성인들이 알고 계셨다고 생각됩니다. 성 바울로는 그 훌륭한 서간에서 그리스도의 사랑의 신비 외에는 아무것도 말하지 않습니다. '넘쳐흐르는 영광의 아버지께서 성령으로 여러분의 힘을 돋구어 "내적 인간"으로 굳세게 하여 주시기를 빕니다. 그리고 아버지께서 여러분의 믿음을 보시고 그리스도로 하여금 여러분의 마음 속에 들어가 사실 수 있게 하여 주시기를 빕니다. 그래서 여러분이 사랑에 뿌리를 박고 사랑을 기초로 하여 살아 감으로써 모든 성도들과 함께 하느님의 신비가 얼마나 넓고 길고 높고 깊은지를 깨달아 알고, 인간의 모든 지식을 초월한 그리스도의 사랑을 알 수 있게 되기를 바랍니다. 이렇게 해서 여러분이 완성되고 하느님의 계획이 이루어지기를 빕니다'(에페소 3:16-19). 주님은 우리 안에 살고 계시므로 그의 기도는 우리의 것입니다. 우리는 끊임없이 주님과의 합일을 원하고 있습니다. 나는 생명의 샘 곁에 작은 그릇처럼 머물고 무한한 사랑의 넘치는 파도를 사람들 위에 쏟아붓고 싶습니다"(한 신부에게 보낸 편지, 1904. 12. 25.).

우리 안에 계신 예수의 존재에 대한 엘리사벳의 말은 그 표현이 매우 강하여 글자 그대로 취하면 어떠한 이들 안에도 예수님이 참으로 계시다는 결론을 내리지 않을 수 없게 된다. 하지만 그녀 자신이 이러한 과장을 범하지 않도록 경계하고 있다. "어머니께선 영성체 때만큼은 주님의 인성을 소유하시지는 않지만 신성, 천국에서 성인들이 흠숭하는 그 본성은 어머니 안에 계십니다"(어머니에게 보낸 편지, 1906.).

이 제한을 둔 다음, 엘리사벳은 주님과의 친밀한 관계 안에서 살기 위해서, 또한 주님의 구원을 받기 위해서 언제나 더욱 깊은 곳에로 그녀를 끌어들이려는 영혼의 비약에 자기 자신을 깡그리 맡겨 버리는 것이었다.

"주님은 우리를 성화시키기 위해서 우리 안에 계십니다. 주 자신이 우리의 성덕이시기를 청합시다. 주님이 이 세상에 계실 적에 '기적의 힘이 나와'(루가 6:19)라고 복음 안에서 말하고 있습니다. 주님과의 접촉으로 병자는 건강을 회복하고 죽은 이가 살아났습니다. '나를 사랑하는 사람은 내 말을 잘 지킬 것이다. 그러면 나의 아버지께서도 그를 사랑하시겠고, 아버지와 나는 그를 찾아가 그와 함께 살 것이다'(요한 4:23). 이는 주님 스스로 하신 말씀입니다. 주님은 계십니다. 그러므로 사랑하는 친구에게 하듯 주님 곁에 머뭅시다. 이 대우 내적인 신적 합일이야말로 가르멜 생활의 본질입니다"(A. 부인에게 보낸 편지, 1904. 11. 24.).

"우리는 자기 자신의 깊은 속에 매순간 우리를 씻어 주시기 위해 계신 구세주를 소유하고 있습니다"(A. 부인에게 보낸 편지, 1905. 11. 24.). "하느님이신 흠숭자는 우리 안에 계십니다. 그러므로 우리는 그분의 기도를 갖고 있습니다. 이것을 바칩시다. 주님과 하나되어 그분과 함께 기도합시다"(G.에게 보낸 편지, 1903. 9월말).

3. 그리스도의 성심께 대한 신심—엘리사벳에게 한층 두드러진 것은 그리스도의 영혼에 대한 독특한 신심이다.

일반 신자는 그리스도의 신비의 어느 면을 우러러 존경하고 혹은 그 거룩한 몸의 어느 부분을 공경하는데 마음이 쏠린다. 하지만 엘리사벳의 내적 신심은 삼위 일체의 주옥 같은 그리스도의 성심께로 곧장 나아간다.

하느님의 말씀과의 위격적 결합을 통해서 그리스도의 전부는 당신 자신에게도 또 각 신비에서도 흠숭받으셔야 마땅하다. 육화되신 말씀에게 보다 고귀한 것은 위격적 결합 다음에는 그리스도의 영혼이다. 육화되신 말씀의 창조되지 않은 위격에 상응하며 이를 테면 무한히 충만한 은혜에 파묻힌 예수의 영혼의 가장 작은 덕의 행위일지라도 천사와 성인들의 모든 행위는 미치지 못한다. 그리스도의 영혼 안에서야말로 삼위 일체는 무한한 쉼을 찾으신다.

그리스도의 영혼은 빛, 사랑, 신스러운 아름다움의 심연이며 이를 직관함이 바로 신성의 직관 다음으로 영원한 생명에서는 가장 커다란 기쁨이다. 그러므로 예수님은 당신 제자들 앞에서 성부께 "영원한 생명은 곧 참되시고 오직 한 분이신 하느님 아버지를 알고 또 아버지께서 보내신 예수 그리스도를 아는 것입니다"(요한 17:3)라고 말씀하셨다.

4. 그리스도의 마음의 모든 움직임에 동화한다— 엘리사벳은 어느정도 그리스도께서 우리의 것인가를 깨칠 수가 있었다. "그리스도의 영혼의 모든 보화는 나의 것임을 느낍니다"(한 신부에게 보낸 편지, 1901. 9. 11.). "그리스도의 영혼은 가르멜 수녀가 제일 좋아하는 책입니다"라고 그녀 친히 쓰고 있다(입회 후 8일째 쓴 질문지의 답).

가르멜 입회 날 밤, 제르맨 원장은 그녀가 내정에 모신 큰 그리스도 상 곁에서 묵묵히 잠심하고 있는 것을 보았다. "거기서 뭘 합니까?"라고 물으니 "나의 그리스도의 영혼 안에 잠겨 있습니다"라고 엘리사벳은 대답했다(저자는 이 사정을 제르맨 원장에게서 직접 들었다).

그리고 엘리사벳은 수도 생활의 표어로 "그리스도의 영혼의 모든 움직임에 자신을 동화하는 것"을 가졌던 것이다.

영성 생활이 깊어짐에 따라 주님의 영혼의 가장 깊은 생각에 일치하는 것이 절실한 현실이 되었다. 엘리사벳이 내적 생활에 기울인 온갖 노력은 "그리스도의 마음의 움직임 안에 들어가서" 그리스도와 함께 성부의 품 안으로 옮겨지는 대로 있는 것이었다.

엘리사벳의 영성 생활의 보다 은밀한 움직임을 살피기 위해서는 삼위 일체께 대한 그녀의 기도에로 되돌아가야 한다. 그것은 그리스도의 영혼에 대한 그녀의 신심의 가장 본질적인 특징을 뚜렷이 나타내고 있으며 이 점에 관한 생각을 요약하고 있다. "오 사랑하는 나의 그리스도, 사랑 때문에 십자가에 못박히신 주님, 당신으로 나를 덧입혀 주시고 내 생애로 하여금 당신 생애의 재현이 되도록 내 영혼을 당신 영혼의 온갖 움직임에 맞추게 하소서. 당신 안에 잠기고 스며들어 내가 아닌 당신으로 살게 하소서."

5. 성부의 눈에 그리스도를 보여드림— 이 신심이 가져온 보다 뛰어난 효과의 하나는 예수님의 아버지께 대한 매우 정다운 마음에 엘리사벳을 동화시킨 것이었다.

세상 구원과 성부의 영광 —— 이 두 가지 영적 움직임이 밤낮으로 그리스도의 영혼을 사로잡고 있었음을 신학자들은 알아차렸다. 그분이 육화되심도 오직 이 때문이었다. 이를 테면 사람들을 구하고 성혈 안에서 그들을 깨끗이 씻은 다음 삼위 일체의 경배자로 만드는 것이었다.

이 세상에서 첫째 걱정거리였던 성부의 영광은 예수님의 생애중 아주 작은 사건이나 행위에서도 뚜렷이 드러나 있다. 이 세상에서의 주님의 첫 생각은 아버지이었다. "희생과 제물은 아니 즐기시고 오히려 내 귀를 열어 주시며 번제나 속제의 희생일랑 드리라 아니 하셨나이다"(시편 39:7). 유년 시절과 사생활에 관하여는 오직 한 가지만 알려져 있다. 즉 성전에서 찾았을 때 성모님에게 하신 대답은 "나는 내 아버지의 집에 있어야 할 줄을 모르셨습니까?"(루가 2:49)였다. 30년의 침묵 안에서의 이 유일한 말씀은 섬광처럼 예수님의 모든 신비를 밝혀 준다. 마리아처럼 여기서 우리는 성자가 우선 성부의 영광 때문에 오셨음을 알아차리게 된다. 그 다음의 공생활의 가르침은 여기에 대한 아무런 의문의 여지도 남기지 않는다. 하느님으로서 성부와 "동등"하시면서 "아버지와 나는 하나이다"(요한 10:30)라고 하시고 인성으로서는 그 모든 행위에서 성부께 순종과 존경을 드러내고 있다. "나는 언제나 아버지께서 기뻐하시는 일을 한다"(요한 8:29). 사마리아 여인의 경우를 보더라도 이는 명백하다. 인류의 종교사를 일변시킨 이 일화의 정점은 예수님의 마음 속에 가장 감추어진 소망, 즉 "아버지께서는 진실하게 영적으로 예배하는 사람"(요한 4:23)을 찾는 것이었다.

여기서 성 요한의 복음서 전부를 인용해야 할 것 같기도 하다. 특히 그리스도의 영혼을 보다 명백히 나타내고 교회가 세상 끝까지 관상적 생명의 양식을 찾는 저 사제적 기도를 여기에 펼쳐야 하겠다. 당신의 생애를 훑어 보시고 주님은 두 마디로 그것을 간추리셨다. "나는 아버지께서 나에게 맡겨 주신 일을 다하여 세상에서 아버지의 영광을 드러냈습니다"(요한 17:4). 그리고 임종때 예수님은 십자가에 못박히신 자로서 마지막 말씀을 성부께 하신다(루가 23:46). 그 다음 부활하시자 곧 "내 아버지이며 너희의 아버지, 곧 내 하느님이며 너희의 하느님이신 분"(요한 20:17)에 관하여 다시 말씀하셨다. 성 바울로는 또한 영원한 생활 안에 계신 주님을 이렇게 보여 준다. "예수께서는 항상 살아 계셔서 그들을 위하여 중재자의 역을 하신다"(히브리 7:25). "마지막 날이 올 터인데 그 때에는 그리스도께서 모든 권위와 세력과 능력의 천신들을 물리치시고 그 나라를 하느님 아버지께 바치실 것"(Ⅱ 고린토 15:24)을 기다리고 계시다고 가르친다.

엘리사벳 수녀는 삼위 일체와 함께 "성부의 완전한 영광의 찬미"이신 분이신 예수의 영혼의 가장 깊숙한 곳에는 성부의 영광이 첫자리를 차지하고 있음을 명확히 깨닫고 있었다. 그녀가 써서 남긴 것은 그리 많지 않지만 모두 뚜렷하고 원숙한 그녀의 사고가 드러나 있다. "주님의 마지막 사랑의 노래라고도 할 만한 만찬 후의 저 아름다운 말씀 중에 주님은 성부께 다음의 아름다운 말씀을 하셨습니다. '나는 아버지께서 나에게 맡겨주신 일을 다하여 세상에서 아버지의 영광을 드러냈습니다'(요한 17:4). 정배로서 그분의 것인 우리, 따라서 그분께 동화돼야 할 우리는 하루를 마치고 이 말을 되뇌이어야 한다고 생각됩니다. 당신은 아마도 어떻게 주님께 영광을 돌려드리는가고 물으시겠지요. 그것은 아주 간단합니다. '나를 보내신 분의 뜻을 이루고 그분의 일을 완성하는 것이 내 양식이다' (요한 4:34)라고 하시며 주님은 그 비결을 가르쳐 주셨습니다"(A. 부인에게 보낸 편지, 1906.).

이러한 내적 생활에서 그리스도의 마음의 모든 움직임에 동화되도록 애쓰고 있는 동안 엘리사벳 안에서 신비적 변화가 이루어졌던 것이다. 성 바울로의 "내가 사는 것이 아니라 그리스도가 내 안에서 사시는 것입니다"(갈라디아 2:20)가 그녀 안에 실현되어 갔으며 그것을 통해 성자께 대한 그녀의 신심의 특징을 나타내는 다음의 말을 얻었다. "성부의 눈에 그리스도를 보여 드리는 것", 이것이 바로 그리스도인의 최고의 이상인 것이다.

"나에게는 모든 것이 다 장해물로 생각됩니다. 나에게는 내 주 그리스도 예수를 아는 지식이 무엇보다도 존귀합니다. 나는 그리스도를 위해서 모든 것을 잃었고 그것들을 모두 쓰레기로 여기고 있습니다. 그것은 내가 그리스도를 얻고 그리스도와 하나가 되려는 것입니다. 내가 율법을 지킴으로써 하느님과의 올바른 관계를 얻는 것이 아니라 내가 그리스도를 믿을 때 내 믿음을 보시고 하느님께서 나를 당신과의 올바른 관계에 놓아 주시는 것입니다. 내가 바라는 것은 그리스도를 알고 그리스도의 부활의 능력을 깨닫고 그리스도와 고난을 같이 나누고 그리스도와 같이 죽는 것입니다. 그러다가 마침내 죽은 자들 가운데서 다시 살아나기를 바랍니다. 나는 이 희망을 이미 이루었다는 것도 아니고 또 이에 완전한 사람이 되었다는 것도 아닙니다. 다만 나는 그것을 붙들려고 달음

질칠 뿐입니다. 그리스도 예수께서 나를 붙드신 목적이 바로 이것입니다. 나는 그것을 이미 붙들었다고 생각하지 않습니다. 다만 나는 내 뒤에 있는 것을 알고 앞에 있는 것만 바라보면서 목표를 향하여 달려갈 뿐입니다. 하느님께서는 그리스도 예수를 통하여 나를 부르셔서 높은 곳에 살게 하십니다. 그것이 나의 목표이며 내가 바라는 상입니다"(필립비 3:8-14).

"이 부르심의 위대함에 관하여 성 바울로는 자주 '우리를 그리스도와 함께 살게 하시려고 천지창조 이전에 이미 뽑아 주시고 당신의 사랑으로 우리를 거룩하고 흠없는 자가 되게 하셔서 당신 앞에 설 수 있게 하셨습니다'(에페소 1:4). '모든 것을 뜻하신 대로 이루시는 하느님께서 당신의 계획을 따라 우리를 미리 정하시고 택하셔서 그리스도를 믿게 하셨습니다. 그러므로 맨 먼저 그리스도께 희망을 둔 우리는 하느님을 찬양할 수밖에 없습니다'(에페소 1:11-12)라고 한다. 하지만 이 숭고한 부르심에 어떻게 응답해야 될까? 그 비결은 이렇다. '내가 사는 것이 아니라 그리스도가 내 안에서 사신다'(갈라디아 2:20). 이렇게 예수 그리스도로 변화되어야 한다. 성 바울로는 또 이렇게도 가르치고 있다. '하느님께서는 이미 오래전에 택하신 사람들이 당신의 아들과 같은 모습을 가지도록 미리 정하셨습니다'(로마서 8:29).

이 신적 모범을 배움이 중요하다. 그리고 성부의 눈 앞에 쉴 새없이 이 성자를 보여 드릴 만큼 완전히 그분에게 동화되어야 한다.

성자는 이 세상에 오셔서 우선 뭐라고 하셨는가. '당신의 뜻을 이루려고 왔습니다'(히브리 10:7)라고 하셨던 것이다.

주님은 이 첫 봉헌에 정말 진실하셨다. 따라서 그 다음의 생애는 말하자면 이 봉헌의 맞갖은 결과에 지나지 않다. 주님은 즐겨 말씀하셨다. '나를 보내신 분의 뜻을 이루고 그분의 일을 완성하는 것이 내 양식이다'(요한 4:34). 이것은 주님의 정배에게도 양식이 되어야 하고, 동시에 엘리사벳을 베어 가르는 검이 되었던 것이다.

'아버지 아버지께서는 하시고자만 하시면 무엇이든지 다 하실 수 있으시니 이 잔을 저에게서 거두어 주소서'(마태오 26:39). 이렇게 정배는 기쁨 가득한 평화 가운데 주님과 함께 어떠한 희생에로도 나아간다. 성부께 '알려진 것'을 기뻐하면서… 왜냐하면 성부는 성자와 함께 그녀를 십자가에 못박기 때문이다.

'나는 당신의 계명을 나의 영원한 유산으로 받았습니다. 당신의 법규는 내 마음의 기쁨이기 때문입니다.'

이것은 주님의 마음 안에서 자주 부른 노래인데 또한 정배 안에서도 크게 불러야 할 노래이다. 정배는 외적 혹은 내적인 이런 '규정'에 대해서 언제 어디서나 충실함으로써 진리를 증명하고 다음과 같이 말할 수 있으리라. '나를 보내신 분은 나와 함께 계시고 나를 혼자 버려 두시지는 않는다. 나는 언제나 아버지께서 기뻐하시는 일을 하기 때문이다'(요한 8:29).

주님 곁을 잠시도 떠나지 않고 정배는 더없이 정겹게 주님과 하나 되어 이것으로 많은 영혼을 구하고 해방시키는 숨은 '능력'을 내뿜을 수 있는 것이다. 자기 자신과 온갖 것에서 떠나고 풀려져서 엘리사벳은 주님을 따라 산에 오르고 거기서 자기 영혼 안의 주님과 함께 '하느님께 기도'(루가 6:12)할 수 있는 것이다.

엘리사벳은 또한 영광의 위대한 찬미이신 분, 하느님이신 위대한 경배자를 통해서 '언제나 하느님께 찬미의 제사를 드립시다. 하느님의 이름을 우리의 입으로 찬양합시다'(히브리 13:15). 시편 저자가 노래하듯이 '당신이 하신 일들 대대로 전해지고 능하심도 대대로'(시편 144:4) 전해지고 있는 것이다. 또한 굴욕과 비하를 당하시면서 '예수께서는 아무 말씀도 하지 않으셨다'(마태오 26:63)고 요약하신 말씀을 상기하며 자신의 모든 힘을 침묵 안에서 얻을 수 있는 '자기 힘을 주님을 위해 간직하면서' 묵묵하는 것이다.

또한 그리스도로 하여금 '내 하느님 내 하느님 어찌하여 나를 버리셨나이까?'(마태오 27:46)라고 통절히 부르짖게 한 저 버림받음과 외로움, 고민을 만났을 적에 '이 사람들이 내 기쁨을 마음껏 누리게 하려는 것입니다'(요한 17:13)라는 기도를 생각해야 한다. 그리고 '성부께서 장만하신 잔'을 마지막 한 방울까지 다 마시면서 이 쓰디쓴 맛에서 이루 말할 수 없는 단맛을 얻게 될 것이다.

정배는 드디어 '목 마르다'(요한 19:28), '아버지 제 영혼을 아버지 손에 맡깁니다'(루가 23:46)고 하면서 숨을 거둔다. 성부께서는 이 영혼을 당신 상속의 나라에 옮겨 주시고 '우리는 당신 빛으로 빛을 보옵나이다'(시편 35:10). '너희는 알라, 주님은 충성된 자를 자별하게 다루시나니 내 기도할 때이면 주께서 들어주시리라'(시편 4:4)고 다윗이 노래했듯이 하느님의 거룩하신 분(그리스도)은 엘리사벳 안에서 영광을 받으시는 것이다. 그리스도는 그녀에게 당신을 입혀주시기 위해서 일체를 파괴한다. 그리고 엘리사벳은 '그분은 더욱 커지셔야 하고 나는 작아져야 한다'(요한 3:30)라고 한 선구자 요한의 말 그대로 산 것이 된다"(마지막 피정, 제14일).

"자기 자신을 희생시키고, 부셔버리고 낮출 수 있음을 영적으로 기뻐한다 — 이것은 의지의 일이며 감성에 관한 일은 아니다. — 주님께 자리를 내어드림을 내가 원하기 때문이다. '내가 사는 것이 아니라 그리스도가 내 안에서 사시는 것입니다'(갈리디아 2:20). 나는 이미 자신이 사는 생활을 원하지 않는다. 나의 생활은 인간적이라기보다는 오히려 신스러운 것이 된다. 성부께서 나를 굽어보실 적에 내 안에 오직 '당신 마음에 드신 가장 사랑하시는 아들'만을 보실 수 있게 하기 위해서다"(지상에서 어떻게 천국을 찾을 것인가, 제5일).

"그리스도처럼 됩시다. 그리고 하느님이신 그분의 영혼의 움직임에 하나되어 성부께로 나아갑시다"(편지, 1902. 9. 29.).

6. 주님의 인성의 연장이 되는 것— 그리스도의 영혼을 밤낮없이 불태운 또 다른 하나의 움직임은 인류를 구원하려는 원의이다.

팔레스티나의 길을 생각에 잠기어 홀로 거닐 때, 또는 예루살렘에서 군중이 사방에서 몰려들 적에, 언제나 성부와 함께 고독하셨던 예수님은 우리의 구원을 계획하고 계셨다. 한순간도 예수님은 그리스도로서의 눈을 사람에게서 떼신 적은 없었다. 이 눈은 모두를, 즉 천국도 지옥도 교회의 장래의 운명, 인간 각 사람의 운명도 보다 세미한 데까지 보고 계셨다. 세계를 꿰뚫어보신 범위의 넓이는 삼위 일체 자신의 그것과도 같다. 과거도 현재도 미래도 그 무엇도 그분께는 감추어진 것이 없었다. 예수님의 이 넓고 깊은 지식은 인간 구원을 향해 있었다. 그 신성에서 성부와 동등하시면서 사람으로서의 그리스도는 참으로 우리 가운데의 한 사람이었다. 성부와 하나이시면서 또한 그 형제들과도 하나가 되는 것, 이것이 예수님의 신비의 전부이다. 그리스도는 우리를 통해서 완성된다고 말할 수 있다.

성 바울로는 그리스도의 신비체에 관해서 각별히 뛰어났는데 그가 말하는 "우리 안의 그리스도"에 관한 연구에 그리스도교 사상가들은 정열을 기울이며 많은 시간을 쓰고 있다. 그 연구에는 두 가지 흐름이 있다.

희랍 교부들의 연구는 그리스도와 함께 그리스도인이 서로 맺어지는 신비적 일치의 관상을 즐기고 그 드높은 모범을 삼위 일체의 단일성 안에서 발견한다. 서구 사상은 이와는 달리 삼위 일체보다 오히려 구세주의 고통받는 지체에로 기울였다. 성 바울로의 메아리라고도 할 만한 성 아우구스띠노는 고전적이면서 독자적인 문장으로 이 점을 서술하고 있다.

엘리사벳 수녀가 신비체 안에서 자신의 역할에 관한 생각을 밝힌 유명한 말은 "그리스도를 위해서 말하자면 그 인성의 연장이 되면서, 그리스도가 그안에서 그분의 신비 전체를 재현할 수 있는 자가 되는 것"이었는데 이는 후자의 생각에 속한 것이다.

이 말의 근거인 기도를 만든 이틀 후, 엘리사벳 자신이 그 생각을 설명했다. "'내가 사는 것이 아니라 그리스도가 내 안에서 사시는 것입니다'(갈라디아 2: 20). 이것은 가르멜 수녀로서의 저의 이상이며 또한 사제로서의 당신의 이상이기도 하겠지만 특히 그리스도의 이상입니다. 주님 때문에 이를 테면 그 인성의 연장이 되어 그 안에서 주님께서 당신의 신비 전체를 새롭게 하실 수 있게 합시다. 나는 주님이 제 안에서 경배자, 속죄자, 구세주로서 계셔주시기를 청합니다. 주님은 나의 무력을 보충해 주시고 제가 넘어져도 언제나 주님은 곁에 계셔서 저를 일으켜 주시며 우리가 이미 은혜로 살고 있는 하느님의 본질인 당신 자신 안에 우리를 옮겨 주신다는 생각은 얼마나 큰 평안을 제 영혼에 가져다 주시는지 도저히 표현할 길이 없을 정도랍니다. 아, 나는 그 무엇으로도 여기서 나를 갈라놓을 수 없을 만큼 깊이깊이 이 신성 안에 푹 파묻혀 있고 싶습니다"

(한 신부에게 보낸 편지, 1904. 11. 23.).

엘리사벳이 살아온 이 신비체의 교의와 많은 수도자들이 자기들의 작은 수도 공동체 생활 안에서 얽혀진 작은 견해 사이에는 얼마나 큰 차이가 있는가! 교회의 생활이라는 넓은 안목은 그녀에게는 정다운 것이었다. "오직 교회를 위해 전력할 수 있도록 자기 자신을 성화하고 자신을 잊을 필요를 절실히 느낍니다. 불행한 프랑스! 나는 우리를 위해 자비를 구하고 전구해 주시려는 그리스도의 피로써 이 나라를 감싸고 싶습니다. 가르멜 수녀의 사명은 숭고합니다. 그들은 예수 그리스도와 함께 중개자가 되어야 하며 주님께서는 그들 안에서 속죄와 희생과 찬미와 경배의 생활을 영원히 이어 가는 이를 테면 주님의 인성의 연장이 되어야 하기 때문입니다"(한 신부에게 보낸 편지, 1906. 1.).

이렇게 "전체적 그리스도"를 중단함이 없이 바라보게 되기까지 자기 자신을 드높이기를 알고 있던 엘리사벳의 사도적 결실의 풍성함에는 감탄하지 않을 수 없다. "애덕 안에 사는 이는 세계 안에서 이루어지는 선에 참여한다"고 성 토마스는 가르친다(사도신경 주해의 모든 성인의 통공의 장). 참된 관상가들은 이런 것을 이해하고 있다. 예수 아기의 성녀 데레사는 세상 끝날까지 교회의 영적 선을 위해 일하기를 갈망하였다. 그리고 엘리사벳은 하느님의 내재의 신비를 깨치고 모든 이가 자신 안에 깊숙이 숨겨져 있는 행복과 성덕을 깨닫는 비결을 전하기를 열망하였다.

참된 가르멜 수녀는 기도와 침묵으로 이루어진 희생 생활로 사람들을 구원하기 위해 종일토록 마음과 몸으로 끝까지 온 힘을 다한다. 그다음 저녁이 되어야 비로소 필요한 휴식을 취하는데 잠자리에 들기 전, 구세주의 협력자이신 성모님의 능하시고 보편적인 전구에 맡겨드리고 잠자는 동안 자기를 대신하여 불쌍한 죄인들을 위한 전구를 계속해 주시어 세상의 악이 절멸되도록 간청한다.

엘리사벳은 늘 이렇게 생활해 왔던 것이다. 그리스도의 사랑 때문에 자기 자신을 소모하고 "그리스도의 몸인 교회"(골로사이 1:14)를 위해 자신의 피를 한방울 한방울 다 흘리고 싶다는 단 하나의 소망으로써 자신을 초월하고 엉겨붙는 고뇌를 잊었던 것이다. 그녀는 그것을 "그리스도의 인성의 연장이 되는 것"

이라고 하였다.

7. 그리스도의 죽음을 닮는 자 되는 것— "또 다른 하나의 그리스도가 된다. 더구나 십자가 위에서." 이것이 엘리사벳의 최고의 이상이었다. "오랫동안 그녀의 묵상 기도는 십자가에 못박히신 분에 관한 것이었다"고 엘리사벳을 잘 알던 발레 신부는 쓰고 있다. 그 후 삼위 일체의 내재의 큰 은혜를 받고 다시 십자가에 못박히신 분께로 돌아왔을 때 그녀는 단지 관상가일 뿐만 아니라 그 죽으심의 모방자가 되어 있었다. "'그리스도와 같이 죽는 것입니다'(필립비 3:10). 이것이 또한 나의 마음을 차지하고 고통 가운데서 내게 힘을 주십니다. 내 전존재 안에서 느끼는 파괴의 역사하심을 아신다면 좋으련마는… 갈바리아의 길은 열려졌습니다. 나는 십자가에 못박히신 분의 곁에서 정배로서 이 길을 걷게 되었음을 정말 기쁘게 여깁니다"(한 신부에게 보낸 편지, 1906. 7.).

딸을 잃는다는 생각으로 마음아파 지친 어머니에게 엘리사벳은 구세적 고통의 뜻을 상기시키고 위로의 말을 보냈다. "주님은 지금 당신의 작은 호스티아를 제헌하려 하십니다. 주님은 자신의 사랑을 사제로 하고 저를 제물로 하여 '미사 성제'를 바칠 예정인데 이 '미사'는 아마 오래 걸릴 것 같습니다. 하지만 작은 희생 제물은 그것을 봉헌하는 분의 손 안에 있기에 그리 길게는 느껴지진 않습니다. 더구나 만일 제가 지금 고통의 오솔길을 걷고 있다면 저는 복된 길, 아무도 제게서 빼앗아 갈 수 없는 참된 행복의 길을 어김없이 걷고 있는 것입니다. 성 바울로는 '나는 그리스도의 몸인 교회를 위하여 그리스도의 남은 고난을 내 몸으로 채우고 있습니다'(골로사이 1:24)라고 하였습니다. 혈육을 나눈 어머니의 딸을 주님이 부르심으로 속죄라는 대업에 참여시켜 주시고, 또한 주 친히 그 고난의 연장(延長)으로 제 안에서 고통하신다는 것을 생각하신다면 어머니로서 거룩한 기쁨에 충만하실 것입니다. 지어미는 지아비의 것입니다. 더구나 나의 천상 정배께선 저를 온통 당신 것으로 삼으셨습니다. 주님은 제가 당신의 인성의 연장이 되어 또한 제 안에서 성부의 영광을 위하고 교회를 돕기 위해서 아직도 고통하기를 원하십니다"(어머니에게 보낸 편지, 1906. 9. 10.).

"아, 행여나 주님의 뜻으로 주님을 위해 피를 흘릴 수 있다면 얼마나 행복하겠습니까! 하지만 제가 특별히 원하는 것은 나의 거룩한 어머니시며 교회가 '애덕의 희생자'라고 선언한 성녀 데레사를 불사른 저 사랑의 순교입니다. '진리'이신 주님은 사랑의 보다 큰 증거를 자기의 생명을 사랑하는 이를 위해 버리는 것이라 하셨습니다. 그래서 저는 주님께 나의 생명을 바칩니다. 주님 은 그것을 어떻게든 원하시는 대로 하시기를 바랍니다. 저는 만일 피의 순교자가 아니면 사랑의 순교자가 되고 싶습니다"(어머니에게 보낸 편지, 1906. 7.).

"우리는 성 바울로의 말씀과 같이 무한한 옛적부터 성부께 알려져 있다는 것, 그리고 성부께서 우리 안에서 십자가에 못박히신 성자의 모습을 보고 싶어 하심을 기뻐하십시오. 사람들 안에서 주님의 역사하심이 이루어지기 위해서는 무척 큰 고통이 필요하다는 것을 아시기 바랍니다. 주님은 우리를 은혜로 풍요롭게 하시고 싶은 크나큰 원의를 갖고 계십니다. 하지만 우리 편에서 한계를 짓고 있습니다. 더구나 그 한계는 우리가 주님과 함께 주님처럼 '아버지께서 나에게 주신 이 잔을 내가 마셔야 하지 않겠느냐?'(요한 18:11)라고 하면서 기쁨과 감사 중에 주님으로 말미암아 희생 제물이 되는 정도에 따라 이루어집니다. 주님은 수난의 때를 '나의 때'라고 하셨습니다. 바로 이 때를 위해서 주님은 오셨으며 이 때가 오기를 애타게 기다렸습니다. 우리도 큰 고통이나 작은 희생을 눈앞에 보여줄 때 재빨리 그것이 '우리의 때'라고 생각합시다. 성 바울로의 말씀처럼 '우리를 너무도 사랑하신 분'께 우리의 사랑을 증거해야 할 때가 왔다고 생각합시다"(어머니에게 보낸 편지, 1906. 9.).

모든 성인들이 깨친 것과 같이 엘리사벳은 고통의 가치를 알고 있었다. 그리고 하느님과의 합일은 십자가 위에서만 완성된다는 것도 알고 있었다. 이 축성된 고통, 그녀가 영육으로 겪는 고통으로 십자가에 못박히신 분의 모습이 새겨지는 생활에서 못박히는 온갖 형을 수없이 찬양했다. "고통이라는 것은 정말 위대하고 참으로 신성한 것입니다. 나는 천국에서 혹시 지복을 누리는 이들이 무엇인가 부러워할 것이 있다면 그것은 이 보화라고 여겨집니다. 이것은 주님의 마음에 정말 큰 힘을 갖게 됩니다. 더구나 당신은 사랑하는 분께 무엇인가 드린다는 것이 즐거운 일이라고 생각하지 않습니까? 십자가, 이것은 가르멜 회가 받은 유산입니다. '고통받겠는가 죽겠는가'라고 우리의 거룩한 어머니 성녀 데레사는 외쳤습니다. 또 십자가의 성 요한은 주님께서 나타나셔서 그가 주님 때문에 견디어낸 온갖 고통의 보답으로 무엇을 원하는가고 물으셨을 때 '주님, 당신 사랑 때문에 고통받고, 또한 멸시받기를!' 하고 응답하였습니다"(A. 부인에게 보낸 편지, 1904. 8.).

엘리사벳은 고통에 무감각한 것은 아니었지만 십자가에 못박히신 주님을 생각하면서 고통에 대한 힘을 길러 내기를 알고 있었다. 그녀 자신이 그 비결을 다음과 같이 밝히고 있다. "내가 좀 피곤할 때 어떻게 하는지 얘기하지요. 나는 십자가 위의 예수님을 바라봅니다. 그리고 주님께서 나를 위해서 어떻게 당신을 내맡겼는가를 생각할 때 내가 주님께 받은 것을 조금이라도 돌려드리기 위해서는 나의 전부를 주님 위해서 소모해버리는 것밖에 다른 도리가 없다고 생각됩니다. 아침 미사때 주님의 희생 정신에 마음을 합합시다. 우리는 주님의 정배입니다. 그러므로 주님을 닮는 자가 되어야 합니다. 만일 우리가 충실히 주님의 생활을 살고 십자가 위의 하느님의 아들의 영혼의 모든 움직임에 자신의 마음을 동화시키려고 애쓴다면 이제 우리는 자기들의 나약에 아무 걱정도 할 필요가 없습니다. 왜냐하면 주님 친히 우리의 힘이 되어 주시기 때문입니다. 그러니 감히 누가 우리를 그분에게서 떼어 갈라놓을 수 있겠습니까"(A. 부인에게 보낸 편지, 1903. 1.).

엘리사벳의 생애 마지막 8개월은 정말 순교였다. 그녀는 고통 가운데서 기뻐하며 잠기고 편지나 쪽지에 "지복과 고뇌의 궁전에서"라고 쓰고 있다. "나는 여태껏 모르던 기쁨을 맛보며 체험하고 있습니다. 그것은 고뇌의 기쁨입니다. 죽기 전에 십자가에 못박히신 예수님으로 변용되기를 갈망하고 있습니다"(G. 에게 보낸 편지, 1906. 10월말).

이렇게 엘리사벳의 마지막 노래는 고통에 대한 찬미였다. 참으로 "영광의 찬미"다운 사람은 십자가에 못박힌 자이다.

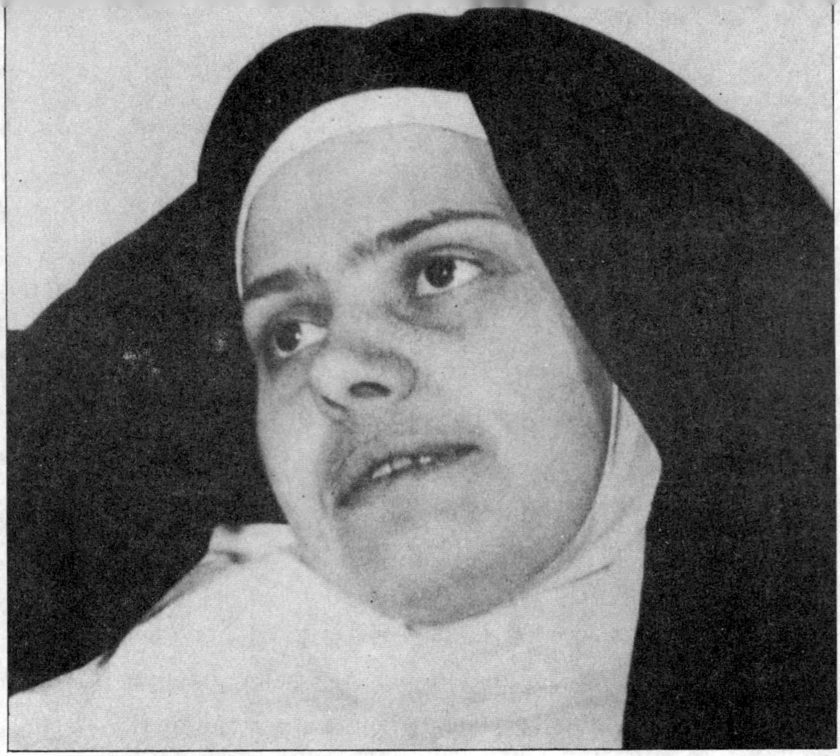

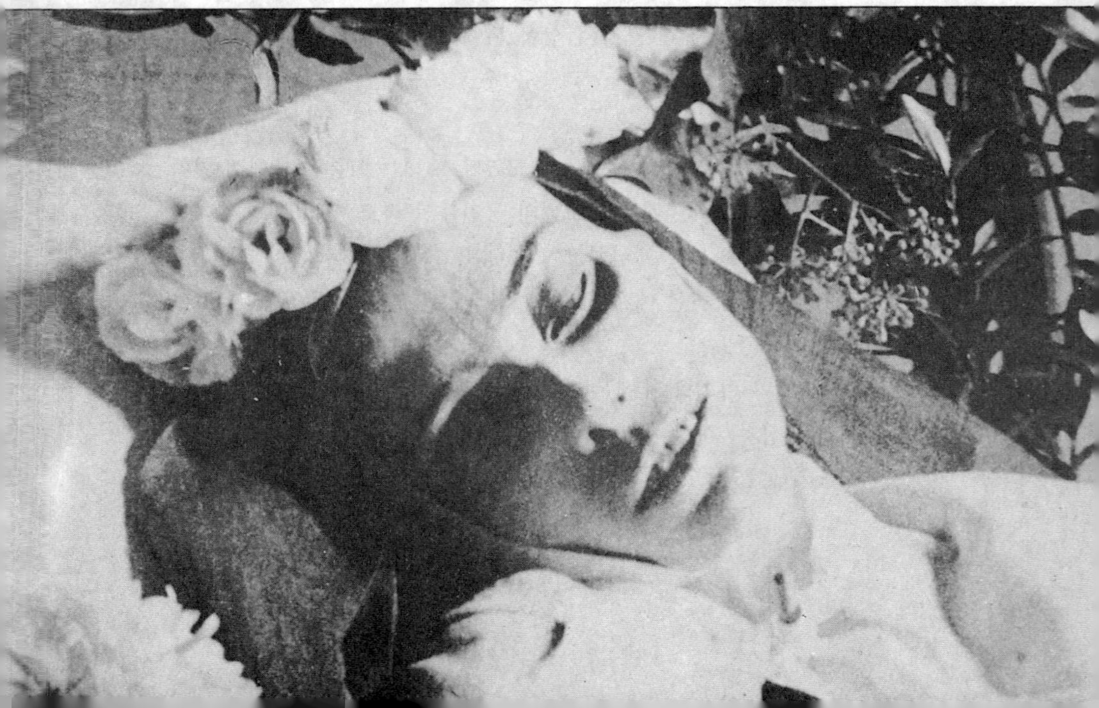

■ 제 6 장 ■

하늘의 문

"성모님은 모두를, 마음깊은 데서 이루셨다"

엘리사벳 수녀의 생활 속에 하느님의 어머니는 큰 자리를 차지하고 있었다. 그리스도의 어머니께 대한 신심은 구원의 본질적인 하나의 조건이다. 모든 성인들은 받은 은혜에 따라 열정을 다해 마리아를 사랑하였다.

성 바울로는 그의 사명에 따라 아담으로 인해 타락한 인류의 구세주가 되기 위해서 "여자에게서 난"(갈라디아 4:4) 그리스도의 신비와 관련하여 구세의 계획 안에서 마리아가 차지하는 자리를 명시하고 있다. 성 요한은 예수님이 십자가 위에서 자기와 선택된 모든 이들에게 마리아를 어머니로 남겨 주신 저 숭고한 순간을 기록하고 있으며, 또한 묵시록은 죽으심과 영광스러이 하늘에 올림을 받은 후 성모는 우리에게 무관심하기는커녕 보다 좋은 수호자가 되어 어머니로서 모든 자녀들을 늘 보살펴 주시면서 영원한 분 앞에 계심을 보여 준다. 성 아우구스띠노는 성모는 성자가 육화되실 때 사랑으로 "전체적 그리스도"의 어머니가 되셨다고 한다. 희랍 교부들은 시와 노래, 그리고 장엄하고 화려한 말로 이 "온전히 거룩하신 이" 육화되신 말씀의 산 감실, 삼위 일체의 지극히 깨끗한 성전을 찬양했다. 20세기 이후 동방 교회도 서방 교회도 성 에프렘, 성 치릴로, 성 안셀모, 성 보나벤뚜라, 성 토마스 등 모든 학자 성인들과 함께 우리의 구원 사업에서 마리아의 유일하고 보편적 역할을 밝히고 있다. 하느님과 사람의 어머니로서 마리아는 그 모성적 은혜로 하느님의 계획에 가담하신다. 구원세계에서 예수와 함께 마리아가 관계하지 않고는 하나의 움직임도 있을 수 없다. "그렇게 하는 것이 마리아로 말미암아 우리가 온갖 것을 얻도록 원하시는 분의 한결 같은 거룩한 뜻입니다"(성 베르나르도 성모 성탄의 설교).

이 마리아적 은혜 안에서 각 성인은 독특한 양상을 보여 준다.

마리아의 시타연주자(Cithariste, 현악기의 일종)인 성 베르나르도의 열렬한 영혼은 성모의 위대함 앞에서 언제나 노래부른다. "마리아에 관하여 아무리 말해도 다할 길이 없다"라고 한 성 토마스는 마리아의 온갖 위대함의 주춧돌인 신적 모성에 그 신학자로서의 시선을 멈춘다. 그는 말씀의 어머니가 이 모성으로 신성의 경계에 접근하는 것을, 이를 테면 영원한 성부와 같은 성자를 함께 모시고 있음을 관상한다.

엘리사벳의 성모께 대한 신심은 예컨대 성 몽포르의 그리놓처럼 지나치게 한정된 예속된 형태와는 아주 다른 것이었다. 엘리사벳이 마리아 문학의 걸작인 「성모께 대한 참된 신심」이란 책을 보았는지는 모르지만 그녀가 지닌 관상적인 온 넋을 다해 성모께 나아갔고 성모님 안에서 자신의 내적 이상의 완전한 실현을 찾아냈던 것이다. 특히 말씀을 몸가진 성모, 태중에 계신 말씀을 흠숭하신 마리아, 혹은 당신 안에 내려오신 말씀과 함께 안으로 잠심하면서 바깥의 그 무엇에도 방해받지 않고 고요히, 엄숙히 유다 산길을 지나가시는 성모께 마음이 쏠렸던 엘리사벳이 각별히 사랑한 성모는 침묵과 잠심의 성모였다.

그러나 엘리사벳의 신심은 처음부터 이렇지는 않았다. 오랫동안 그것은 영성적 특성이 아직 뚜렷이 정해지지 않은 많은 젊은이들의 신심과 비슷한 것이었다. 하느님께 몸을 바친 이의 수호자로서 엘리사벳은 성모께로 나아가 성모의 축일마다 하느님께 자신을 바치는 청원을 새롭게 했다. 본능적으로 어머니의 보호에 의지하는 어린이처럼 필요할 때와 어려울 때 마리아에게 청하고 장래에 대해서, 또는 성소에 관해서 열심히 도움을 간청했다. 삼일간 루르드의 성모님의 발 아래에서 보호를 애원하고 죄인들을 위해 산 제물로 자기 자신을 어머니의 손에 바치기도 했다. 성모의 축복을 청하지 않고는 아예 사회적 명절을 위해

외출하지도 않았다. 마리아는 깨끗한 마음의 기도를 언제나 들어주신다. 정갈한 성모님의 은혜는 우리 마음을 깨끗이 해주며 우리를 당신처럼 "하느님 앞에 사랑 안에서 거룩하고 깨끗하게" 지켜 주시는 것이다. 엘리사벳 카데즈가 백합처럼 정갈하게 이 세상을 살 수 있었던 것도 성모님의 각별한 보호의 덕분이었다.

소녀 시절의 일기는 마리아께 대한 생각으로 가득하였다. 좋은 일이든 언짢은 일이든 늘 마리아에게 부탁했으며 우스울 정도로 사소한 것에까지 성모의 전구를 청하고 있었다. 성인들은 우리보다 사물을 빠르게 보았다. 어느날 연주로 갈채받아 허영심이 일어날까 염려하여 어린이 음악회에 참석 못하도록 성모께 청했다. 그랬더니 전날 밤 귀가 몹시 아파서 마침내 음악회에 참석할 수 없게 되었다. 열네 살 적에 친구와 함께 젊어서 죽을 은혜를 청하러 부르귀농 주의 성지 노트르 담 레탕 성당을 순례하였다. 엘리사벳은 26세에 이 세상을 떠났던 것이다. 어떤 새로운 은혜를 받고 싶을 때 바친 기도나 9일 기도는 말할 것도 없다. 소녀 시절에는 성모님의 온갖 경우에 관련되어 있었다. 그녀 일기의 단편을 인용해 보기로 하자.

"1899년 2월 2일 —취결례 축일[1], 마리아님의 축일때마다 나는 이 좋으신 어머님께 봉헌을 새롭게 합니다. 그래서 오늘도 나는 성모께 의탁하고 커다란 신뢰를 갖고 새롭게 성모님 손에 몸을 맡겼습니다. 그리고 장래와 성소에 관해서도 성모님께 부탁하였습니다."

"1899년 3월 12일 —주님, 만일 주님께서 이 사람을 구해 주시지 않는다면 나는 슬퍼서 죽을 겁니다. 어떠한 고통을 당해도 좋으니 이 사람을 구해주십시오. 마리아님, 루르드의 성모님, 영원한 도움이신 성모님. 부디 저를 도와주십시오. 당신의 기적이 없으면 아주 절망적입니다. 나는 이 기적에 기대하고 있습니다."

"1899년 3월 24일—마리아님, 겸손해지도록 당신께 매일 기도합니다. 제발

주1) : 현재는 주의 봉헌 축일.

저를 도우러 오십시오. 제 교만을 부숴 주시고, 많은 모욕을 보내주십시오. 착하신 어머님."

"1899년 4월 2일—이제 다 마쳤습니다. 이 피정도 얼마나 빨리 지나갔는지. 성당을 떠나기 전에 나는 이 불쌍한 죄인을 '영원한 도움이신 성모님'께 맡기고, 이 가련한 사람들을 위해서 매일 기도하기를 약속했습니다. 그리고 나는 다시 새롭게 성모께 나를 바쳤습니다. 온갖 신뢰를 다하여 성모께 자신을 맡겼습니다. 성모님은 나의 소명에 관해서도 이미 이렇게 들어 주셨습니다. 나의 사랑과 감사는 이루 표현할 길이 없을 정도입니다. 정말 기쁩니다. 나의 마음은 기쁨으로 가득합니다. 이미 나는 나의 행복을 즐기고 있습니다. 오, 영원한 도움이신 성모님! 나는 날마다 두 가지를 청원합니다. 나를 이해하신 사랑하는 어머니께서 계속 부축해 주심과 예수님의 뒤를 따라 내가 이렇게 기쁘게 시작한 이 십자가의 길에서 나를 도와주시는 것입니다. 어머니 내가 거기에 한결같이 머물러 있으면서 완전한 자가 되도록 은혜주시길 청합니다. 또한 나의 마음을 깨끗이 보존하도록 도와주십시오."

1. 가르멜의 성모— 가르멜 수녀로서 성모께 대한 엘리사벳의 신심은 빠른 속도로 성모님과의 깊은 친숙한 생활에로 옮겨져 갔다. 성인들의 영성적 특색의 주요점은 성모께 대한 그들의 신심 안에서 볼 수 있다. 가르멜 입회의 첫날부터 "그리스도의 영혼 안에 온통 옮겨져 살게 된" 엘리사벳은 같은 심리적 반사작용으로 그 관상적 눈길을 성모의 영혼에게로 쏟았다. 입회 후 불과 며칠 안 되어 어머니에게 다음과 같이 써보냈다.

"나는 어머니를 통고의 성모의 영혼 안에 넣어 드리고 성모께 어머니를 위로해 주십사고 청합니다. 수도원 안에 통고의 성모상이 있어요. 나는 이를 매우 공경하고 매일 저녁 거기에서 어머니를 부탁한답니다. 나는 마리아의 눈물을 진심으로 사랑합니다."

가르멜은 특히 마리아를 공경하는 회이다. 이 회에서 하느님을 섬기도록 부름 받은 가르멜 수녀의 첫째 의무는 특별히 마음을 다하여 성모 마리아를 공경해야 한다. 이를 테면 첫째로는 하느님의 어머니라는 최고의 자리, 그 자리가 말하는 온갖 위대함과 특전과 이 자리를 하늘과 땅에서 성모에게 드리는 지상권(地上權) 때문에 공경해야 하고 둘째로는 성모가 이 회의 어머니시고 보호자가 되게 한 그 크신 자애와 겸손 때문에 공경해야 한다.

"이 의무를 다하기 위하여 각자는 적어도 매월 한 번씩 성모의 영광을 위하여 영성체를 하도록 유의해야 한다. 즉 지상에서 성모의 계획이 성취되고 성모의 영광이 우리 영혼에게 더하기 위해서, 또한 회원이 성자와 성모의 자비의 크신 계획에 따라서 성모를 사랑하고 공경하며 성모를 섬기고 이에 속할 은혜를 청하라"(충실한 비망록—스페인 수녀들이 프랑스에 갖고 온 회습).

성모께 대한 신심에는 이렇게 예사롭지 않은 숭고가 깃들여 있다. 가르멜 수녀는 마리아의 모두를, 즉 그 특전, 위대함, 전세계 위에 갖고 있는 지상권을 나타내는 신적 모성을 경하하기 위해서 곧바로 하느님의 어머니께로 나아간다.

가르멜 수녀의 당연한 태도는 "우선 그리고 언제나 하느님"이다. 구태여 "하느님만으로"라고 할 필요는 없다. 가르멜 수녀의 마음은 다른 일체의 빛을 없애 버린 완전한 신적인 빛 안에서 신비에로 가고 있다. 그들은 그리스도의 인성이나 다른 온갖 피조물을 볼 때와 같이 성모 역시 오직 하느님과의 관계에서만 보고 있다. 다음으로 가르멜 수녀는 "하느님의 어머니의 드높은 품위"에서 눈을 돌려, 둘째 시선을 은혜의 모성, 말하자면 "크신 자애와 겸손으로 마리아는 회의 어머니시며 보호자가 되신"이 여성에게로 향한다. 하지만 아직 거기에 멈추어서는 안 된다. 회의 사도적 사명에 따라 "지상에서 성취할 성모의 계획, 모든 이들 안에서 이루어야 할 영광의 증대, 특히 회원이 성자와 성모의 자비의 크신 계획에 따라 성모를 사랑하고 공경하고 그를 섬기고, 그에게 속하기를 기도하고 따라서 자신을 희생하기까지" 나아가야 한다.

대수도회에 속한 회원이 그 수련기 중에 받는 매우 뛰어난 신심의 은혜를 엘리사벳 수녀도 얼마나 풍성히 입었는지 표현할 수 없다. 성덕의 오랜 전통, 회칙이나 회헌의 설명을 들을 때의 한마디 한마디와 또한 공동 생활에서 자연 이루어지는 매일의 교정 — 그리고 이 공동 생활이야말로 모든 것을 있어야 할 자리에 정착시켜 주는 것이다 — 이런 공동 생활에서 주는 온갖 것에 충실한 이는 자기 수도회의 가장 순수한 정신에 푹 잠겨져 완덕으로 재빠르게 나아가게 되는 것이다. 엘리사벳 수녀에게도 마리아적 생활의 발전은 특별히 현저하였다.

성모께 대한 엘리사벳의 신심은 입회후 재빨리 가르멜적 모습을 갖추기 시작하였다. 이 마리아적 특징을 이해하기 위해서 가르멜에서는 고독이 전부라는 것을 알아야 한다.

성모의 영혼은 얼마나 고독했을까. 거기에는 이미 인간적인 것은 아무것도 없다. 마리아는 순수한 빛으로 충만했으며 해맑았고, 온갖 것에서 해방된 분이고, 그릇된 사랑, 또는 지나친 감각적 사랑은 아예 가진 적도 없는 분, 온갖 것에서 떠난 무척 뛰어나게 정갈한 분이었다. 성모의 생애중 "홀로 계신 분과 홀로", 희열 중이거나 고뇌 중이거나 그분밖에 아무의 반려도 원하지 않으신 마리아였다. 그 어떠한 감각적인 것에도 사로잡힘없이 지상의 모든 애정을 "사랑 안에서 거룩하고 흠없이" 지나가신 마리아의 영혼의 고독. 하느님과만 사귀는 그 영혼의 고독. 사람들 가운데 섞여 살았지만 그것은 오직 거기서 하느님의 업적을 이루기 위해서이며 저녁 무렵 산위에서나 혹은 게쎄마니에서 헤아릴 길 없는 고독 안에 계신 그리스도의 마음의 온갖 호흡에 자신을 맞춰 가며 그리스도와 함께 세상을 구원하신 어머니의 고독. 성자이신 말씀과 함께 신성의 경지에까지 옮겨지고 거기에서 세상을 구원하기 위해 마리아가 차지한 보편적 지위에서 삼위 일체의 모든 계획에 참여하면서도 하느님이신 성자와는 무한한 거리를 가질 수밖에 없었던 성모님 영혼의 신적 고독, 이것들은 우리를 소름끼치게 하는 심연이다.

성인은 영성 생활의 절정에 이르렀을 때 지상에서 가장 고독한 사람들이다. 인간이 그렇다면 성모와 그리스도의 고독은 헤아릴 길이 없다. 말씀의 영혼의 고독을 어느 누가 짐작하랴? 태초에 말씀이 있었다. 그리고 말씀은 사람이 되시어, 우리 안에 오셨는데 사람은 그를 받아들이지 않았다. 피조물 가운데 홀로 걸어 가시는 하느님이신 예수님. 그 안으로는 "아버지"와 "사랑"과의 정겨운 교류, 완전한 합일 안에 계신 그분을 바라보면서 누구인들 거기까지 생각이 미쳤겠는가. 정도의 차이는 있지만 성모의 영혼도 이와 같았으리라. 나자렛에서, 베들레헴에서. 십자가 아래서, 사람들 한복판에 계시면서 마음은 얼마나 고독하였을까. 그리스도와 함께 하느님 안에 온전히 숨어, 성도는 주야로 그리스도의 신비를 마음 속에서 생각하고 있었던 것이다.

2. 말씀을 잉태하신 성모—만들어진 모든 것에서 떠나 태중에 숨으신 말씀의 흠숭자인 가르멜 성모, 달리 말해서 말씀을 잉태한 성모님이야말로 엘리사벳 수녀가 가장 사랑한 성모시다. 그녀의 이상도 또한 마음깊은 곳에 숨어 계신 하느님을 흠숭하며 침묵 안에서 사는 것이었다. "말씀을 몸가진 후 당신 안에 하느님의 은혜인 사람이 되신 말씀을 소유하신 성모의 영혼 간은 어떠했는지 생각해본 일이 있었니? 어머니가 되어 하느님을 꼭 껴안기 위해서 얼마나 큰 침묵, 잠심, 흠숭으로 영혼깊은 곳에 잠기셨겠니?"(동생에게 보낸 편지, 1903. 1 1.). "성모에게 이루어진 하느님의 현존 신비 안에 들어가는 데 아무런 노력도 내게는 필요없단다. 나는 거기서 자신 안에 숨어 계신 하느님을 흠숭하는 변함없는 나의 마음을 보는 듯하단다"(동생에게 보낸 편지).

십자가의 성 요한의 저서를 읽으면서 그녀는 마리아에게서 변화적 합일의 완전한 모범을 보고 자신도 성모처럼 침묵하면서 말씀을 흠숭하고 삼위 일체안에 빠져 들어 이 세상을 지나가고 싶다고 열망했다. "요즈음 우리 사부 십자가의 성 요한이 성 삼위 안에 영혼이 변화되는 것에 관하여 쓴 매우 좋은 대목을 읽고 있습니다. 우리는 얼마나 엄청난 영광의 극치에까지 불림을 받았는지요. 저는 이제 깨달았습니다. 저 성인들이 잠시도 하느님의 관상에서 나올 수 없던 그들의 침묵, 잠심을 말입니다. 그들이 그런 상태였으므로 소위, 신비적 신학에서 말하는 당신의 정배가 된 이와 주님과의 완전한 합일이 완성되는 저 신성한 절정에 그들을 인도할 수 있었던 것이지요. 그때 성령은 놀랄 만한 높이에까지 그들을 높여 주시고, 성부께서 성자와 함께 또한 성자께서 성부와 함께 발하시는 사랑의 숨결, 곧 성령 자신인 숨결을 그들이 하느님 안에서 발할 수 있는 가능성을 십자가의 성 요한은 말씀하십니다. 주님께선 우리를 부르심으로써 이렇게 거룩한 빛 아래서 살도록 원하신다니 얼마나 흠숭하올 사랑의 신비인지요. '이 모든 사정을 마음에 품고 있었다'(루가 2:51)는 성모처럼 나도 삼위 일체로 변화되도록 영혼깊이 계시는 삼위 일체 안에 온통 몰입되어 이를 테면 늘 영혼깊은 속에 파묻혀 세상을 거쳐 가면서 이 거룩한 부르심에 응답하고자 합니다. 그렇게 하면 나의 표어 '빛나는 이상'이 실현되어 저는 참으로 삼위 일체의 엘리사벳이 될 수 있을 겁니다"(한 신부에게 보낸 편지, 1903. 11. 23.).

엘리사벳은 어느 분에게서 받은 삼위 일체의 역사하심 안에서 잠심하고 계신 말씀을 몸가진 성모를 그린 그림에 깊이 마음을 모으고 있었다. "나는 '작은 천국'이라 부르는 작은 수방 — 왜냐하면 거기는 천국의 성인들을 살리고 계신 분으로 가득하니까요 — 의 고독 안에서 자주 이 소중한 그림을 바라본답니다. … 그리고 성부께서 그 능력으로 거느리시어 말씀이 사람이 되시는 성령의 위대한 신비를 행하시려고 내려오신 때의 성모님과 일치합시다. 이때야말로 삼위 일체 전부가 활동하시고, 당신을 내어 주신 것입니다. 가르멜 수녀의 생활도 역시 이러한 하느님의 포옹 가운데 흘러 들어가야 하지 않을까요?"(S. 부인에게 보낸 편지, 1905.).

"나에게 큰 일을 하셨다"(루가 1:49). 삼위 일체의 창조적 역사 안에 깊이 잠심한 말씀을 몸가진 성모, 이 성모야말로 엘리사벳 수녀가 가장 사랑하는 성모시며 신심의 이상상(理想像)이었다. 신학의 표현으로는 "본성을 함께 함"(Connaturalité)인데 그녀는 마치 본성을 함께한 것처럼 거기에 마음이 끌리고 있었다. 이 오랜 마리아적 체험에서 그녀는 "묵상" 중에 성모께 향한 아름다운 마음의 드높임으로 "어떻게 지상에서 천국을 찾을 것인가"가 솟아 나왔던 것이다.

"'하느님께서 주시는 선물이 무엇인지 알았더라면 …'(요한 4:10)이라고 어느 날 그리스도께서는 사마리아 부인에게 말씀하셨다. 하느님의 선물이란 하느님 자신이 아니고 무엇이겠는가?

사랑하는 제자는 '말씀은 자기 나라에 오셨지만 백성들은 그분을 맞아 주지 않았다'(요한 1:11)고 했다. 세례자 요한도 또한 많은 사람들을 향하여 '당신들이 알지 못하는 사람 한 분이 당신들〈마음〉가운데 서 계십니다' (요한 1:26)라고 비난하였던 것이다. '당신이 만일 하느님의 선물이 무엇인지 알았더라면….'"

이 하느님의 선물을 받아들여 그것을 조금도 잃지 않은 이가 한 분 계셨다. 성모는 빛 자체로 여겨질 정도의 깨끗함으로 빛나고 있었다. '정의의 거울"이신 성모의 생애는 아무도 눈여겨 보지 않았을 만큼 아주 소박하고, 하느님 안에 깊이 숨어 있었다. 그리고 "모든 사정을 마음에 간직하신" 이 "충실한 동정녀"는 성전 깊숙한 곳에서 하느님 앞에 깊이 잠심하고 자신을 온갖 피조물 가운데서 가장 작은 자로 여겼으므로 삼위 일체의 기쁨에 맞갖은 자가 되었던 것이다. "당신 종의 비천함을 돌보셨으니 이제로부터 만세가 나를 복되다 일컬으리로다"(루가 1:48). 성부께서는 자신의 아름다움을 추호도 의식 않는 이 지극히 순수한 영혼을 굽어보시어 마리아가 "때" 안에서, 성부는 "영원" 속에서 당신의 아들의 어머니가 되기를 원하셨던 것이다. 이리하여 하느님의 므든 역사를 주관하시는 사람의 영이 마리아를 찾아 오시자 마리아는 "당신 뜻대로!" "이 몸은 주님의 종입니다. 지금 말씀대로 저에게 이루어지시기를 바랍니다"(루가 1:38)라고 응답하셨다. 여기에서 하느님의 보다 위대한 신비가 이루어졌으며 말씀은 사람이 되셨고 마리아는 영원히 하느님께 사로잡힌 자가 되었던 것이다.

주님의 탄생예고에서 성탄에 이르기까지 이 수개월 동안의 성 마리아의 태도는 내적 사람. 즉 하느님께서 마음의 내부의 저 깊은 심연에서 살도록 선택된 이들의 참으로 좋은 본보기라고 생각된다. 성 마리아는 얼마나 깊은 잠심 가운데서 그 모든 일을 하셨겠는가. 성모님이 하시는 것은 아무리 하찮은 것까지도 모두 성화되었다 — 왜냐하면 성모는 어떠한 경우에도 하느님의 은사의 흠숭자시기 때문이다. 그리고 그것은 애덕을 하기 위한 외적 활동이 방해가 되지 않았다. "며칠 뒤에 마리아는 길을 떠나 걸음을 서둘러 유다 산골의 한 동네에 사는 엘리사벳을 찾아갔다"(루가 1:29)라고 복음은 말하고 있다. 성 마리아의 마음 안의 표현할 길없는 관상은 결코 외면적인 사랑의 행위를 등한시하지 못했다. 만일 관상이 주의 찬미와 영원에로 향해져 있다면 그 관상은 합일에까지 이끌어

줄 것이며, 그것을 절대 잃지 않는 까닭이다"(어떻게 지상에서 천국을 찾을 것인가, 제9일).

3. 하늘의 문 —이렇게 드높고 풍요로운 생각은 우연히 솟아오른 것이 아니다. 그것은 마리아와의 오랜 친밀한 생활을 전제로 한 것이다. 이는 여러 가지 고증 자료(考證資料)에서 증명되고 있다.

어린 시절에 만든 첫 시에 엘리사벳은 자기의 순결의 수호자로 성모를 노래했다. 소녀 시절의 일기에는 앞서 말했듯이 마리아께 대한 생각으로 가득했다. 수녀가 된 후에도 성모는 그녀의 삶의 가장 작은 부분에까지 연관되어 있었다. 종종 엘리사벳은 편지에 삼위 일체의 마리아 엘리사벳이라고 서명했다. 그 유명한 기도는 그녀가 "특별히 사랑한" 성모 자헌 축일에 지었다. 엘리사벳은 이 축일에 자기 마음의 한결 같은 움직임이었던 삼위 일체께 드린 성모의 봉헌 — 이미 예루살렘에서가 아니고 자기 마음의 성전에서의 봉헌 — 을 발견했던 것이다.

"오 나의 하느님. 흠숭하올 삼위 일체여, 내 영혼을 고요하게 하시어 이를 당신이 사랑하는 집, 쉬실 곳, 당신의 천국으로 만드소서. 그리고 잠시도 당신을 홀로 버려두지 않고, 믿음 안에 깨어 흠숭하며 당신의 창조적 역사하심에 나를 온전히 맡기며 거기 머물게 하소서."

짧은 생애의 마지막 즈음, 엘리사벳은 예사롭지 않은 애정으로 원죄 없으신 마리아, 곧 착의식 때의 성모께로 향해졌다. "가르멜의 옷을 제게 주신 분은 원죄 없으신 마리아이십니다. 그래서 저도 지금 성모께 어린 양의 혼인 잔치에 갈 수 있게 신부가 단장하는 귀한 아마포의 옷을 입혀 주십사고 청하고 있습니다"(한 신부에게 보낸 편지, 1906. 7월말),

어느 날 밤 병실에서 엘리사벳은 벽에 모신 통고의 성모 성화를 바라보고 있었다. 그때 내심에서 하느님이 흔히 성인에게 하시는 책망과 같은 것을 들었다. 그녀는 소녀 시절에 그 곁에서 많은 은혜를 받은 루르드의 성모상을 기억하고 어머니에게 보내 달라고 청했다. 이것은 "들어올 때" 지켜 주셨던 성모는 또한 "나갈 때"도 지켜 주시기를 비는 맘에서였다. 그때부터 이 성상을 "하늘의 문"이라고 부르며 절대로 손에서 놓지 않았다. 이미 힘이 빠져 기진맥진해진 몸에 벅찬 30센티미터가 넘는 무거운 성상을 여윈 가느다란 손가락으로 겨우 받쳐들고 성당을 마주한 작은 트리뷘(tribune ; 성당이 내려다 보이게 된 작은 기도방)으로 몸을 이끌고 가는 것이었다. "하늘의 문"이 보이면 "영광의 찬미"도 그리 멀지는 않았다.

어느 날 엘리사벳 수녀는 판지로 만든 도개교(跳開橋)가 달린 작은 성곽을 원장 수녀의 수방에 두었다. 닫혀진 출입구 곁에 오려 붙인 투르드의 성모가 있었다. 이것은 "하늘의 문"이다. 총안(銃眼)이 뚫린 탑 한모퉁이에 다음과 같은 말이 적힌 깃발이 나부끼고 있었다. "고통과 거룩한 잠심의 성곽. 아버지의 집으로 가기까지의 '영광의 찬미'의 집", "하늘의 문"(성모호칭기도)은 엘리사벳에게는 삼위 일체로 가는 문이 되었던 것이다.

임종의 고통이 계속 되는 동안 이처럼 사랑한 성모님이 곁에 계심을 상기하는 것은 그녀에게는 대단한 위안이었다. "마리아께서 거기 계셔서 당신에게 팔을 펼쳐 맞아주실 겁니다." "정말 그렇습니다. '하늘의 문'은 '영광의 찬미'를 통과시켜 주실 겁니다."

마지막 이틀 전 엘리사벳은 "이틀 후면 나는 성 삼위의 품 안에 있을 겁니다. '주님의 집에 가자 할 제 나는 몹시 기뻤노라'(시편 121:1). 주님의 깨끗함으로 더없이 정갈하고 빛나는 성모님께서 내 손을 잡고 천국에, 저 빛나는 천국으로 이끌어 주실 겁니다"라고 말하였다.

엘리사벳은 지상에서 마지막 피정을 "하늘의 문"의 보호 아래 맡기기를 원했다. 그리고 8월 15일 저녁 "천국 수련소"에 영광의 옷을 받을 준비를 위해 들어갔다(가르멜의 한 수녀에게 쓴 쪽지). 피정 첫날부터 그녀의 보다 큰 소망이 실현, 곧 십자가에 못박히신 분께 사랑으로 동화되어 그 모습을 닮아 삼위 일체의 완전한 영광의 찬미가 되고 싶어서 성모께 기도했다. "'아버지밖에는 아들을 아는 이가 없고 아들과 또 그가 아버지를 계시하려고 택한 사람들밖에는 아버지를 아는 이가 없습니다'(마태오 11:27). '일찍이 하느님을 본 사람은 없다'(요한

1:18)라고 사도 요한은 말한다. 하지만 '성모님밖에는 그 누구도 그리스도의 신비를 깨친 사람은 없다'고 해도 좋으리라. 요한도, 막달라 마리아도 그리스도의 신비를 깊이 깨쳤다. 성 바울로는 자주 위로부터 자신에게 주어진 '지식'에 관하여 말하는데 어느 성인의 빛이라도 성모님 앞에서는 흐려서 보이지 않는다. 정말 성모는 '이루 말할 수 없는 분'이시다. 엘리사벳이 마음에 간직한 신비는 아무라도 도저히 표현할 길이 없을 것이다.

성모의 작은 아이인 내가 성모의 '맏아들'이시며 영원한 하느님의 외아들이시고, 참으로 아버지의 완전한 영광의 찬미이신 분을 꼭 닮도록 이 은혜의 성모께서 이제부터 나를 만들어 주실 것이다"(마지막 피정, 제1일).

피정 마지막 날, 엘리사벳 수녀는 교의상의 완벽한 확실성과 놀랄 만한 깊이에서 뿜어내는 열정에서 성모께 대한 아름다운 찬미를 단숨에 썼던 것이다. 이 점에서 그녀의 마리아께 관한 생각은 최고조에 이르렀다. 성인들이 남긴 말 중에는 무릎을 꿇고 읽어야 할 것이 있다.

"무한과 유한과의 간격은 말할 나위도 없이 한정없는 것이긴 하지만 예수 그리스도를 이어서 삼위 일체의 위대한 영광의 찬미가 된 한 피조물이 있었다. 그가 곧 성모 마리아시다. 성모는 사도가 말한 하느님의 선택하심에 전폭적으로 응답하였으며 언제나 지극히 성스러운 하느님 앞에서 '흠없이 깨끗하며 나무랄 데 없는' 분이셨습니다."

"성모의 영혼은 온전히 단순하며 그 움직임은 매우 깊어서 아무도 그것을 엿볼 수 없을 정도였다. 신성한 분, 단일하신 분, 즉 하느님 그 자체이신 생명을 세상에 그대로 그려놓은 듯했다. 아주 투명했고, 빛났으며 빛 자체로 여겨질 정도였다. 그러면서도 성모는 '정의의 거울'에 지나지 않았다."

"어머니는 이 모든 일을 마음 속에 간직하였다"(루가 2:51). 성모의 전생애는 이 몇 마디로 엮어지고 있다. 성모는 마음 안에서 살아 왔으며 더구나 그것이 사람의 눈으로는 알아차리게 못할 만큼 속 깊숙히 간직되어 있었던 것이다.

나는 복음 안에 성모 마리아가 애덕의 임무를 다하려고 사촌 언니 엘리사벳을 방문하기 위해 "길을 떠나 걸음을 서둘러 유다 산골에 있는 한 동네를 찾아갔다고"(루가 1:39)라고 쓴 것을 읽으면 당신 영혼 안에 사시는 하느님의 말씀에 마음을 모으면서 아름답게 조용히, 기품있게 걸으시는 성모를 우러러뵙는 듯하다. 주님처럼 성모의 기도는 언제나 "보십시오. 제가 왔습니다"라고 ─ 누가 왔는가? ─ 그는 주님의 여종, 보다 비천한 피조물 주님의 어머니 마리아.

"성모는 정말 진실된 겸손을 갖고 계셨다. 늘 자신을 잊고 자기에게 무관심했으며 자신에게 해방되셨기에 '전능하신 하느님은 내게 큰 일을 하셨다. 이제로부터 만세가 나를 복되다 할 것이다'라고 노래할 수 있었다.

이 동정녀들의 모후는 또한 동시에 순교자들의 모후시기도 하다. 하지만 만사를 마음 깊숙히 받아들이는 성모님께 슬픔의 창이 꿰뚫은 곳도 역시 그 마음 안이었다.

그 긴 순교 동안 꿋꿋하시면서도 표현할 길 없이 온화함을 머금고 있는 그 위엄 가득한 성모의 자태는 얼마나 아름다우며, 고요하였던가! 성부께 희생제물로 선택되어 속죄의 대사업에 참여시키기 위해 예정된 이를 '하느님께서는 이미 오래전에 택하신 사람들이 사랑으로써 십자가에 못박히신 그리스도와 같은 모습을 가지도록 미리 정하셨습니다'(로마서 8:29). 그런 이들이 얼마나 고통당해야 하는가를 마리아는 그 말씀에게서 배웠던 것이다.

십자가 아래의 성모는 늠름히 서 계셨다. 주님은 내게 '이 부인은 그대의 어머니다'(요한 19:27)라고 하신다. 주님은 성모를 나의 어머니로 주신다. 그리고 지금, 아버지 곁으로 돌아가시려는 주님은 당신 대신 나를 주님의 몸인 교회를 위해 주님의 남은 고난을 보충시키려고 십자가에 못박는다. 성모는 아직도 십자가 아래 계시며, 나에게 성자처럼 고통하기를 가르쳐 주시고 어머니신 마리아 홀로 들을 수 있으셨던 성자의 마지막 노래를 들려 주셨다.

내가 마침내 '이제 다 이루었다'(요한 19:30)라고 할 수 있을 때 나를 영원한 나라로 인도에 주심도 또한 '하늘의 문'이시다. 내게 귓속말로 '주님의 집에 가자 할 제 나는 몹시 기뻤노라'(시편 121)는 저 신비스러운 말을 나즈막하게 속삭이시면서…"(마지막 피정─하늘의 문).

■제 7 장■

엘리사벳 수녀와 사제

"사제란 성부의 영광을 위해 일하는 또 다른
하나의 그리스도다"

관상적 영혼은 수도원 울타리의 좁은 시야 안에 갇혀 있지 않다. 교회의 사조의 큰 흐름에 밀려서 그 영성 생활은 세상의 구원이라는 생각 아래서 움직인다. 세상 구원에 참여하는 이의 기도는 언제나 세계를 덮어 준다. 성령이 오심을 기다린 성모도 이렇게 기도하였다. 첫 사도들이 활동으로 그리고 순교로 가는 동안 마리아는 묵묵히 기도하면서 그리스도를 위해 싸우는 온갖 싸움에 가담하고 계셨다. 하느님의 어머니의 전능하신 전구가 사도 베드로나 성 바울로의 영웅적 활동보다도 그리스도의 나라의 발전을 위해서 더 유효하지 않았다고 누가 말하랴. 예수의 교회는, 싸움의 역사를 엮었던 수세기를 통하여 성령을 기다리는 마리아의 관상적 기도에서 태어났다는 것과 사람들에 대한 성모의 활동은 성인들의 기도에 굳건한 기초가 되었다는 것을 언제나 기억하고 있다.

대수도회에서 이와 같은 생각을 대부분 받아들이고 보다 사도적인 회에서는 형제들의 외적 활동을 수녀들의 끊임없는 기도로써 도와주는 관습이 있다. 성 도미니꼬는 그 회를 창립하기에 앞서 기도와 희생의 삶으로써 도미니꼬회 수사들의 활동을 돕는 사명을 지닌 프루이유의 성모의 관상 여자 수도원을 창설했다.

가르멜에서 엘리사벳 수녀는 자기 수도회의 가장 소중한 더구나 교회의 영성적 선을 위해서 가장 도움이 되는 이러한 전통에 접촉했던 것이다. 성녀 데레사의 자녀들의 침묵 안에서 이루어지는 희생은 무엇보다도 사제들을 위한 것이었다.

사제직에 대해 엘리사벳은 언제나 마음으로부터 존경하고 있었다. 사제들을 위해 그의 생명을 바치고자 했음이 틀림없다. 오랫동안 그녀의 고백 사제였던 본당 신부는 그것을 확신하고 있다(저자는 이를 그 신부에게서 들었다). 이를 수긍할 만한 뚜렷한 표를 찾아내지 못하더라도 그녀가 가르멜 수녀로서 특별히 사제들을 위해서 기도를 바치고 있었다는 것은 많은 문헌이 증명하고 있다.

한 신부가 그의 사목을 위해 기도를 청했을 때 그녀는 이를 매우 진지하게 약속했다. "신부님 지난번에 말씀하신 후 저는 각별히 신부님과 하나되어 있습니다. 기도의 거센 움직임이 특히 성무일도때 나를 신부님께로 옮겨 갑니다. 매일 삼시경을 큰 지향으로 신부님 위해 바치기를 약속합니다. 삼위 일체 안에 유일하시며 온전한 하느님의 본성을 채우시는 사랑의 영이 넘치도록 신부님 위에 쏟아져, 신부님이 평안과 사랑과 합일로써만 사시도록, 그리고 벌써 신적 태양에 비추어진 저 절정에까지 신앙의 빛 아래 신부님께서 옮겨 지시도록 빕니다"(한 신부에게 보낸 편지, 1902. 2. 11.).

1. 사제와의 우정—엘리사벳 수녀는 사제에게 — 그가 비록 친족일지라도 — 큰 존경으로 대했다. 그녀가 본 것은 그리스도 앞에 인간은 사라졌기 때문이다.

객실에서는 엘리사벳의 여성스러운 감수성을 조금도 느낄 수 없었다. 그녀의 가족과 친분이 있고 그녀에게 열두 통의 편지를 받았던 젊은 신부는 "저 수녀는 영혼 자체였고 그것이 그녀의 전부였다"라고 했으며 "대화는 처음부터 하느님께 관한 것뿐, 온통 신적 화제에서 벗어나는 일은 없었다"고 말한다. 엘리사벳은 사제직에 대해 매우 높고 깨끗한 관념을 갖고 있었다.

엘리사벳이 사제직에까지 동반하였고 그후 사도적 활동에도 계속 관심가졌던 한 신학생과의 친교에서 그녀의 아주 섬세한 움직임까지도 우리는 엿볼 수 있다.

　첫 만남은 온전히 초자연적이었다. 그녀는 동생에게 "나는 Ch 신학생과 정말 거룩한 대화를 나눴습니다. 사제의 영혼과 가르멜 수녀의 영혼고는 서로 융합된 것으로 생각됩니다"(동생에게 보낸 편지, 1902.)라고 써 보냈다.

　이 영적 친교는 엘리사벳의 죽음에 이르기까지 이어졌다. "…사순절의 침묵으로 들어가기 전에 당신의 친절한 편지에 답하려 합니다. 우리를 사랑으로 감싸 주시고 당신과 완전한 합일을 원하시는 분께 사로잡히고 옮겨지기 위해 저는 주님과 일치하고 있음을 신부님께 말씀드리고 싶습니다. 저는 발레 신부님의 관상에 관한 다음 말씀을 읽으면서 신부님을 생각했습니다. '관상가란 그리스도의 모습의 빛 아래서 살고 인간의 생각에서 나오는 빛에서가 아니고 사람이 되신 말씀에서 뿜는 빛으로 하느님의 신비 안에 들어가는 자이다.' 주님의 음성에 빠져 들고 싶다는 열망을 느끼지 않으신지요? 때로는 고요히 꼼짝않고 침묵하고 싶은 이 욕구가 너무 심해지면 아무것도 할 수 없어 오직 막달라 마리아처럼 주님의 발밑에 앉아 그 말씀을 한마디도 놓치지 않으려고 하면서 주님이 우리에게 보여 주시려고 오신 이 사랑의 신비 안에 더더욱 깊이 파고들려는 열망으로만 불태우게 됩니다. 무엇인가 할 때 외면적으로는 마르타의 역을 하면서도 마음은 한결같이 막달라 마리아와 함께 목마를 때처럼 이 영적 샘에 머물러 주님의 관상에 잠겨 있을 수 있다고 생각되지 않으십니까? 저는 가르멜 수녀로서 또한 사제로서의 사도직을 이렇게 생각하고 있답니다. 가르멜 수녀든 사제든 만일 이 신적 샘에 머문다면 중단없이 하느님을 빛내고 사람들에게 하느님을 줄 수 있을 겁니다. 우리는 주님 바로 곁에까지 다가가서 그 마음과 서로 나누며 자신을 주님의 모든 움직임에 맞추고 주님처럼 성부의 뜻에 일치하여 사도적 활동에 나아가야 한다고 생각합니다"(한 신부에게 보낸 편지, 1903. 2.).

　언제나 같은 초자연적 분위기가 다른 모든 편지에서도 넘치고 있다. 예의상의 형식적인 말은 한마디도 없다. 처음부터 두 사람의 영혼은 하느님 안에 자리잡고 거기에서 빗나가지 않았다.

　"'이 세상에서 사랑하시던 제자들을 더욱 극진히 사랑해 주셨다'(요한 13:1).

저는 성체만큼 주님의 마음 속에 있는 사랑을 나타내는 것은 없다고 여겨집니다. 그것은 일치이며 완성이고 우리 안에 계신 주님이시고 주님 안에 있는 우리입니다. 이야말로 정말 지상의 천국이 아니겠습니까? 이것은 우리가 열망하는 천국, 바로 마주 바라보면서 주님을 흠숭하기까지 우리가 믿음으로 소유한 천국이랍니다. 주님의 영광이 나타나고 그 빛 안에서 그분을 뵈올 때 우리는 충만될 것입니다(시편 16). 우리가 사랑하는 오직 한 분이신 분을 만나 뵐 수 있음을 생각하면 평화로운 쉼을 느끼지 않으십니까? 이럴 때는 온갖 것이 사라져 없어지고 벌써 하느님의 신비의 세계에 들어온 느낌입니다. …주신 편지에 쓰신 것처럼 이 신비가 온통 우리의 것입니다.

부디 제가 정배로서 천직을 충분히 다할 수 있도록, 그리고 주께서 가시는 곳이면 어디나 저를 데리고 가실 수 있도록 자신을 온통 주님 뜻에 내맡기고 신앙에 깨어 있도록 빌어 주십시오. 저는 모든 것을 주님께 배우기 위해 온갖 신비를 아시는 주님 곁에 끊임없이 머물고 싶습니다. '말씀이신 말이란 곧 은사인 부어 주심이다.' 이렇게 주님은 침묵 안에서 우리 영혼에게 말씀하십니다. 이 사랑스러운 침묵은 참된 기쁨이라고 생각됩니다. 예수 승천에서 성신 강림까지 우리는 성령을 기다리면서 피정하였습니다. 정말 즐거운 한 때였습니다. 그리고 이 여드레 동안 날마다 기도소에 성체가 시현되었습니다. 우리의 이 천국의 작은 한구석에서 밀떡 안에 겸허히 실제로 계신 주님을 바라보면서 지내는 시간은 참으로 거룩합니다. 그래요. 신부님, 우리가 믿음으로 흠숭하는 분과 천국에서 복된 분들이 광명 안에서 흠숭하는 분과는 꼭 같습니다. 어느 날 누군가에게서 들은 매우 아름다운 말을 전해 드리겠습니다. '신앙이란 어두움 안에서 얼굴과 얼굴을 마주하는 것이다.' 우리에게도 그렇지 않다고 누가 말할 수 있겠습니까. 이는 주님은 우리 안에 계시고 성인들을 사로잡았듯이 우리도 그렇게 하시기를 원하시기 때문입니다. 다만 성인들은 항시 주님께 집중하고 계셨습니다.

발레 신부님의 말씀처럼 '그들은 묵묵하고, 잠심하고 믿는 자가 되려는 활동밖에는 없었다.' 신부님, 사도 바울로의 말씀같이 그 크신 사랑으로 우리를 사랑하신(에페소 2:4) 분을 기쁘게 해드리기 위해 우리 서로 마음을 합합시다. 주님을 위해서 우리를 지극히 고요한 집으로 만듭시다. 또한 거기서 쉴 새없이 사랑과 감사의 찬미가를 부르도록 합시다. 그리고 저 커다란 침묵… 주님 안에 있는 침묵의 메아리인 깊디 깊은 침묵… 그 다음 신부님께서 말씀하신 온전히 깨끗하고 빛나시는 성모 마리아께로 다가갑시다. 마리아께 그 마음 속 깊이까지 잘 아셨던 성자께로 우리를 인도해 주시길 청합시다. 우리 생활은 끊임없는 일치이며 주를 향한 더없는 단순한 걸음이 되게 합시다. 부디 저를 위해서 가르멜의 모후께 기도해 주십시오. 저도 신부님을 위해서 기도합니다. 함께 흠숭과 사랑 안에 머물 것을 약속합니다(한 신부에게 보낸 편지, 1903. 6. 14.).

지상적인 것은 전연 없는 이 말들 안에서 과장된 감정의 흔적도 아예 찾아 볼 수 없다.

신학생은 부제품을 받을 날이 다가왔다. 디종 가르멜을 대표하여 엘리사벳 수녀는 그를 위해 이 날을 잊지 않고 기도한다고 써 보냈다. "'하느님의 사랑을 영원토록 노래하리라'(시편 88:1). 원장 수녀님은 오늘 저녁, 여가가 없으시므로 이 축복된 날 가르멜이 얼마나 당신과 하나되어 있는지를 알려 드리기 위해서 짤막한 편지를 제게 쓰라 하셨습니다. 저의 임무는 성령이 계시는 마음 속 깊이 들어가 숨는 것입니다. 그리고 '하느님의 깊은 경륜에 이르기까지 모든 것을 다 통찰하시는'(Ⅰ 고린토 2:10) 사랑의 영이 넘치도록 풍성히 당신에게 주시어 마음을 빛나게 하시고 이 큰 빛으로 사랑의 사도가 말하는 '거룩한 자의 기름바름'을 받을 수 있으시길 바랍니다. 당신과 함께 저도 감사의 찬미가를 부르면서 당신의 온 존재를 감싸는 이 사랑의 신비를 흠숭하며 침묵합니다. 이 '은총의 영광'을 빛내기 위해 삼위 일체께서 당신을 굽어보십니다"(한 신학생에게 보낸 편지 1905. 4.).

"사도 바울로는 로마인에게 보낸 서간에서 '하느님께서는 이미 오래전에 택하신 사람들이 당신의 아들과 같은 모습을 가지도록 미리 정하셨습니다(로마서 8:29)라고 하셨습니다. 이는 바로 당신을 말씀하시는 것으로 여겨집니다. 당신은 주님의 사제로 '미리 택하신 자'이십니다. 아버지는 사랑가득한 마음으로 당신을 굽어보시어 마침내 교회가 '너는 영원한 사제'(시편 110:4)라고 선언할 위대한 날까지 날로 더욱 하느님의 모습을 닮아가도록 주님은 손수 다듬어 주시리라 저는 믿습니다. 그후로는 당신은 언제나 아버지신 주님과 사람들 앞에서 그리스도를 재현하게 될 겁니다. 정말 얼마나 위대한 일인지요. 당신을 변화시키고 신비스럽게 하기 위해 당신 안에 흘러 들어가는 것은 '하느님의 탁월성'입니다. 이렇게 숭고한 업적 때문에 우리는 얼마나 깊은 잠심과 사랑가득한 마음을 주님께 쏟고 있어야 하는지요"(한 신학생에게 보낸 편지, 1905. 봄 사제 서품 전).

드디어 사제 서품 날이 다가와 이 큰 신비 앞에 자신의 생각을 표현하는데 무능을 느낀 엘리사벳 수녀는 더욱 열심한 기도 안에 숨을 수밖에는 다른 도리가 없었다.

"서품을 앞둔 이 며칠 동안 나는 온통 당신과 하나 되어 있었다고 전하기 위해 원장 수녀님께 편지쓰기를 청했습니다. 하지만 다가오는 이 커다란 신비를 앞두고 당신을 마주하니 오직 묵묵할 수밖에 없습니다. …나는 다만 위없는 하느님 사랑을 경배합니다. 당신은 성모 마리아와 함께 당신의 마니피캇(Magnificat ; 성모찬미가)을 부르시며 구세주이신 하느님으로 말미암아 기쁨에 넘칠 것입니다. 이를 테면 전능하신 분이 당신에게 큰 일을 하셨고 그 자비는 영원히 끝이 없기 때문입니다. 마리아처럼 '모든 사정을 당신 마음 안에 품고' 당신 마음을 마리아의 마음, 바로 곁으로 다가가십시오. 왜냐하면 하느님과 사람 사이를 중재하는 이 동정녀는 또한 동시에 은혜의 어머니시기 때문입니다. 마리아님은 성서에 쓰여 있듯이 '하느님의 마음에 드는 충실한 사제'(열왕기 상 2:35)가 되시도록 사랑으로 당신을 이끄시려고 하십니다. 성 바울로의 히브리 서간의 대사제, 곧 '그는 아버지도 없고 어머니도 없고 족보도 없으며 생애의 시작도 끝도 없는'(히브리 7:3), 온전히 하느님의 아들의 모습을 닮은 저 대사제처럼 당신도 기름으로 축성된 사람으로서 이미 지상의 것이 아닌 위대한 힘에 참여하고 '그 은총의 영광'을 빛내기 위해 불림을 받은 하느님과 사람 사이의 중개자가 되시는 겁니다. 영원한 사제이신 예수님은 이 세상에 오실 때 아버지께 '아버지 저는 당신의 뜻을 이루려고 왔습니다'(히브리 10:9)라고 하셨습니다. 당신도 사제직에 임하는 이 엄숙한 순간, 이 기도를 자신의 기도로 하셔야 한다고 생각됩니다. 저도 기쁘게 당신과 함께 이 기도를 올리겠습니다. 금요일 제단 위에서 하느님의 거룩한 분인 예수님께서 축성된 당신의 손에 처음으로 겸허히 호스티아 안에 내려오실 적에 주님께서 가르멜 산으로 인도하신 저를 제발 잊지 마시기 바랍니다. 저 산 위에서 멋지게 주님의 영광의 찬미가 될 수 있도록… 부디 제가 주님의 신비의 깊은 속에 빠져 들어 그 사랑의 불에 온통 타버리도록 기도해 주십시오. 또한 하느님의 어린 양과 함께 저를 아버지께 바쳐 주십시오. 그럼 안녕히 계십시오. 제가 얼마나 당신을 위해 기도하고 있는지 아신다면…. '주 예수 그리스도의 은총과 하느님의 사랑과 성령께서 이루어 주시는 친교를 여러분 모두가 누리시기를 빕니다(Ⅱ 고린토 13:13)"(한 신학생에게 보낸 편지, 1905. 6. 27.).

2. 미사를 봉헌하는 사제—엘리사벳은 유달리 제단에 선 사제, 말하자면 그의 손안에서 사람이 되신 말씀이 교회를 위해 자신을 바치는 순간의 사제를 사랑하였다. 세례로써 그녀에게 새겨진 그리스도에 관한 지식은 사제가 세상에서 중개자의 역할을 한다는 것을 이때 더욱 뚜렷이 깨달았던 것이다. 엘리사벳은 시에나의 성녀 카타리나처럼 성체를 영할 때 자신에게 그리스도를 주는 사제의 발자국에 입맞춤은 안 했지만 친분이 있는 사제들에게 제단에서 자기를 기억해 주고 자기 영혼을 "어린 양의 피 속에"(묵시록 7:14) 잠궈 주도록 감동적인 열심으로 언제나 잊지 않고 간청했다. "신부님께서 매일 미사 때마다 저를 위해 기도해 주심을 알고 있습니다. 그리스도의 성혈 안에 제가 몽땅 적셔지도록 제발 저를 성작 안에 넣어 주십시오. 신부님, 삼위 일체께서 수정 안에 당신 모습을 비추어 보시듯 제게도 비추실 수 있도록 아주 깨끗하고 온전히 투명해지기를 애태우고 있습니다"(한 신부에게 보낸 편지, 1902. 8.).

엘리사벳은 축일이나 기념일에도 늘 이 큰 은혜를 청하고 있었다. "내일은 진리이신 분께서 '이 여자는 이토록 극진히 사랑하였다'(루가 7:47)라고 하신 성녀 막달라 마리아의 축일입니다. 그리고 또한 저의 축일이기도 합니다. 제 영세 기념일이랍니다. 신부님은 '사랑'이신 분의 사제이시므로 원장 수녀님의 허락으로 내일 미사때 저를 주님께 바쳐 주십사는 청을 드리기 위해 씁니다. 저를 어린 양의 성혈 안에서 씻어 주시기를 청합니다. 제가 주님 아닌 모든 것에서 깨끗해지게 말입니다. 주님의 영원 불변하신 뜻으로 미리 예정한 복된 합일에 이르기까지 더욱 더 큰 열정으로 주님을 사랑하기 위해서만 살 수 있게요. 고맙습니다. 신부님. 저는 신부님의 축복 아래서 잠심합니다"(한 신부에게 보낸 편지, 1905. 7.).

엘리사벳은 개인 피정 때에도 같은 간청을 한다. "저는 오늘 저녁에 큰 여행을 떠납니다. 열흘 동안 온전히 고독하게 지내며 여느 때보다 묵상기도 시간도 많아지며 수도원 안을 다닐 때도 수건을 내려씁니다. 저의 생활은 더욱 더 사막의 은둔자와 같답니다. 이 사막에 들어 가기에 앞서 신부님께 기도를, 더구나 미사때의 큰 지향을 가져주십사고 부탁않고는 견딜 수가 없었답니다. 신부님께서 호스티아를 축성하실 적에 오직 홀로 거룩하신 예수님께서 육화되실 때, 저의 모든 갈망, 마음의 움직임, 온갖 행위가 주님의 성덕에 바쳐진 찬미가 되도록 주님의 영광의 찬미의 호스티아로서 부디 저를 그분과 함께 바쳐주시길 부탁드립니다."

"'내가 거룩하니 너희도 거룩한 사람이 되어야 한다'(레위기 11:44). 이 말씀 안에 저는 잠심합니다. 저를 밝혀 주는 이 빛으로 이 거룩한 여행을 하려 합니다. 성 바울로께서는 '우리를 그리스도와 함께 살게 하시려고 천지창조 이전에 이미 우리를 뽑아 주시고 당신의 사랑으로 우리를 거룩하고 흠없는 자가 되게 하셔서 당신 앞에 설 수 있게 하셨습니다'(에페소 1:4)라고 하시며 이 말씀을 저를 위해 해설해 주십니다. 하느님께 봉헌된 순결함의 비결이 여기 머무는 것입니다. 왜냐하면 '하느님은 사랑'(요한 Ⅰ서 4:16)이시기 때문입니다.

그러므로 이 열흘 동안 정말 저를 위해 많이 기도해 주십시오. 저는 그것을 기대하고 있으니까요. 그것은 또한 아주 당연하게까지 여겨집니다. 우리 서로 돕기 위해서 주님은 우리를 맺어 주신 것이 아니겠습니까? '의좋은 형제는 요새와 같다'(잠언 18:19)라고 주님은 말씀하셨습니다. 이것이 제가 신부님께 맡겨드리는 사명입니다. 사랑하는 에페소인들을 위해서 성 바울로의 위대한 마음에서 솟아오른 이 기도를 저를 위해서 바쳐 주시지 않으시렵니까? '넘쳐 흐르는 영광의 아버지께서 성령으로 여러분의 힘을 돋구어 〈내적 인간〉으로 굳세게 하여 주시기를 빕니다. 그리고 아버지께서 여러분의 믿음을 보시고 그리스도로 하여금 여러분의 마음 속에 들어가 사실 수 있게 하여 주시길 빕니다. 그래서 여러분이 사랑에 뿌리를 박고 사랑을 기초로 하여 살아 감으로써 모든 성도들과 함께 하느님의 신비가 얼마나 넓고 길고 높고 깊은지를 깨달아 알고, 인간의 모든 지식을 초월한 그리스도의 사랑을 알 수 있게 되기를 바랍니다. 이렇게 해서 여러분이 완성되고 하느님의 계획이 완전히 이루어지기를 빕니다'(에페소 3:16-19). 다윗이 성령으로 말미암아 부른 '그의 원수들은 수치를 입게 하고 그의 머리 위에는 왕관이 빛나리라'(시편 131:18)가 실현되도록 우리 마음 안에서 그리스도를 거룩하게 합시다"(한 신부에게 보낸 편지, 1905. 10. 8.).

생애를 마치려 할 즈음 엘리사벳이 자기의 새 이름을 성서 안에서 찾았을 적에도 미사드리는 사제에게로 마음을 향하였다.

"신부님, 저를 좀 도와주십시오. 제게는 정말 그 도움이 필요하답니다. 비추어지면 비추어질수록 저는 자신의 무력을 느낍니다. 당신은 내 사제이시니 부디 12월 8일에 힘있는 주님의 사랑에 저를 봉헌해 주시기 청합니다. 제가 실제로 '영광의 찬미'(Laudem gloriae)가 될 수 있도록 부탁드립니다. 이것은 성 바울로 서간에서 읽은 영원한 '거룩하시다'를 노래부르기에 앞서 제가 지상에서 이룩해야 할 천직임을 깨달았습니다"(한 신부에게 보내는 편지, 1905. 12.).

3. 사제의 사도직에 참여하다—미사에서 사제의 두 가지 동작이 사제직의 사명을 잘 나타낸다. 이를 테면 사람들을 위해 하느님께 전구하는 상승적 중개, 하느님의 은혜를 사람들에게 나눠주는 하강적 중개이다. 성 변화때, 사제는 호스티아를 성 삼위 일체께로 올리고, 다음 영성체때는 신도에게 향하여 그들에게 생명의 빵을 분배한다. 그리스도를 삼위 일체께 바치고 다음에 그리스도를 세상에 준다. 이것이 지상에서의 사제의 이중의 사명이다.

이 신성한 사명을 이루기 위해서는 바로 그리스도와 같은 영혼이 필요하다.

그 때문에 전교회, 특히 관상적 영혼은 사제가 이런 자가 될 수 있게 도와야 한다. 그때문에 수도원 안에서 많은 이들이 보다 깨끗이 십자가의 고통에 더욱 깊이 참여하는 생활을 통해 침묵 속에서 몸을 바치는 것이다. 엘리사벳은 사제직의 이 영적 필요성, 사제들의 성화를 위해 기도의 필요에 관하여 깊은 이해를 갖고 있었다.

가르멜 수녀에게 사제직의 완벽한 신학을 요구하려는 것은 무리이다. 엘리사벳 수녀는 사제적인 모든 덕, 즉 경건, 정결, 재물에서의 이탈, 학식, 순종, 구원과 주님의 영광에 대한 분발심 등에 관여하지는 않는다. 그것은 그녀의 영역도 아니려니와 영성적 것도 아니다. 엘리사벳은 다만 언제나 치솟는 샘, 말하자면 하느님과의 합일 안에서 덕을 찾고, 사제 안에서 자신의 영성 생활의 이상을 비추어 본다. 그리고 숭고하고 간결한 다음의 말, 즉 "사제란 성부의 영광을 위해 일하는 또 다른 그리스도이다." 안에서 사제직의 이상을 찾았던 것이다. 비오 11세의 사제직에 관한 훌륭한 회칙(Vivat ut alter Christus, Ad Catholici Sacerdotii 1935. 11. 20.) 안의 "사제는 또 다른 그리스도처럼 살아야 한다"라는 아름다운 말을 그녀는 얼마나 사랑했는지 모른다.

엘리사벳은 섬세한 재치와 겸허한 태도로 사제직의 비결을 사제에게 상기시키는 수완을 갖고 있었는데 거기에는 남을 가르친다는 느낌은 추호도 없었고 오직 매우 단순히, 가르멜 수녀로서 사제의 영혼에 관심을 보이고 있었다. 말하자면 사제일지라도 외면적 분주한 활동 중에 돌이킬 수 없는 악을 저지르지는 않았더라도 영성 생활이 없으면 그 이룩한 선은 보잘 것 없는 것이 되고 만다.

엘리사벳은 사부 십자가의 성 요한이 「영혼의 노래」 안에서 한 말을 잘 알고 있었다. "순수한 사랑으로 한 가장 작은 행위는 다른 모든 업적을 합친 것보다도 교회를 위해 또한 그 사람 자신을 위해서도 훨씬 유익하다"(영혼의 노래, 29). 순수한 사랑의 가장 작은 불꽃일지라도 교회를 위해서 최상의 중요성을 가진다는 것은 진리이다.

사도가 되었다는 것은 예수 그리스도를 세상에 주는 것이다. 그러나 그것은 자기 자신이 그리스도를 소유하고 있는 정도에 따라 줄 수 있게 된다. 돌아가시기 전날 제자들과의 마지막 대화 중에 그리스도 친히 사도직의 참된 법칙을 가르쳐 주셨다.

"나는 포도나무요, 너희는 가지다. 누구든지 나에게서 떠나지 않고 내가 그와 함께 있으면 그는 많은 열매를 맺는다. 포도나무에 붙어 있지 않는 가지가 스스로 열매를 맺을 수 없는 것처럼 너희도 나에게 붙어 있지 않으면 열매를 맺지 못할 것이다." "무슨 소원이든지 구하는 대로 다 이루어 질 것이다. 너희가 많은 열매를 맺으면 내 아버지께서 영광을 받으실 것이다. 아버지께서 나를 사랑하신 것처럼 나도 너희를 사랑해 왔다. 그러니 너희는 언제나 내 사랑 안에 머물러 있어라"(요한 15:4-9). 최후 만찬 후의 예수님의 이 말씀은 그리스도교적 사도직의 헌장이다.

주님을 따라서 영성 생활에 이처럼 깊이 마음쓰고 있던 엘리사벳 수녀는 사제가 만일 예수 그리스도를 세상에 주고자 원한다면, 주님과 하나됨이 얼마나 필요한 지를 절감하지 않을 수 없었다. 엘리사벳 수녀의 생각으로는 사도란 빛나는 일이나 멋진 설교의 사람이 아니고 고통과 죽음으로 세상을 구원하신 십자가에 못박힌 분을 닮아 무엇보다도 우선 침묵 안에 자신을 희생하는 기도의 사람이다. 사제의 활동에 일치하고 있었던 가르멜 수녀로서 그녀의 사도직은 어디까지나 구세적 희생과 주님의 죽음의 모방이라는 길을 따라 나아가려는 데 있었다. 엘리사벳은 "나는 그리스도의 몸인 교회를 위하여 그리스도의 남은 고난을 내 몸으로 채우고 있습니다"(골로사이 1:24). 그리고 세상 구원의 장엄한 행위에 자기 자신을, 자기의 마지막 피 한방울까지 합할 수 있도록 주께서 남겨 놓으신 그리스도의 수난의 신비적 결함을 채우는 데 맘쓰고 있었다.

"우리는 사랑으로 진실한 자가 되도록, 달리 말하면 우리가 희생의 사람이 될 수 있도록 청합시다. 희생이란 사랑을 행위로 옮겨 놓은 것에 지나지 않다고 생각되니까요. '그분은 나를 사랑하시고 우리를 위해 당신을 주셨습니다.' 어느 분이 '사제 생활과 가르멜 수녀 생활은 사람들 안에 말씀의 육화를 준비하는 하나의 대림절과 같은 것이다'라고 말한 이 생각을 저는 좋아한답니다. 다윗은 시편에 '주님 앞을 서서 가는 한 불이 있어'(시편 96:3)라고 노래합니다. 불이란 사랑이 아니겠습니까? 그리고 또한 우리의 사명은 사도가 '태워버리는 불'(히브리 12:29)이라고 부른 분과의 합일로 주님의 길을 준비하는 것이 아니겠습니까? 주님과의 사귐으로 우리는 흡사 사랑의 불꽃이 되어 그리스도의 신비체인 교회의 모든 지체에게 불티를 번지게 할 것입니다. 그렇게 되면 우리는 주님의 마음을 위안해 드리게 되고 주님은 아버지께 우리를 보이시면서 '이 사람들로 말미암아 내 영광이 나타났습니다'(요한 17:10)라고 말씀하실 수 있으리라 생각됩니다."(한 신부에게 보낸 편지, 1902.).

엘리사벳의 사도적 정신은 신자 한 사람 한 사람을 전교회의 영적 선에 참여케 하는 모든 성인의 통공의 교의의 깊은 뜻을 익히 깨닫고 있었다. 이 진리를 깨친 그녀는 신비체 전체 안에, 위치한 관상가로서 자신의 역할을 생각하였다. 그리고 거짓 겸손에 현혹됨이 없이 여정 중에 있는 이 세상 교회와 승리의 교회 안의 모든 이들을 삼위 일체께로 나아가는 '전체적 그리스도'와 하나되는 드높은 빛까지 인도하고 있음을 알고 있었다. 좁다란 생각이나 작다란 감정 문제 따위에선 멀찌감치 떠나 관상가인 엘리사벳의 위대한 얼은 하느님이 계획한 가장 넓은 세계 안에서 자유로이 움직이고 있었다.

"영에 있어서는 간격도 이별도 없으며 '아버지 이 사람들을 완전히 하나가 되게 하소서'(요한 17:23)라고 하신 그리스도의 기도가 실현됐다고 생각지 않으시나요? 지상에 있는 이들과 지복 직관의 빛 속에서 영광을 받은 이들과는 서로가 정말 가깝게 있다고 생각됩니다. 이 양자는 다같은 하느님께, 즉 지상에 있는 이에게는 믿음과 신비 속에서 당신을 주시고 천상에 있는 이는 신적 빛으로 채워 주시는 같은 성부와 하나되어 있기 때문입니다. 그러나 그는 같은 주님이시고 우리는 자신 안에 이 분을 소유하고 있습니다. 주님은 당신의 모든 사랑으로 밤낮으로 우리를 굽어보시고 그 신적 생명을 전해 주시며 부어넣어 주십니다 · … 우리는 가는 곳마다 하느님의 빛을 반사하는 신비스런 자가 됩니다. 살아 있는 샘 곁에 언제나 머물러 있는 사도는 사람들에게 얼마나 힘이 있는지요. 그는 결코 자신은 빈 몸이 되지 않으면서 자기 둘레에 넘치도록 쏟아 줄 수 있습니다. 무한과 서로 통해 있기 때문이지요. 주님께서 신부님의 온갖 능력을 차지하시어 모든 신비를 통달하게 하시고 신부님 안에는 모두가 신비스럽고 그분의 날인을 받으시어 '성부의 영광을 위해 일하는 또 다른 그리스도'가 되시도록 저는 기도하고 있습니다. 부디 저를 위해서도 기도해 주십시오. 저도 주님의 영광을 위해 일하고 싶습니다. 그렇기 위해서는 그분으로 온전히 채워져 있어야 하겠지요. 그래야만 비로소 저는 모든 힘을 갖게 될 것입니다. 그럴 때 하나의 눈길, 하나의 소망에서도 일체를 얻을 수 있는 능한 기도가 됩니다. 그도 그럴 것이 그때가 바로 하느님께 하느님을 바치는 것이 아니겠어요? 주님 안에서 우리가 온전히 하나가 되도록 신부님께서 사람들에게 하느님을 전하고 계신 동안 저는 막달아 마리아처럼 주님의 발치에서 침묵하고 경배하면서 주께서는 신부님이 사람들에게 하는 말씀에 열매를 풍성하게 해주시도록 기도하고 있습니다. 사도와 가르멜 수녀, 그것은 온전히 같습니다. 온통 주님 것이 되고, 주님의 신적 생명이 우리 안에 침투되게 맡겨 드립시다. 주님이야말로 우리의 생명의 생명, 우리의 얼의 얼이십니다. 그리고 신부님, 밤이나 낮이나 주님의 신스러운 활동 안에 깨어 있으십시다"(한 신부에게 보낸 편지).

교회 안에서 사제의 사도직에 참여하는 가르멜 수녀에 관한 엘리사벳의 가르침 모두는 신학적으로 균형잡혀 있다. 사제가 말씀이나 성사 집행, 그밖의 사제직의 여러 임무에서 사람들에게 그리스도를 전해 주는 동안 가르멜 수녀는 막달라 마리아처럼 그리스도의 발치에 묵묵히 머문다. 아니 그보다 십자가 밑에서 세상 구원에 참여하신 마리아처럼 십자가에 못박히신 분의 온갖 동향에 내적으로 동화하며 같은 구세적 목적을 위해 그분과 함께 죽어 가는 것이다.

4. 사제와 영혼의 지도―사제는 정말 그리스도교적 생활 안에서 첫자리를 차지한 사람이다. 사람들은 영혼을 인도하며 하느님께 협력한다. 성 바울로의 말씀대로 사제는 "하느님의 일꾼"(Ⅰ 고린토 3:9)으로 예정된 자이다. 엘리사벳 수녀는 "신부님은 주님의 은혜의 분배자이십니다. 더구나 전세계를 포용하는 크시고 전능하신 분은 사람들에게 당신 자신을 주기 위해서 신부님을 필요로 하신다고 생각됩니다"(한 신부에게 보낸 편지)라고 쓰고 있다.

우리는 여기에 대해서 별로 생각지 않는다.

사람은 사제의 손에서 그리스도를 받는다. 사제의 손에 어린아이는 세례때 그리스도의 생명으로 태어난다. 또한 그는 견진을 주는 사제의 중개로 이 생명 안에서 자라고 굳세어진다. 매일 아침 사제의 손에서 하느님을 양식으로 받고, 늘 사제를 통하여 그 허물에서 다시 일어나 신적 생명으로 부활한다. 나이가 차서 한 인간으로서 자신의 삶을 정할 때가 오면 새 가정에 그리스도를 영접하기 위해 사제가 다가간다. 마침내 생애의 황혼이 와서 모든 것이 끝날 때 죽음이 가까워진 노인에게 마지막 축복을 준다. "그리스도 신자의 영혼이여, 그대를 씻어준 그리스도께로 나아가라."이렇게 천국의 문을 여는 것도 사제이다. 요람에서 무덤에 이르기까지 사제는 언제나 신자들 곁에 있다.

사람이 생존하는 한, 늘 함께하는 사제의 영향은 개인뿐만 아니라 모든 민족에까지 이른다. 사제만이 "이 세상 모든 사람들을 제자로 삼으라"(마태오 28:19)는 사명을 받았다. 말이나 학문을 통해 그는 사람들의 지성을 "그리스도의 멍에는 편하다"(마태오 11:30)는 것으로 따르기 쉽게 한다. 비오 11세는 그 회칙 「가톨릭의 사제직에 관해서」(Ad. Catholci Sacerdotii, 1935. 12. 20.)에서 다음과 같이 말하고 있다. "사제가 가르치는 진리를 고찰하고 그 내적 힘을 헤아린다면 모든 국민이 도덕적으로 드높여짐과 평화를 위한 사제의 영향이 얼마나 유효한 것인지 쉽게 이해할 수 있을 것이다. 놀랄 만큼 인생의 짧음, 이 세상 재물의 덧없음, 영적이며 영원한 참된 가치, 하느님의 심판의 진실성, 각자를 그 소행에 따라 갚으시는 분, 모든 마음을 헤아리시는 하느님의 눈길, 그 변함없는 성성 등을 온갖 계급의 사람들에게 상기시키는 것은 사제이며 따라서 흔히는 사제의 일이다. 참으로 사제는 사람들에게 주님의 은혜를 내리게 하고 주님의 노하심을 풀게 하는 기도를 주님께 올리는 하느님과 사람 사이에 놓여진 중개자이다."

교회 안의 가장 영적인 사람들에 대한 사제의 역할은 어떤 것이겠는가? 하느님과의 합일에 이르는 절벽이 둘러싸고 있는 '좁은 길'에서 헤매지 않게 사제는 사람들에게 현명한 지도를 한다. 십자가의 성 요한은 학문이나 덕이 모자라고 갖추지 못한 지도자에 대해서 엄하고 강력한 경고를 몇 장 써서 남겼다. 영혼의 좋은 지도자는 정말 드물며 그렇기에 무척 귀중한 것이다. "천 사람에서 골라야 한다"라고 성 프란치스꼬 살레시오는 말했다. 이 문제로 너무도 괴로워한 아빌라의 성녀 데레사는 자기 영혼과 수도원 창설사업의 어려운 시기에 어김없이 도움이 되도록 하느님께서 섭리해주신 경건하고 학식있는 사제들에게 늘 깊이 고마워하고 있었다. 아빌라의 데레사는 또한 도미니꼬 수도회에 속한 위대한 신학자들에게 큰 도움을 받았으며 "마음으로는 도미니꼬회의 수녀입니다"라고 했다.

견실한 교의와 현명한 지도자를 사랑하는 마음은, 가르멜의 전통의 하나이다. 엘리사벳 수녀는 이 점에서도 아빌라의 성녀 데레사의 참된 딸이었다.

어린 시절과 소녀 시절을 통해서 엘리사벳의 지도 사제였던 자기 본당신부에게 규칙적으로 고백하러 갔다. 그런데 그가 너무 온화하다고 생각하고 한때 더 엄한 지도를 예수회의 한 사제에게 청하려고도 생각했었다.

〈일기〉―1899년 2월 6일―

"금, 토, 주일은 우리 성당에서 주야로 성체조배가 있을 예정인데 그때 강론하실 분은 나의 전 고백 신부이시다. 신부님을 만나뵙고 나의 성소에 관해서 말씀드릴 수 있으면 좋으련만. 신부님의 엄격하고 확고한 지도를 못 받게 됨을 얼마나 애석하게 여겼던 것인가. 주임 신부님은 퍽 좋은 분이신데 너무 온화하시다. 엄격함이 부족하다. 나를 지나치게 쉬운 길로 인도하신다. 전날 나는 어머니께 주임 신부님 대신 피정 강론 신부님이신 쉐네이 신부님을 지도 신부로 모실 수 있으면 기쁘겠다고 말씀드렸더니 어머니는 불만하셨으므로 이제 이 일을 더 이상 말씀드리지 않을 예정이다."

―2월 10일 금요일―

"오늘 고백하러 갔다. 정말 기뻤다. 지도 신부님께 피정에 관하여 말씀드렸다. 나의 결심과 이 며칠 동안 주께서 넘치도록 쏟아 주신 모든 은혜를 말씀드렸다. 신부님은 이후 이 결심을 어긴 것을 고백때마다 말하라고 하셨다. 그렇게 하면 매우 진보할 것이라고 하셨다."

디종에 있을 적에 엘리사벳은 즐겨 예수회의 사제들의 영성적 강좌나 피정에 참여하고 때로는 자신을 위한 조언을 청하고 그들의 의견을 충실히 지키고 있었다.

엘리사벳은 "매우 깊고, 빛에 충만한"(A. 부인에게 보낸 편지, 1902. 9.) 도미니꼬회 발레 신부의 가르침에 무척 감동하고 존중하고 있었다. 이 뛰어난 수도자의 영향이 그녀의 영성적 특징 안에 드러나고 있다. 가령 침묵하고 사랑을 믿는 것, 마음 가장 깊이 그곳에 계시며 언제나 항상 우리를 깨끗하게 하고 구원하고자 하시는 분과 함께 사는 것 등이다. 마지막 석달 동안에도 엘리사벳 수녀는 신부님의 의견을 청하고 그녀의 마지막 나날을 지배한 생각, 즉 십자가에 못박히신 분을 닮는 데에 관한 실천적 계획서를 써 주기를 부탁했다.

"…아마 내년은 신부님의 축일을 성 도미니꼬와 함께 성도들의 유산인 광명 안에서 축하드리게 될 것입니다. 하지만 올해는 아직 저의 마음 속의 천국에 숨어, 보다 내적으로 신부님의 축일을 축하드립니다. 그리고 저는 신부님께 기도를 부탁하고 싶습니다. 신부님 부디 저를 위해 빌어 주십시오. 저는 정말 충실히 바로 깨어 있으면서 십자가에 못박히신 예수님의 배필답게 나의 갈바리아를 오를 수 있게 말입니다. '하느님께서는 이미 오래 전에 택하신 사람들이 당신의 아들과 같은 모습을 가지도록 미리 정하셨습니다'(로마서 8 : 29). 저는 위대한 성 바울로의 이 말씀을 얼마나 사랑하는지요! 이 말씀은 저의 마음을 평안하게 해준답니다. 주님은 '너무나 큰 사랑으로' 저를 '미리 정하시고 부르시고 그리고 의롭게 해주셨습니다.' 그러므로 주님 곁에 저를 불러 주실 때까지 주님의 끊임없는 영광의 찬미가 되고자 합니다. 신부님, 당신의 작은 아이를 위해 기도해 주세요. 5년 전 오늘 제가 가르멜의 문을 두드린 것을 기억하는지요? 그때 신부님은 거기 오셔서 거룩한 고독에로 들어가는 첫 걸음을 축복해 주셨습니다. 지금 저는 '영원한 문'을 두드리고 있답니다. 신부님, 제발 다시 한번 저를 굽어 보시어 '아버지의 집'에로 가는 문턱에서 저를 축복해 주시지 않으시렵니까? 신부님께서 이끌어 주신 사랑의 큰 도가니, 성 삼위의 품 안에 넣어 주시면 이제껏 베풀어 주신 신부님의 은혜를 정녕 잊지 않으렵니다. 그리고 그 다음은 제 차례로 제게 그토록 많은 것을 주신 신부님께 은혜를 갚고자 합니다.

신부님 또 한가지 부탁을 드려도 좋을는지요? 만일 짧은 편지로 하실 수 있으시다면, 어떻게 주님의 계획, 즉 십자가의 주님의 모습을 닮을 수 있는가를 가르쳐 주시면 참으로 기쁘겠습니다.
　그럼 안녕히 계십시오. 신부님, 부디 '성 삼위'의 이름으로 저를 축복해 주십시오. 그리고 저를 찬미의 작은 호스티아로 바쳐 주십시오."
　엘리사벳 수녀는 불안 때문에 이 지도자에게서 저 지도자에게로 옮겨다니는 일은 하지 않았다. 섭리로 가르멜에 보낸 고백 신부에게 순순히 그리고 온순히 만족하고 있었다. 하지만 경우에 따라서는 특별 지도를 청하기를 주저하지 않았다. 가령 서원 전날, 그녀를 위해 일부러 오신 진중하고 현명한 한 수도 신부의 권위있는 말에 어찌할 바를 모르게 된 엘리사벳의 마음은 온전히 안심할 수 있게 된 것이다.
　가족과의 친분이 있던 한 신부에게 자신의 영성 생활 초기에 마음을 열어 보였던 엘리사벳은 일생 동안 감사에 넘친 애정을 품고 있었다.
　"가르멜의 거룩한 규칙이 저의 펜에게 침묵을 명하여도 제 마음이 온통 신부님께까지 가는 것을 막지 못합니다. 자주 울타리를 넘어 간답니다. 주님은 이를 용서해 주시리라 생각됩니다. 왜냐하면 이 여행은 주님과 함께 주님 안에서 하니까요. 올해는 더욱 충실과 사랑으로 충만하도록 신부님의 작은 가르멜 수녀를 위해 빌어 주십시오. 저는 쉴 새 없이 주님과 하나되어 주님을 얼마나 위로해 드리고 싶은지요. 신부님께 제 마음의 비밀을 밝히겠습니다. 저의 이상은 '영광의 찬미'가 되는 것입니다. 저는 이것을 성 바울로 서간에서 읽었는데, 저의 천상 정배께선 성도들의 도성에서 영원한 '거룩하시다'를 노래하러 가기까지 이 유배지의 저의 천직이 여기에 있음을 깨닫게 해주셨습니다. 하지만 그것은 큰 충실을 요구합니다. 이는 '영광의 찬미'이기 위해서는 주님 아닌 일체에서 죽고 오직 주님 손에 닿을 때만 울리는 것이라야 하니까요. 더구나 형편없는 엘리사벳은 주님께 가끔 잘못한답니다. 그러나 선량한 아버지같이 주님은 그것을 용서해 주시고 주님의 눈길은 저를 깨끗이해 주십니다. 성 바울로처럼 저도 '내 뒤에 있는 것을 잊고 앞에 있는 것만 바라보면서 목표를 향하여 달려갈 뿐입니다'

(필립비 3:13).

교회를 위해 자신을 성화하고 자신을 잊을 필요를 정말 통절히 느낍니다. 불행한 프랑스! 우리 나라를 '항상 살아 계셔서 그들을 위하여 중재자의 일을 하시는'(히브리 7:25) 그리스도의 성혈로 감싸고 우리 나라를 위해 주님의 자비를 간청하고 싶습니다. 가르멜 수녀의 천직은 그 얼마나 숭고한지요! 그것은 예수님과 함께 하느님과 인간의 중개자가 되어 주님의 인성의 연장처럼 거기서 주님의 속죄, 희생, 찬미, 경배의 생활이 영원히 이어질 수 있게 하기 때문입니다. 아무쪼록 자신의 사명을 유감없이 완수하여 주님께서 아낌없이 주시는 은혜를 헛되이 하지 않도록 기도를 청합니다. 이것을 생각하면 때로는 참으로 무서워집니다. 하지만 사도 성 요한이 '충실한 분, 진실한 분'이라 부른 그분께 맡기며 주 자신이 저의 충실함이 되어 주십사고 청한답니다. …주의 공현 주일은 제가 하느님의 어린 양의 정배가 된 지 3년째의 기념일이랍니다. 미사에서 예수님이 육화되신 거룩한 호스티아를 봉헌하실 적에 부디 신부님의 작은 아이도 전능의 사랑에 바쳐 주십시오. 주님께서 그것을 당신의 '영광의 찬미'로 바꾸어 주시도록"(한 신부에게 보낸 편지).

이렇게 이 가르멜 수녀는 주님의 뜻과 교회의 현명한 생각에 충실히 따르고 그 영성 생활의 여러 시기에서 도움을 받아 하느님과의 합일에로 이끌어 주도록 언제나 사제 곁으로 갔다. 사제직의 전(全)의의는 여기에 있다. 즉 말과 기도의 성사와 또한 특히 미사에서 "그리스도를 형성하고", "그를 통하여 그와 함께 그의 안에서" 사람들을 하느님과의 합일에 인도하는 것이다.

엘리사벳이 의식하지 못한 것이 하나 있었다. 그것은 그녀와 접촉할 수 있었던 사제들을 신적 분위기에 이끌어들인 일이다. 그들은 모두 그녀에게서 잊지 못할 매우 높은 성덕의 인상을 받았다(저자는 이것에 관하여 몇가지 증언을 받았다. 그녀의 고백 사제는 그녀에 대해서 참된 존경을 드러내고 있었다).

사제직 수행에서 자주 이런 일이 있는데 사람들을 돌보는 사제들은 하느님의 예지의 감탄스러운 역사하심으로 이 사람들을 통해서 성화되는 것이다. 이미 경험한 이들은 잘 알고 있듯이 사제가 사람들을 인도하고 구원하기 위해 사람들 곁에 있게 하였듯이 사제에게 완덕의 절정의 길을 계시하거나 혹은 상기시키기 위한 섭리의 계획에 따라 사제의 곁에 있게 한 이도 있는 것이다. 살라망카 대학의 유명한 교수이자, 성녀 데레사의 충실한 지지자였던 도미니고회 바녜스 신부는 거룩한 개혁자 성녀 데레사와의 대화 중에서 그를 마침내 위대한 관상적 신학자로 만드는 드높은 빛을 몇 가지 받았던 것이다. 십자가의 성 요한도 또한 베아스의 한 가르멜 수녀의 속내 이야기를 들은 다음 그의「영혼의 노래」에다 하느님의 아름다움에 관한 숭고한 한 구절을 덧붙였던 것이다. 교회 역사의 흐름 안에 이러한 방법으로 영감을 받은 사도직이나 또는 초자연적 계기에서 시작한 사업이 얼마나 많은 지를 아는 이는 그리 많지 않다.

얼마나 많은 사제들이 엘리사벳이 쓴 글에서 만사를 새롭게 하는 절정을 향한 결정적 통찰을 얻었는가! 디죵의 겸허한 가르멜 수녀는 사제들에게 받은 은혜를 이렇게 조금이나마 갚는 것이리라. 지금은 하늘높은 데에서 엘리사벳은 영광의 찬미를 위해 "하느님께서 만물을 지배하시게 될"(Ⅰ 고린토 15:28) "그리스도의 날"(필립비 1:10)을 앞당기기 위해서 사제의 사제직에 참여하는 가르멜 수녀로서 해야 할 사명을 계속할 것이다.

■제 8 장■

성령의 은사[1]

"인간의 모든 행위는 자신의 것인 동시에
하느님의 것이다"

1. 성령의 은사의 역할—성령의 은사의 연구는 성성의 가장 드높은 역사를 다루며 신비 신학의 절정을 취급한다. 인간에게 "온전한 삼위 일체의 덕성"을 주는 하느님의 생명의 활동은 하느님의 은혜의 뛰어난 큰 승리이다. 성인들의 생애의 아름다운 마지막에는 자아가 사라져 버리고 하느님만이 온통 모든 활동의 시작을 잡고 계신 듯 보일 때 비로소 그것은 빛나게 된다. 하느님의 세 위격과의 친교에 인도되어 그곳에 거처를 잡고 영혼은 성 삼위적 생명에 참여하고 성 요한의 말씀대로 성부와 성자와 성령과 함께 "사귀는 친교"(요한 I서 1:3)로 "하나가 되어"(요한 17:21) 산다. 이는 세례의 은혜가 완전히 개화된 것이다.

그렇다고 처음부터 그렇게 되는 것은 아니다. 그리스도 신자는 처음에는 "하느님의 가정"에서 말하자면 새 가정의 풍습을 채 익히지 못한 양자처럼 처신한다. 갓 세례를 받은 이는 아직 불완전하게 이 본질적인 하느님 덕성으로 사는 생명을 갖고 있으며 "하느님 방식으로" 살려면 어떻게 해야 하는지 모른다. 그때문에 삼위 일체 안에서 하느님처럼 살려면, 특히 "말씀처럼" 살려면 ―

주 1) : 영성생활에서 성령의 역사심은 매우 중요하기에 비교적 광범한 신학적 해설을 시도했다.

왜냐하면 성자의 모습을 닮는 것은 그리스도 안에서 우리의 구원 예정의 정점이기 때문이므로 — 하느님의 세 위격이 친히 가르치러 오셔야 한다.

그리스도교적 모든 덕의 인간적 방식에서 떠나 신스러운 방식에로 옮겨짐은 바로 성령의 은사가 역사하는 대상이 되는 것이다. 세례를 받은 이가 신적 생명에서 진보하고 그 안에 세례의 은혜가 발전함에 따라서 성 베드로의 말씀처럼 삼위 일체의 단일성 안에 있는 것과 같은 "하느님의 본성을 나누어 받게 된 자"(Ⅱ 베드로 1:4)가 된다. 그래서 자신을 하느님의 양자로 하는 이 신비를 더 잘 알아차림으로써 하느님 이외의 것에 관심을 잃는다. 그리스도 신자란 성부와 성자와의 "사랑" 안에 완전히 합일하기 위해 그 깊은 생명이 외아들과 함께 성부 품 안에 숨어 있는 "또 다른 그리스도"이다.

아버지로부터 말씀에게 전해지고 이 두 위격에서 성령에게 전해지는 하느님의 본성에 참여하기로 미리 예정된 사람들은 은혜로써 이루어진 이 기초적 진리를 잘 이해하는 것이 매우 중요하다. 은혜란 본질에서 생기는 특성과 같이 거기서 유쾌하게 성령의 은사나 온갖 덕의 활동의 초자연적 모든 뜻을 포함하는 것이다. 은혜가 우리를 하느님의 양자로 삼고, 삼위 일체를 닮는 자로 만든다는 것을 이해하지 않는다면 믿음이 우리를 "말씀에 참여하는 자"(성 토마스, 신학대전, 제1부 제38문, 제1항)가 되게 한다는 것을 어찌 알아듣겠는가. 은혜에 관한 이 가장 전통적이고 또한 보다 깊은 생각만이 하느님의 세 위격의 특출한 활동 아래 어떻게 하면 지상에서 이미 "영원히 사는 영혼"으로 "성부와 성자와 성령처럼" 살 수 있는가를 설명한다. 하지만 이것은 말할 나위도 없이 사랑의 행위를 항상 현실적으로 완전히 실천하는 데 따르는 방해가 되는 신앙의 어두움과 현세의 여러 어려움을 받아들이는 정도에 따라서다. "참여"(형상적·유사적 불안전한 참여를 가리킨다)라는 말은 사람의 마음을 하느님의 모습으로 바꾸는 신적 생명이 사람 마음 안에서 취할 수 있는 온갖 다른 단계를 포함하고 의미하는 것이다. 즉, 세례를 금방 받은 이의 첫걸음에서부터 천국의 생명의 정상적 전주인 변화로 이루어진 합일의 절정에 확정적으로 살게 된 "지상에서는 드물게 완전한 사람들"(성 토마스, 신학대전, 제3부, 제61문, 제5항)의 뛰어난 신적 행위까지 포함하고 있다. 세례를 받은 이는 예외 없이 하느님을 닮는 생명, 이를 테면 지극히 복된 삼위 일체가 그 근원이며 전형인 하느님의 생명에 참여하기로 미리 예정된 사람들을 더더욱 나아가게 한다. 따라서 은혜는 그 가장 본질적인 법칙에 따라서 영광의 하느님의 모습으로 변하도록 예정된 것이다. "하늘에 계신 아버지께서 완전하신 것같이 너희도 완전한 사람이 되어라"(마태오 5:48)고 예수님은 말씀하셨다. 말하자면 하느님의 위격이 사는 양식대로 살라는 것이다. 성스러운 생활의 진보는 모두, 흔히 인간의 덕이라는 것이 지니고 있는 자연의 형태는 점차로 벗어 버리고 삼위 일체의 생명의 보다 내적이고 더욱 은밀하고 가장 신스러운 움직임에 닮아가면서 다가가는 것이다. 그것은 만사를 이미 인간적으로도 믿음의 빛으로도 보지 않고 오직 말씀의 빛 안에서 "그분처럼" 보는 것이다. 더구나 우선 하느님 때문에, 또한 다만 오로지 하느님의 영광 때문에가 아니면 만들어진 것이든 만들어지지 않은 것이든간에 어떠한 선도 사랑하지 않으며 흡사 하느님의 세 위격이 서로 사랑하고 같은 하나의 "사랑"의 움직임 속에서 전세계를 사랑함같이 신적으로 사랑하는 것이다.

최고의 신비 신학의 이런 원칙을 상기할 적에 성령의 은사의 역할 모두가 밝혀진다. 이 은사들의 특유한 효과는 바로 인간을 변화적 합일에로 이끄는 것이며 또한 그들을 삼위 일체의 모습으로 고쳐 만드시어 이 합일 상태에 머물게 하는 것이다.

성령은 처음에는 느리게, 그리고 서서히 간헐적으로 활동한다. 그 다음 그 사람이 충실하면 성령의 활동은 더욱 빈번해지고 드디어 영속적인 하나의 상태가 된다. 그야말로, 성인들 안에 승리를 얻은 성령의 은사가 그 사람 안에서도 지배적이 될 때이다. 그리스도 예수는 바로 그 완전한 모범이시다. 그리스도 당신 행위 하나하나를 원하시는 대로 성령 아래서 움직인 것이다. "성실한 동정녀 마리아"도 그리스도를 이어 연약한 우리가 가장 근접하기 쉬운 이상적 모범이시다. 그도 그럴 것이 그리스도는 하느님으로서 우리를 언제나 무한히 능가하고 계시기 때문이다.

세례의 은혜의 당연한 개화인 이 신비적 생활은 천국의 복된 이들이 하느님의 생명으로 사는 생활의 직접적인 준비가 된다. 신학은 이것을 "이미 시작된 영원한 생명"이라고까지 정의한다. 지상의 피조물로서 가능한 한 하느님의 모습으로 바꾸어진 자는 삼위 일체의 엘리사벳이 말한 것같이 "이미 영원한 나라에서 변함없고 평온히 당신 안에 살듯이" 아버지와 그 말씀은 "사랑"의 친교 안에 머문다. 사람은 주어진 신적 빛으로 하느님과 모든 것을 하느님처럼, 즉 "말씀처럼" 독특한 빛 안에서 본다 ─ 성부께서 성자와 그 영을 바라보시는 이 빛에서 삼위 일체의 각 위격의 창조 업적이 나타난다.

하느님이 당신 자신과 전우주를 같은 사랑의 영 안에서 사랑하는 것처럼 사람은 하느님의 각 위격과 이웃을 사랑한다. 성령의 은사는 대신덕에 역사하시어 하느님의 활동을 닮게 한다. 그리하여 성 토마스가 대담하게 표현한 대로 "말씀과 사랑의 참여자[2]"가 된다. 그리고 가장 작은 행위에 이르기까지 언제나 성령의 인도를 받으셨던 예수 그리스도의 모범대로 일상의 여러 사건 속에서 하느님을 산다. 이 "하느님처럼"이란 성령의 은사의 특유한 효과이다. 그것은 변화로 이루어진 합일 안에서 하느님과의 생활, 다른 "빛"도 다른 "사랑"도 없는 "주님과 영적으로 하나가 되는 생활"(Ⅰ 고린토 6:17)이다. 말할 나위도 없이 이 참여에는 창조주 대전에 우리의 환원할 수 없는 개성에서 오는 조물주와 피조물의 온갖 엄청난 차이는 남는다. 두려움과 지식의 영으로 비추어진 자신의 허무를 자각하면서도 우리는 자기의 영원한 유산을 안전히 지키는 힘없는 구원 안에서 가득한 신뢰로 쉰다.

다음으로는 사람은 하느님 안에서 사추덕의 이상의 원형을 찾은 정도만큼 신적 변화의 시기에 들어간다. 하느님 안에서의 현명의 덕이란 전세계의 온갖 사건에서 그 가장 미세한 것들까지도 "강하고 감미롭게"(지혜서 8:1) 이끄는 보편적이면서 일체를 덮어 주고 보호하는 섭리이다. 하느님께는 절제의 덕은 없다. 그도 그럴 것이 동물적 정욕은 신성 안에 존재하지 않기 때문이다. 하지만

주 2) : 성 토마스, 신학대전, 제1부 제38문, 제1항, 사람은 이미 인간적이 아니고, 말하자면 참여로써 하느님이 되어 일하게 된다.

하느님의 "단일성"에서 복된 순일화(純一化)와 각기 다른 분 안에 쉬시는 하느님의 위격의 신비적 공재성(共在性, Circumincissio)이 있다. 즉, 성부는 성자 안에 성부와 성자는 그분들의 유일한 "사랑" 안에 있으며 스스로의 행복을 함께 즐기신다. 하느님의 용기는 인간의 온갖 소란 위에 초월해 계시며, 변함없는 평화 속에 지극히 복되신 삼위 일체를 지니는 부동의 고요함이다. 하느님 자신의 영광과 미리 예정된 사람들이 참된 행복을 위해서 당신 사랑으로 자유로이 설정하신 계명을 자진하여 충실히 지키는 데에 하느님의 의로움은 이루어진다.

이렇게 하느님의 생활 안에 들어간 이는 많든 적든 신적 생명에 참여하고 그로 말미암아 하느님의 세 위격에 매우 의합한 자가 된다. "삼위 일체께서 당신의 모습을 피조물 안에서 볼 수 있는 것을 얼마나 기뻐하시는지요"(한 신부에게 보낸 편지 1902. 8.). 이를 알고 계시던 주님은 "하늘에 계신 아버지께서 완전하신 것같이 너희도 완전한 사람이 되어라"(마태오 5:48)고 하셨다. 하느님으로 사는 이러한 덕들은 영혼 안에 하느님 자신의 생명과 비슷한 것을 새겨 준다. 은혜와 그 특성으로 그는 하느님의 지음을 받지 않은 본성과 그 속성에 참으로 참여하게 된다.

그때 그의 현명함은 세상의 온갖 우연한 사건과 헛됨을 가벼이 보고, 오직 신스러운 것의 관상 안으로 피한다. 또한 그의 절제와 덕은 육체가 견디는 범위에서 온갖 감각적인 기쁨을 외면하고, 이러한 것은 이미 모르는 상태이다. 하느님을 찾은 이의 "나는 어찌된 일인지 아무것도 모르노라"(마지막 피정, 제2일)이다. 하느님께 사로잡힌 그는 다른 일체를 잊고 열심에 타는 행복한 상태가 된다. 그의 용기는 하느님의 불변함을 어느 정도까지 닮는다. 그 무엇도 그를 갈라지게도 어지럽히지도 못하며 더욱이 하느님에게서 떼어놓을 수는 없다. 그에게 있어서 싸움은 이미 존재하지 않는다. 생활에서는 하느님이 승리를 얻으신다. 모든 능력은 정의가 요구하듯이 하느님을 섬기고 하느님을 흠숭하기 위해서 하느님에게로 향해져 있으며, 하느님과 동일한 영과의 합일 안에 살면서 만사에서 하느님에게 찬미와 영광을 돌려 드린다. 이처럼 절정에 이른 이는 결정적으로 삼위 일체의 생명의 흐름 안으로 들어간다. 그리고 거의 하느님처럼

"영원한 현재"(마지막 피정, 제10일)에 산다.

　십자가의 성 요한의「영혼의 노래」나「사랑의 산 불꽃」을 애독한 삼위 일체의 엘리사벳 수녀는 이런 드높은 상태를 기록하는 데만 마음을 쓰고 있었다. 물론 그녀가 가르멜산 등반의 좁은 길의 험준함을 몰랐거나, 가볍게 여긴 것도 아니다. 오히려 가장 높은 신비적 상태였던 그녀의 글에는 철저히 금욕주의적인 데가 있다. 온갖 것에서 죽지 않는 자와 "무익한 생각이나 어떤 원의를 추구하는"(마지막 피정, 제2일) 자는 그것 때문에 절정에 가는 길에서 스스로 미끄러져 떨어지고 만다. "실제적으로 주님의 수난에 하나되어 그 죽음을 닮는 자가 된다"(마지막 피정, 제5일)고 결의한 자만이 변화적 합일에 이를 수 있다. 참된 "영광의 찬미"는 성자를 닮아 십자가에 못박힌 자이다. 그렇지만 그녀의 정신의 경향은 무엇보다도 우선 신비적이라는 것을 인정해야 한다.

　엘리사벳에게는 변화적 합일에 관한 독특한 가르침이 있다. 생활이 성령의 은사의 역사하심으로 신적으로 지배되어 있을 때, 이를 테면 죽음이 가까웠을 무렵의 편지나 두 차례의 피정은 아름다운 변화적 합일을 멋지게 표현하고 있다. 독창적이며 바꿀 수 없는 절대적 그 신비적 영성의 성격에 그다지 놀랄 필요는 없다. 성령은 본질적으로 다양하며 변화로 이루어진 합일 안에는 많은 거처가 있다. 말하자면 무한한 다양성이 있으며 그것으로 말미암아 보다 더 하느님의 영광이 드러난다. 각자 다른 기질, 기호, 교육, 환경 등에 따라서 신비적 문제를 다룬 교회 학자나 교부들은 이에 관하여 갖가지 다양한 기술을 하고 있다. 십자가의 성 요한이나 성녀 대데레사의 연구에서도 서로 근본적 일치가 있음에도 불구하고 뚜렷한 상이점도 인정된다. 아퀴노의 성 토마스는 한 논설에서 "아주 드문 지상에서 완전한 자"(성 토마스 신학대전, 제3부 제61문, 제5항)만이 이를 수 있는 하느님의 생활을 닮는 데에 관해서 매우 깊은 연구를 짧지만 흥미있게 간추렸다. 이는 마치 작은 신비 신학 전서와 같아서 그의 도덕학의 최고점은 변화적 합일에 관해서 독특한 교설을 담고 있다.

　이 점에서 특히 변화에 의한 합일의 빛 속에서 보이는 성령의 은사의 존재, 필요, 본성, 특질 등에 관한 체계적인 가르침을 삼위 일체의 엘리사벳 수녀에게 기대하는 것은 부당하다. 가르멜 수녀의 역할은 영성의 길을 학술적으로 가르치는 것이 아니며 "그리스도와 함께 하느님 안에서 보이지 않는"(골로사이 3:3) 생활의 침묵 속에서 그것을 사는 것이며 이 체험의 교의적 가치를 식별하고, 거기에 신비학의 원리의 구체적 실현을 찾는 것은 신학자의 임무이다.

이렇게 삼위 일체의 엘리사벳 수녀에게 있어서는 가르멜적 지반 위에 성령의 은사에 관한 고전적 가르침이 구체화되었던 것이다.

사람들은 흔히 성령의 역사가 다만 영웅적 행위를 위해서뿐이며 또한 특별한 은혜, 이를 테면 교회를 위해서 때로 하느님께서 누구에게 주시는 순수히 카리스마적 은혜라고 그르친 상상을 한다. 그러나 이 카리스마를 성령의 은사의 역사와 구별하는 것은 대단히 중요한 일이다. 원래 이 둘은 분리될 수 있는 것이다. 성령에 대해서 항상 유순히 충실하고 절대적으로 완전하며 이상적 모범이신 하느님의 어머니는 이 세상 생활에서 탈혼하신 일도 없고, 아마 단 한 번의 기적도 하지 않았으리라. 나자렛의 부인들 사이에 누구의 눈에도 띄지 않게 지나가셨다. 하지만 주님의 어머니의 가장 작은 동작, 잠깐의 바라봄은, 모든 순교자들의 괴로움을 합친 것보다, 또한 이 세상을 지나고 있는 교회가 세말까지 합친 모든 공덕보다도 더욱 더 많은 구세적 가치를 갖고 있었던 것이다. 영혼을 성화하는 은혜의 활동은, 무한히 드높고 행위의 근원이 신적일수록 그 활동에는 공덕이 있다. 하느님의 위격에서 발한 그리스도의 행위는 가장 미세한 것까지도 공덕으로나, 은혜를 얻는 점에서나, 또한 속죄적으로 무한한 가치를 갖고 있다. 한 번의 미소나, 이를 테면 장난하시면서도 예수님은 수천만의 세계를 구원할 수 있으셨던 것이다.

교의의 이 점은 온전히 근본적인 것이며 성인들도 이 점을 역설하는데 그것은 우리에게 매우 위로가 된다. 삼위 일체의 복녀 엘리사벳도 예수 아기의 성녀 데레사와 같이 보다 높은 성덕은 계시나 기적, 또는 비범한 생활 양식 안에 있는 것이 아니며, 가능한 한, 신적이고 현실적인 애덕에 있음을 선언한다. 그것은 순수한 믿음과 일상의 의무를 완전히 실행함으로써 드러난다. "모든 것은 지향에 있습니다. 저는 아주 작은 것도 성화하고 나날의 가장 평범한 행위도 신적 행위로 바꿀 수 있습니다"(어머니에게 보낸 편지, 1906. 9. 10). 순교나 탈혼을 꿈꾸지 말자. "하느님과 결합하여 사는 이는 초자연적 것만을 한답니다. 그리고 가장 평범한 행위도 그 사람을 주님에게서 떼어놓기는커녕 오히려 보다 가깝게 밀어 줍니다"(어머니에게 보낸 편지).

엘리사벳은 성모께 관하여 매우 뜻깊은 말을 남겼는데 이로써 그녀가 어느 만큼 이 진리에 대한 직관을 갖고 있는지 보여 준다. "아주 평범한 것도 마리아를 통해서 신화되었다"(마지막 피정, 제3일). 묵묵하면서 성실하신 마리아, 아직 태중에 숨으신 말씀의 흠숭자로서 성모의 태도를 삼위 일체의 엘리사벳 수녀는 언제나 성령의 보다 작은 권유에도 순종하고, 단순성 안에 살려는 내적 사람의 참된 모범으로 보았던 것이다. 이것이야말로 그녀에게는 참된 성덕이었다. "이 숭고한 행위는 얼마나 깊은 잠심과 하느님께 정성을 다한 사랑을 기울여야 하는지요. 십자가의 성 요한은 드높은 분께서 그 사람에 대한 원의를 실현하는 데는 그가 침묵과 절대적 고독 안에 머물러 있어야 한다고 합니다. 그때 주님은 마치 어머니가 그 아이를 팔에 끌어안듯이 그 내적 지도를 당신이 맡아 주시고, 그 사람 안에 채워지는 풍요로운 평화와 고요로써 그 속에 현존하신답니다"(한 신부에게 보낸 편지, 1905년 봄).

"사람의 온갖 행위는 자신의 것인 동시에 하느님의 것이다"(어떻게 지상에서 천국을 찾을 것인가). 이런 사람은 신적 감동 속에 수동적인 동시에 자신의 자유 의지로 능동적이다. 주님은 개인적인 활동을 없애지는 않지만 당신의 온전한 신적 방식으로 이를 인도하고 높이신다. 이런 것은 명백한 은사의 신비적 지배의 특징이다. "임금이며 예언자인 다윗은 하느님의 안으로 깊이 들어가, 거기서 사는 이들에 관해 노래불렀다. 그 사람은 투명한 눈을 갖고 있으며 단일 그 자체이신 분을 닮은 모습으로 그분을 통하여, 그분 안에서 그분을 위해서 모두를 행한다. 그의 온갖 행위를 통해서 — 가령 그것이 아무리 평범한 것이더라도 — 자기가 사랑하는 분 안에 더욱 더 깊이 뿌리박아 간다. 이런 이에게는 모두가 거룩하신 하느님께 드리는 찬미, 말하자면 영원한 찬미, 끊임없는 영광의 찬미인 것이다"(마지막 피정, 제8일). 이는 성령의 가장 미세한 숨결에도 쉴 새없이 유순히 사는 완전한 생활이다.

  마지막으로 일반적 주의가 필요하다.

  성화의 은혜는 사람 안에 모든 덕과 은사를 다 하나로 모아 하느님의 생명의 흐름을 만든다. 그러나 이 자유스런 활동들은 반드시 모든 사람 안에 같은 특징을 나타내지는 않는다. 누구에게는 어떤 덕이 뛰어나다. 다른 덕은(존재하고 필요한 경우에는 활동하지만) 이차적인 것이 된다. 가령 굳셈은 순교자들 안에서, 순결은 하느님께 바쳐진 이들 안에서, 빛나는 신앙은 학자들의 생활에서, 하느님께로 바쳐진 순수한 사랑은 관상적 침묵 안에서 찬연히 드러난다. 이와 같이 성령의 어떤 은사는 성인들의 생애 안에서, 어느 점에서 두드러지게 드러난다. 의견의 은사는 지도덕 위치에 있는 이들 안에서, 위로의 은사는 사람들의 개심을 위해 일하는 사도 안에서 더욱 명백히 나타나며 그들은 형제들의 도덕적 비참한 광경에 깊이 감동된다. 지식의 은사는 피조물을 초월하여 하느님의 세 위격과 항상 하느님 때문에만 사는 위대한 관상가 안에서 빛난다.

  따라서 삼위 일체의 엘리사벳 수녀의 생애와 그 영성 교의 안에 성령의 일곱 가지 은사가 같은 특성으로 나타나지 않는 것에 놀랄 것도 없다. 두려움의 은사는 두드러지지 않는다. 의견의 은사도 역시 그렇다. 이와는 반대로 굳셈의 은사는 그녀의 마지막 나날의 저 무서운 갈바리아가 된 고통의 와중에서 찬란히 빛나고 있었다. 또한 특히 분별과 지혜의 위대한 관상적 은사가 드러났고, 본능적으로 그녀의 넋의 움직임을 삼위 일체의 생명의 깊이까지 옮겨 갔던 것이다. 성령의 은사에 관한 이 연구들은 저토록 신스럽게 엘리사벳을 사랑한 삼위 일체의 사랑의 가장 은밀한 업적 안으로 우리를 인도한다.

  2. 두려움의 영—단 한 번의 대죄로도 엘리사벳의 깨끗한 영혼을 더럽힌 일은 없었다. 따라서 사회인들이 겪는 죄에서 생기는 공포는 그녀 안에 조금도 없었다. 많은 거룩한 영혼들이 체험한 지옥의 두려움이 그녀를 스쳐간 적도 없었던 것 같다. 엘리사벳이 죄에 관해서 늘 중시했던 단 하나는, 죄가 사랑이신 하느님께 대한 한없는 모욕이라는 것이었다. 즉, 오직 충실히 섬겨야만 할 한없이 선하

신 아버지의 마음을 상해 드리는 것을 두려워했던 것이다. "주님의 마음을 그렇게 상해 드린 이 죄들을 저는 슬퍼합니다"(「일기」 1899. 3. 14.).

더럽혀지기보다는 오히려 죽음을 달라고 엘리사벳은 말한다. "만일 내가 만사를 초월하여 사랑하는 천상 정배께 대죄로 배반한다면 그때, 죽음아, 이러한 큰 불행에 빠지기 전에 나를 베어 다오"(「일기」 1899. 3. 10.). "설사 소죄로 라도 의지적으로 주님을 배반하기보다는 오히려 죽을 각오이다"(「일기」 1899. 3. 11.).

이 두려움의 영의 영향으로 사람은 자기 안에 사시는 하느님의 더할 나위 없는 위대함 앞에 떤다. 하느님이 죄대로 사람을 다루신다면 한순간에 그를 무로 돌리실 수도 있다. 하지만 그가 하느님께 대한 두려움이 있는 동안은 자신에게 안심하는 것 같은 생각은 불가능하다. 그는 온 힘을 다해 하느님의 마음에 의합하지 않는다고 생각되는 것을 자기 안에서 멀리 한다. 이 두려움의 느낌은 그를 완전한 사랑의 보호자인 겸손 안에 있게 한다. 이는 하느님의 위대하심 앞에 있는 모든 피조물에게 필요하며 천국에 있는 복된 이들을 항시 채워 주고 있는 심정이다. 죄인에게는 한없이 두려운 성부의 거대한 권세 앞에 서신 그리스도의 영혼 안에서 이 심정은 최고의 표현이 되고 있다.

성인의 영혼이나 게쎄마니에서 아파하는 주님의 영혼을 예리하게 꿰뚫은 하느님의 위대함에 대한 두려움과 같은 표현을 엘리사벳 안에서 보기는 어렵지만 그녀의 생애 중에 역사하신 두려움의 다른 은사를 쉽게 볼 수 있다. 성령의 일곱 은사 중에 두려움의 은사는 사람을 성령의 활동에 온전히 유순한 상태에 있게 한다. 그 은사는 진복 팔단 중의 첫째인 "마음이 가난한 자"와 특별히 친근성을 갖고 있다. "자기의 가난함을 아는 사람은 행복하다"(마태오 5:3). 말하자면 온갖 것에서 이탈한 자, 삼위 일체 외에는 어떠한 부도 원하지 않는 자, 그리고 다른 것에는 "무", 피조물에서도 무, 기억에서도 무, 가난함, 가난함, 가난함. 말씀에서 오는 빛을 제외하고는 지혜에서도 무. 사람을 복되게 하는 유일한 것, 말하자면 삼위 일체의 내재를 빼고는 의지에서도, 마음의 가장 깊은 곳에서도 오직 무. 두려움의 영의 영향에서 사람은 하느님과 관계없는 일체의 사랑의 사념에서 해방되어 자신의 허무에로 피하여 자기를 비우고 보다 작은 죄, 작은 애착, 작은 불완전도 두려워하며 또한 조금이라도 피조물에게 의지하는 것을 두려워한다. 이 복된 해방된 가난함을 실현하기 위해서 사람은 절대적으로 "홀로 계신 분과 함께 홀로" 걷기를 원한다.

삼위 일체의 엘리사벳 수녀에게서 보는 두려움의 은사가 작용한 매우 가르멜적인 모습은 이와 같은 것이었다. 성령은 만들어진 온갖 것의 허무함, 모든 인간적 동기를 뛰어넘어 하느님 안에만 피하기 위해 일체에서 떠나도록 그녀를 재촉했던 것이다.

3. 굳셈의 영—굳셈의 은사는 삼위 일체의 엘리사벳 수녀의 영성적 특색이며 또한 그녀의 신비적 가르침의 가장 뛰어난 은사의 하나이다.

어렸을 적에 어린 마음에 가졌던 두려움은 십자가에 못박히신 분의 영혼과 관상적으로 접촉하면서 쉽사리 사라졌다. 고통 앞에서 가진 엘리사벳의 태도가 신속히 변화되는 비결도 거기에 있었다. 소녀 시절의 일기를 읽으면 치과의에게 가는 것을 무서워하는 어린이스런 감수성에서 이미 승리를 얻었음을 볼 수 있다. 그 다음부터 그녀는 자기 이상을 추구하는 씩씩함을 지니게 되었다. 고통을 바로 보고, 열정을 쏟아 이를 원하기까지 했다.

열아홉 살 때 엘리사벳은 "나는 십자가에 못박힌 자로서 살며 또한 죽고 싶다"고 쓰고 있다(「일기」 1899. 3. 31.).

주님은 이런 소망을 들어 주셨다. 엘리사벳이 수도 생활의 표어로 "십자가에 못박히신 분의 영혼의 온갖 움직임에 자신을 동화하는 것"을 취한 것은 무척 당연하기도 하다.

수도 생활은 참된 순교이다. 성인들은 거기서 괴로운 희생을 풍성히 추수하고 그 공덕은 피의 순교의 그것과 견줄 만하거나 혹은 능가할 수도 있다. 본성을 억제하고 "사랑"의 요구에 남김없이 자신을 내어주는 기회를 하나도 잃지 않는다는 조건으로 하느님은 한 사람 한 사람을 그 소명의 범위 안에서 십자가에 달리신 분으로 완전히 변화되기까지 갈바리아의 길을 돌게 하지 않고 곧바로 가게 하실 수 있다. 교회의 인가받은 수도회 회칙에 절대적 충실한 실천은 그것만으로도 사람을 성덕의 절정에 나아가게 하는 데 충분하다. 그것 때문에 교황 요한 22세는 "회칙과 회헌을 준수하는 도미니꼬회 수도자를 내게 보내십시오. 다른 기적을 기다리지 않고 그를 시성하겠습니다"라고 하셨던 것이다. 가르멜의 회칙이나 또한 다른 수도회의 회칙에서도 같은 말을 할 수 있을 것이다. 남의 눈에 띄지 않는 의무의 완전한 실천을 굳셈의 은사는 날마다 요구한다. 성인이 되는 데는 유별난 짓을 할 필요는 없다. 모두를 "신적 방식"으로 하는 것이다. 아마 예수 아기의 성녀 데레사는 교회 안에서 "작은 것 안의 영웅적 행위"의 가장 빛나는 모범으로 남겼지만 이 디죵의 가르멜 수녀 안에도 그 새로운 실현의 형식은 볼 수 있다. 특별한 고행은 언제나 금지되어 있었으므로 가르멜의 회칙 안에서 "자신의 성덕의 모습"(한 신부에게 보낸 편지 1903. 7. 15.)과 "교회를 위해 자신의 피를 한 방울 한 방울 마지막까지 다 주면서 가는(원장 수녀에게) 비결을 찾았으며 아주 작은 점에까지 회칙을 영웅적인 충실성으로 지키면서 그것을 보충하고 있었다.

  굳셈의 은사는 흔히들 생각하고 있듯이 하느님을 위해 용기를 갖고 위대한 일을 하기보다는 오히려 일상 생활의 모든 고통을 인내롭게 미소로 견디어 나아가는 것에 있다. 이런 이들의 힘은 성인들에게는 순교할 때, 예수의 생애에서는 십자가 위에서 죽으실 때에 드러난다. 쟌 다르크는 오르레앙의 승리의 입성에서 자기 군대의 선두에 섰을 때보다는 그 화형대 위에서 더욱 굳세었던 것이다.

  굳셈의 은사의 이 두 형식, 특히 둘째 것(인내)을 엘리사벳 수녀에게서 찾아볼 수 있다.

  수도 생활 초기의 열심에서 일어난 감격 속에서 성덕에 대한 믿기 어려울 정도의 기갈에 시달렸다. "저는 이러한 박해 시대에 사는 것을 기쁘게 생각합니다. 성인이어야 함이 얼마나 필요한지요. …제가 목말라하는 저 성덕을 저를 위해 주님께 청해 주시길 부탁드립니다. …저는 성인들처럼, 순교자들처럼 사랑하고 싶습니다"(한 신부에게 보낸 편지, 1901. 9. 11.). 엘리사벳의 이 말은 사랑의 순교를 꿈꾸면서 공동 생활 안에서 일어나는 바늘끝에 약간 찔린 듯한 아주 사소한 언짢음에도 참을성없이 보이는 사람들에게서 듣는 헛소리는 아니었다.

삼위 일체의 엘리사벳 수녀는 망상적 성덕의 꿈 속에서 헤매지도 않았으며 성인들처럼 실천적이며 또한 현실적이었다. 말하자면 그녀는 십자가에 못박히신 하느님의 빛 안에서 자신의 사랑을 하느님께 증명하는 좋은 수법을 일상 생활의 세세한 행위에서 찾아내는 현명함을 지니고 있었다. "저는 천상 정배께 피로 증명을 드릴 수 있는 행복을 얻을 수 있을지 모르겠습니다. 하지만 가르멜 수녀로서의 삶을 완전히 산다면 적어도 저는 그분을 위해서 자신을 몽땅 바칠 수 있을 것이라는 위안을 갖고 있습니다"(한 신부에게 보낸 편지, 1905. 7.). "만일 행복의 비결이 무엇인가고 물으신다면 자신을 무시하는 것, 언제나 자기를 거부하는 것이라고 답하겠습니다"(S.에게 보낸 편지, 1906. 9. 11.). 마지막 몇달 동안 엘리사벳은 "여왕과 같은 위엄"(한 증인의 말)으로 고통에로 나아가고 있었다. 그녀의 모든 것이 파괴되어 갔으며, 몸은 병으로 망가지고, 타버렸다. 순교자와 같은 영혼에게는 이때야말로 굳셈의 은사가 승리하는 때였다. 용감한 "영광의 찬미"는 십자가에 못박히신 분의 영혼에게 더욱 더 동화되어 갈바리아의 신스러운 굳센 인상을 사람들에게 주었다. 엘리사벳을 바라보면서 원장은 무의식 중에 십자가에 못박히신 분을 상기하였다. 그녀 자신도 고통 속에서 자신의 생명을 소모해 가는 뜻을 완전히 깨닫고 있었다. "어머니는 제가 고통의 길에 선택된 희생양이라는 것을 무서워하고 계십니다. 제발 부탁입니다. 이에 대해서 슬퍼하지 말아 주십시오. 저는 부당한 자라고 느낍니다. 어머니, 생각해 보세요. 십자가에 못박히신 나의 천상 정배의 고통에 참여시켜 주시고 그분과 함께 구세자가 되려고 고난으로 나아가는 것은 그 얼마나 영광스런 일입니까"(어머니에게 보낸 편지, 1906. 7. 18.). "고통은 더욱 저를 끌어당깁니다. 이 소망은 마치 천국의 소망(그것은 매우 강렬하지만) 이상입니다. 하느님은 저에게 고통이야말로 피조물에게 줄 수 있는 사랑의 최대의 증거라는 것을 지금만큼 깨우쳐 주신 때는 없습니다. 새로운 고통이 일어날 때마다 저는 주님의 십자가에 입맞추며 주님께 '고맙습니다'라고 합니다. 저는 이런 것을 받을 자격이 없습니다. 고통은 주님의 생애의 반려였으므로 저는 성부께서 성자께 주신 같은 대우를 받을 자격이 없다고 생각됩니다"(어머니에게 보낸 편지, 1906. 9. 25.). "하느님이 우리 안에 계시며 그리고 하느님의 사랑이 우리를 사로잡고 있다는 증거의 표지는 우리가 자신에게 상처를 주며 괴롭히는 것을 단지 인내로히 받을 뿐만 아니라 더욱 감사로이 받는 것입니다. 그렇게 되기까지는 십자가에 달리신 하느님을 사랑으로 관상해야 합니다. 만일 이 관상이 진실한 것이라면 그것은 반드시 고통을 사랑하게 합니다. 사랑하는 어머니, 온갖 시련, 반대, 냉대 등이 십자가 위에서 뿜는 빛으로 비추어지기 바랍니다. 우리는 그렇게 하면서 하느님을 기쁘게 해드리고 사랑의 길로 나아가게 됩니다. 부디 저를 위해 주님께 감사드려 주십시오. 저는 정말, 참으로 행복합니다. 저의 행복을 조금이라도 나의 사랑하는 이들에게 나눌 수 있다면 얼마나 기쁠는지요. …고통의 신비를 깨달을 수 있도록 십자가 아래를 어머니와 만나는 곳으로 합시다"(어머니에게 보낸 편지).

엘리사벳 수녀는 자기를 십자가에 못박으신 손길 아래 의지적 기쁨으로 "바다와 같이 넓은"(예레미야, 애가 2:13) 고통의 심연에 잠기면서도 그 성자의 봉헌으로 위로받으시는 삼위 일체를 생각하고 또한 눈앞에 펼쳐지는 구세의 행업을 바라보면서 온전히 신적 기쁨에 가득 차 "십자가 아래 용감히 서 계신" 순교자의 모후의 신심 안에서 그 구원을 찾아냈다. 마지막 무렵 어머니에게 써 보낸 편지에는 굳셈의 은사로 살아온 엘리사벳의 영웅적 태도를 엿볼 수 있다.

"'사랑'이신 분이 우리가 당신과 사귀면서 살기를 원하십니다. 그분은 저와 함께 계시며 저의 고통을 도와주시며 고통을 뛰어넘어 당신 안에 쉬는 것을 가르쳐 주십니다. 그것은 모두를 변화시킵니다"(어머니에게 편지, 1906. 10. 20.).

확실히 이런 것은 온갖 인간적인 것을 초월한 것이며 십자가 위의 그리스도를 지탱한 굳셈의 영에 의지하지 않고는 설명할 길이 없다.

4. 효경의 영—예수의 영은 우리 안에서 여러 가지 형태를 이룬다. 그것은 두려움의 영이며, 굳셈의 영, 사랑의 영, 의견의 영이고 지식, 분별, 슬기의 영이다.

두려움의 은사와 진복 팔단 중의 첫째인 "자신의 가난을 아는 자"에게는 성령은 사람을 절대적인 이탈로 인도하고 표어로서 "무·무"를 속삭인다(십자가의 성 요한의 도해에서). 절대로 기대에 어긋나지 않는 하느님께만 의지하고 자신을 믿지 않고 하느님의 전능 안에 숨는다. 그때 굳셈의 영은 영혼을 차지하고,"나는 옳은 일에 주리고, 목마르다"(마태오 5:6), "당신께 의탁하는 이몸, 끝내 부끄러지 않으리이다. 당신의 정의로 나를 구하소서"(시편 30:2) 하고 신뢰하며 되뇌인다. 이런 이들은 하느님을 위해 온갖 종류의 순교마저도 견디려 다짐하고 예수 아기의 데레사처럼 "나는 한 가지 순교만으로는 모자랍니다. 나는 다를 원합니다"(작은 꽃). 혹은 엘리사벳과 같이 "나는 성인들처럼, 순교자처럼 사랑하고 싶다. …죽기까지 사랑하고 싶다"(일기와 한 신부에게 보낸 편지, 1901. 9.)라고 부르짖게 될 것이다. 이런 이들 안에 예수님의 영이 소리도 없이 이루시는 업적은 얼마나 미묘한가. 예수님의 영은 사람의 존재 안의 가장 깊은 곳까지 들어가시며 말로는 다할 수 없는 탄식을 하느님께로 올리게 한다. 삼위 일체의 양자가 된 자는 자녀다운 순수한 애정으로 "아빠, 아버지"(로마서 8:15) 하고 속삭인다. 그것은 성자의 영 그 자체인 것이다.

  엘리사벳은 하느님의 이 부성을 뚜렷이 깨닫고, 우리를 하느님의 자녀로 삼는 은혜에 관해서 성 바울로에게서 받은 빛으로 여러번 즐겨 말하고 있었다. 이 은혜로 하느님께 대한 그녀의 모든 흠숭은 생기있게 되었다. 하느님의 자녀로서의 마음의 도약을 마비시키는 듯한 지나치게 엄격한 방법이나 복잡한 영성 생활 방식을 그녀는 모른다. 아버지께로 가는 아이처럼 하느님께 뛰어갔다. 모두가 단순화되었다. ― 삼위 일체는 그녀에게 사랑하는 집, 결코 거기서 떠나고 싶지 않은 "아버지 집"이다(어떻게 지상에서 천국을 찾을 것인가, 제1일).

  세례로 하느님의 자녀가 된 엘리사벳이 정말 자기 집으로 느끼는 가정의 분위기이다. 그녀의 움직임 모두가 진심으로 정겹게 사랑하는 아버지께 가듯이 하느님께로 나아갔고, 또한 삼위 일체께 드린 엘리사벳 수녀의 숭고한 기도는 자녀다운 마음의 솟구침에 지나지 않았다. 그녀의 기도 생활의 비결을 보기 위해서는 효경의 은사의 빛을 받아 연구해야 할 것이다. 엘리사벳의 기도는 보통, 기도 생활의 장해가 되는, 말하자면 다만 도움 청하기 위해서만 하느님께 가까이 가는 이기적인 타산과는 아예 인연이 멀다. 엘리사벳은 침묵하고, 흠숭하는 묵상 기도, 그리스도의 영혼의 모든 움직임에 동화하고 삼위 일체의 "심연"의 관상이 첫자리를 차지한다. 그녀의 마음은 거기에서 어려움도 없이 성자의 영과 함께 하느님의 위격에까지 오른다. "오 사랑하는 나의 그리스도 … 흠숭자, 속죄자, 구세주로 내게 오소서. …오, 성부여 가난한 당신의 작은 피조물을 굽어 보소서. …당신의 모든 기쁨인 사랑하는 아들만을 내 안에서 보소서"(삼위 일체께 드리는 기도).

가르멜 수녀로서 또는 구세의 참여자로서 엘리사벳은 죄인을 위한 청원 기도도 하지만 묵상 기도 생활에서는 흠숭적 찬미가 첫자리를 차지했다. 그것은 성부의 완전한 흠숭자인 예수님의 순수한 정신이다. 예수님은 무엇보다도 우선 "아버지께서 찾고 계신"(요한 4:23) 성삼위 일체께서 기대하는 참된 흠숭자를 당신 둘레에 모으기 위해서 지상에 오셨던 것이다.

효경의 은사의 특징은 하느님을 공경하는 사람을 온갖 이기적인 생각, 모든 '세속적인 동기, 즉 자신에게 필요한 것이나 또는 은혜에서, 하느님과의 관계에서 초월하도록 이끄는 것이다.'[3]

하느님께서 주시는 덕인 경신덕으로 사람은 지극히 높으신 하느님, 만물의 근원이고 마침이며 자연과 초자연계의 창조주신 하느님께 마땅히 드려야 할 흠숭을 바친다. 한편, 효경의 은사는 하느님의 은혜에 대한 어떠한 갚음도 고려하지 않고 오직 지음을 받지 않은 영원하신 분의 탁월성만을 바라본다. 그리고 하느님은 말씀 안에, 당신의 무한한 완덕 안에 또한 당신 품 안에서 보실 수 있는 영광 이외의 찬미는 원하지 않는다. 성모의 노래(Magnipicat) 안에서 우리는 효경의 영의 숨결로 이루어진 성모의 아름다운 영혼의 움직임을 엿볼 수 있다. 달리 말해서 성모는 "세세에 이르기까지 헤아릴 길 없는 자비"로서도, 또한 모든 나자렛 사람들로부터 복되다고 칭송받는 신적 모성의 숭고한 은혜를

주3): 성령의 은사의 고전신학자 성 토마스의 요한 Jean de S.Thomas, (970, disp. xvⅢ, art 6, Vives 668). 효경의 은사에 관한 연구는 성 토마스의 다음 구절을 기초로 했다. sentences Ⅲ, d. 34, q. 3, a. 2ad I. "Pietas quØ est donum accipit in hoc ALIQUID DIVINUM pro MENSURA, ut scilicet Deo honorem impendat, NON quia sit EI DEBITUS sed quia DEUS honore dignus est, PER QUEM MODUM etiam ipse DEUS sibi honori est" 여기까지 성 토마스의 요한, p.669. "At vero donum pietatis RELICTA hac MENSURA RETRIBUTIONIS et Iargitionis bonorum, honorat et magnificat Dominum RATIONE SUI… SOLUM attendit ad MAGNITUDINEM DIVINAM IN SE etc…."

위해서만이 아니라 오직 하느님이 위대하신 분이시기에 주를 찬미한다. 비천한 여종 안에 이루신 신묘한 업적은 그 "전능하시고 그 이름이 거룩하심"(루가 1:49)의 표징에 지나지 않는다. 이렇게 하느님을 찬미하고, 하느님 안에서 기뻐하는 이유는 하느님은 위대하시기 때문이다. 외부의 업적은 이 위대하심의 가장 미비한 한 부분에 지나지 않는 것이다.

경신덕은 창조주며 주재자신 하느님을 바라본다. "주님은 우리 하느님, 하느님은 영광과 영예와 권능을 누리실 만한 분이십니다. 주님께서는 모든 것을 창조하셨고 만물이 주님의 뜻에 의해서 생겨났고 또 존재합니다"(묵시록 4:11). 그리고 또한 경신덕은 하느님이 구세와 전초자연계를 창조한 주님이신 까닭에 감사와 찬미의 흠숭을 바친다. "당신은 두루마리를 받으실 자격이 있고 봉인을 떼실 자격이 있습니다. 당신은 죽임을 당하셨고 당신의 피로 값을 치러 모든 민족과 언어와 백성과 나라로부터 사람들을 구해 내셔서 하느님께 바치셨습니다. 당신은 그들로 하여금 우리 하느님을 위하여 한 왕국을 이루게 하셨고 사제들이 되게 하셨으니 그들은 땅 위에서 왕노릇할 것입니다"(묵시록 5:9-10).

효경의 은사는 우리에게 대한 하느님의 자비에 국한시키지 않고 삼위 일체 안에서 하느님의 본질에 간직된 헤아릴 길 없는 무한한 완덕의 신비를 고찰하기까지 쉬지 않는다. 효경의 영은 사람들에게 은혜를 주시는 하느님으로서 나타나는 부성에만 머물지 않고 말씀처럼 신성의 가장 깊은 곳, 즉 만들지 않은 본성의 감추어진 부(富) 안에까지 파고든다. 말하자면 영원한 성자를 낳는 부성 아버지와 본질을 같이하고 동질인 본체로 낳인되고. 아버지의 영광의 그 광휘인 말씀이 출생되고 항상 영원히 지금도 세세에 마침이 없이 아버지와 아들을 맺는 같은 본질이다. 그리고 함께 영원하시고, 공통된 사랑의 숨결이고 시간의 전후도 없고, 완전성도 꼭 같고 높낮음도 없고 나눌 수 없는 단일성 안에서 세 위격의 질서와 구별이 있으면서, 아버지에게 아들에로 또한 아버지와 아들에게 성령으로 전해지는 동일한 본성이다.

효경의 은사의 역사하심의 근원이 되는 것은 삼위 일체이다. 영혼은 이미 그 은혜에 대한 감사에 머물지 않고, 하느님은 하느님 스스로가 자신의 찬미이신 것처럼 하느님께 영광을 돌리는 것을 원하신다. 그는 하느님의 척도에까지 이르려는 이 원의는 그의 기도, 감사, 특히 흠숭에 신적 양식을 날인하는 것이다. 엘리사벳이 즐겨 사용한 뜻깊은 표현을 빌린다면 "영혼은 하느님을 하느님 때문에", 즉 하느님이기 때문에 흠숭한다. 지상의 교회는 미사 중 대영광송에서 "당신 영광 크시기에 감사하나이다"라고 노래부를 때 효경의 은사의 특별한 역사하심 안에 있는 것이다. 하느님의 위대하심에 영광을 드리는 이 흠숭은 어떠한 은혜도 그 동기로 삼지 않고 오직 하느님의 위대함에서만 비롯된 것이다. 이 흠숭적 효경의 동기는 그 모든 은사보다도 무한히 뛰어난 조성되지 않은 지극히 드높은 신성 그 자체이다. 주일 성무일도의 일시경에서 '아타나시오 신경'을 읊을 때, 교회의 관상적 찬미는 삼위 일체의 신비 안에 감추어진 하느님의 완덕을 열거한다. 각 위격은 혼돈도 없이, 본질을 나누지도 않고 삼위 일체의 단일성, 단일성 안의 삼위 일체, 유일한 신성이신 성부·성자·성령, 같은 영광, 함께 영원한 위대하심, 같은 능력을 보편성과 영원성과를 차례로 엮을 때 엘리사벳의 경건한 영혼은 예전에 성녀 대데레사의 영혼을 앗아간 것과 같은 감정에로 옮겨지는 것이었다.

생애의 마지막 무렵 엘리사벳은 영원에 대한 생각에 온전히 지배되어 영혼은 지나가는 세상 것과 자기 자신에게서 초월하여 살면서 "주를 흠숭하십시오, 그는 거룩하시기 때문입니다"라고 한 시편에 따라, 하느님을 늘 하느님 때문에 흠숭하는 천국의 전례의 경배적 생활을 묘사한 묵시록의 장을 사랑했다. "흠숭! 아―이것은 참으로 천국의 말이다. ····그것은 '사랑의 탈혼'이라고 정의할 수 있다고 여겨진다. 그것은 사랑하는 이의 엄청난 위대한 힘, 아름다움, 크심에 압도된 사랑의 감격의 상태이다. 자기가 흠숭하는 분이 당신 자신 안에 일체의 행복, 모든 영광을 소유하고 있음을 알고 천상의 복된 이들처럼 그분 앞에 자신의 금관을 벗어서 옥좌 앞에 내놓으며 스스로 낮추고 자신을 잊고 흠숭드리는 분의 행복 안에서 자신의 행복을 찾는다"(마지막 피정, 제8일).

효경의 은사의 최고의 개화라고 할 수 있는 영원한 전례와 함께 그리스도를 통하여 그리스도 안에서 말씀의 찬미 안에 옮겨진 승리의 교회는 깊은 흠숭의 정신으로 산 엘리사벳 수녀의 가장 깊은 갈망을 실현했다. 말하자면 삼위 일체 앞에서 드리는 영광의 찬미를.

5. 의견의 은사는 특히 통치의 은사이다 — 엘리사벳 수녀는 수도원 원장이 된 적도 다른 이를 지도하는 책임있는 위치에 있은 적도 없었다. 그녀는 전수도 생활을 수련소나 병실에서 보냈다. 하지만 그녀는 매우 고도의 의견의 영을 지니고 있었다. 하느님의 이 영은 실제 권위를 가진 이들에게서 가장 두드러지기는 하지만 다른 이들에게 그 필요가 적다는 것은 아니다. 그것은 생활의 방향을 하느님의 생각에 따라 완전히 바로 잡는 데 큰 도움이 된다. 이 은사는 장상들이 물질적 사정을 다루는 가운데서도 우선 수도자들의 영혼의 선익과, 하느님의 영광을 염려하여 초자연적으로, 그리고 현명하게 다스리게 한다. 수하 사람인 경우에는 하느님의 정당한 대리자를 통해서 나타나는 하느님의 모든 뜻에 복종하기 위해서 조심스러운 온순함이 주어진다. 이 대리자들의 재능이 어떠하든 그 결점이 무엇이든 하느님만이 그들에게 말씀해 주시며, 그러기에 순종할 값어치가 있는 것이다.

의견의 은사는 엘리사벳 수녀에게서는 우선 양심의 지도자에 대한 신속한 순명이라는 형태로 드러났다. 소녀 시절에 그녀는 자기의 선익에 관한 모든 것에 대해 지도자의 의견을 묻고 그 결정에 충실히 따르고 있었다. 수련자로서는 모든 것을 원장 수녀에게 의뢰하고 완전히 하느님 뜻 안에 머물고 싶은 소망에서 다소 지나칠 만큼 아주 작은 일에 이르기까지 장상의 의견을 묻고 있었다. "원장 수녀님께서 하신 말씀이라고 암시하는 것만으로도 엘리사벳을 세계의 저 끝까지 달음질하게 할 수 있었을 겁니다"라고 한 증인은 말하고 있다. 의견의 영은 개인적인 은밀한 암시로서만 사람을 인도하는 것이 아니다. 결정하고 명령하는 은혜를 가진 사람들을 통해 인도되고 그들의 빛에 안심하고 맡기도록 권유하는 것이다.

후일 의견의 은사는 엘리사벳 안에 더욱 높은 형태를 갖추었다. 그녀와 교신이 있었던 어느 분은 엘리사벳이 그들을 하느님과의 합일에로 나아가게 할 결정적인 말을 해주기를 기대하고 있었다. 가족들, 어린이, 소녀, 여러 계층의 사회인들, 사제 등 모두 다양한 관계 속에서 엘리사벳 수녀가 용케도 각 사람의 처지에 맞게 적응했음을 경탄할 만하다. 그녀의 편지만큼 독특한 맛이 있는 것은 다시 없으리라 — 누구에게 교훈을 주고 설교하려는 아는 티를 내는 데는 조금도 없고, 매우 진중하며 더구나 무척 뛰어난 재기로 상대의 입장을 잘 이해하고 있었다. 누구를 바꾸어 놓을 만한 책망도 넌지시 지혜롭게 하기 위해서 필요하다면 몇년이라도 기다렸다. "안녕히 계십시오! 내가 천국에 가면 당신을 돕고, 그리고 만일 당신이 주님께 모두를 바치지 않는 것을 보면 야단해도 괜찮은 거지요? 이렇게 말하는 것도 당신을 사랑하기 때문이랍니다." "하느님은 당신을 온전히 주님의 것이 되고, 온전히 충실한 자되게 지켜주시도록. 주님 안에서 나는 언제나 당신의 것입니다"(한 친구에게).

엘리사벳의 편지에는 영광의 찬미나 삼위 일체의 신비에 관한 매우 드높은 영적 빛이 뚜렷하면서도 조용한 말로 모든 이들의 이해력에 따라서 쓰고 있으며 그녀의 영성적 생활의 균형과 교의상의 정확성을 드러내고 있다. 그 때문에 많은 이들이 엘리사벳 수녀가 쓴 것을 늘 곁에 두고 애독한다. 이렇게 다른 이의 처지가 되어 생각하고 쉽게 적응하는 것은 의견의 은사에 직접 속하는 것이다. 이 은사는 말씀의 지혜의 드높은 뜻을 생각한 다음 생활상의 수없는 곤란을 통해서 하느님과의 합일의 절정에 이르기 위해 보다 단순히, 보다 빠르게 실제적 수단을 식별하도록 사람을 인도한다.

삼위 일체의 엘리사벳 수녀에게서 의견의 영은 이러한 특징을 나타냈다. 그녀의 사명은 한 수도 단체를 이끄는 것은 아니지만 많은 사람들을 "그들 안에 하느님의 모습을 새기고 그들을 하느님으로 변화시키는 내적 대침묵"(오딜 수녀에게 보낸 편지, 1906. 10.)에 이르기까지 절대적 이탈과 자기 망각의 길을 따라서 삼위 일체의 생명의 깊은 곳에로 인도하는 것이었다.

6. 지식, 통달, 슬기의 은사는 성인들의 가장 깊은 심리에 관계된다. 피조물의 "무"와 하느님의 "모두"를 앞에 놓고, 성인들의 보다 은밀한 태도를 이러한

드높은 은사의 역사하심을 통해서 우리는 짐작할 수 있다. 그 때문에 이것은 관상적인 영혼을 연구하는 데에 결정적 중요성을 갖고 있으며 엘리사벳의 영성적 생활과 신비적 체험에 관한 가르침을 주는 열쇠를 제공해 준다.

지식의 영은 사랑의 빛으로 비추어서 피조물을 체험케 한다. 이 은사로써 우리는 피조물을 우연적(偶然的)이자 시간적 성질에 따라 판단하고 또한 그것을 통해서 하느님께까지 상승할 수 있다.

이 은사의 활동에서 영혼은 두 가지 체험을 한다. 즉, 피조물의 공허와 자기의 허무의 체험, 그리고 피조계를 바라보고 하느님의 발자취를 찾아내는 체험이다. 이 지식의 은사는 불쌍한 죄인의 운명을 생각하는 성 도미니꼬를 울리고 아씨시의 성 프란치스꼬로 하여금 자연계의 광경을 보고 유명한 「태양의 노래」를 부르게 했던 것이다. 두 성인의 심정은 십자가의 성 요한의 「영혼의 노래」의 저 유명한 구절 안에 표현되어 있다. 성인은 거기서 신비적 체험에 초대된 영혼이 피조계를 보고 느끼는 도움과 고뇌를 동시에 묘사한다. 전우주의 모든 것이 사랑하는 분의 지나간 자국을 보여 주는데, 사랑하는 분은 보이지 않는 분으로 지나가 버리고 영혼이 그분으로 변화되어 지복 직관 안에 그분과 다시 만나기까지 보이지 않는 분으로 그 모습을 감춘다.

위대한 개심자들에게서 이 은사는 죄의 괴로운 체험이라는 표현, 예컨대 성 아우구스띠노는 「고백록」 안에서 나타난다. 하느님께 바친 엘리사벳의 깨끗한 영혼은 그들처럼 예리한 비통한 모습으로 지식의 은사의 효과를 체험하지는 못했다. 하지만 그 관상적인 영혼의 안온한 음률에 따라 이 은사는 그녀에게 이탈과 성화의 힘찬 원동력이 되는 경향을 갖고 있었다. 말하자면 피조물은 허무이며 신적 생명의 충만에 장해가 되는 것이어서 거기서 도피해야 한다. 피조물에 관해서는 어찌된 일인지 이미 아무 것도 모르고 그리스도를 얻기 위해서 만사를 초개처럼 보고 그분 안에서 일체를 망각했다. 이것이 엘리사벳의 '마지막 피정'과 '어떻게 지상에서 천국을 찾을 것인가'의 "나는 이미 아무것도 모르노라"이다. 그녀는 오직 그리스도께 이르러야만 비로소 거기 머물고자 했으며 피조물은 아무것도 바라보지 않고 지나가고자 한다. 모든 침묵의 수업은 이 빛에 비추어져야만 설명이 가능하다. 설령 한 번이라도 하느님을 체험한 이에게는 만들어진 모든 것은 그저 흘낏 볼 만한 가치도 없다.

지식의 은사는 성인들에게 또 하나의 적극적 형태로 나타난다. 피조물을 바라다볼 때 원초의 죄없는 상태에서처럼, 저항키 어려운 힘이 그들을 하느님께로 데려간다. 피조계의 힘찬 합주의 음률은 때로는 관상적인 영혼의 마음을 너무나 세차게 울려 그들 중의 어떤 이는 꽃을 보면서 자기도 모르게 "조용히" 중얼거린다. 지식의 영에 감도되어 시편 저자는 "하늘은 하느님의 영광을 알린다"(시편 18:2)라고 노래했다. 엘리사벳 수녀가 피조계의 아름다움 앞에서 언제나 느꼈던 은혜를 통한 움직임은 지식의 은사의 이 둘째 경우에 적용될 것이다. 그녀에게는 다른 성인들에게서처럼, 자연계는 "하느님의 위대한 서책"이었다. 소녀 시절에는 적막하고 광활한 숲, 피레네 산맥의 웅대함, 망망대해, 그리고 무엇보다도 끝도 없는 밤하늘의 별을 사랑했다. 그때, 무한이란 감정이 엘리사벳의 넋을 사로잡았다. 자연과의 접촉은 강렬히 하느님을 느끼게 했다.

인생의 길을 나아감에 따라, 지식의 은사의 두 가지 심정은 엘리사벳 안에 섞여 있었다. 피조물의 비참함과 자기의 허무감이 그녀를 오로지 하느님께로만 투신케 했다. "세상을 바라보면 나는 고독과 허무마저 느낍니다. 제가 마음의 고통을 받지 않았다고는 말할 수 없으므로"(한 신부에게 보낸 편지, 1904. 1.). "자신의 비참을 느낄 때 주님께로 가서 구원을 받을 수 있다는 것은 얼마나 기쁜 일입니까"(A. 부인에게 보낸 편지, 1905. 11. 24.). "이 세상에서 이미 우리를 덮어주시고, 그리고 그 속에서 우리가 움직일 수 있는 신적 세계를 바라보고 있으면 이 세상 사물은 다 사라져 버립니다. 그것들은 다 헛것입니다. 그것은 무보다도 더 시시한 것입니다." "성인들은 우리가 모든 것에서, 또한 자신에게서 빠져나와 하느님께로 날아가 하느님으로서만 살 수 있는 참된 지식을 정말 잘 납득하고 계셨습니다"(A. 부인에게 보낸 편지, 1904. 11. 24.).

지식의 은사가 주는 이 두 심정으로 예수님의 영이 그를 사랑하는 이들에게 주시며, 성서에 "성인들의 지식"(지혜서 10:10)이라고 부르는 것, 즉 피조물의 "무"와 하느님의 "모두"의 계시적 지식이 그녀의 영혼에 명백히 밝혀졌다.

7. 위대한 관상가들은 독수리처럼 절정을 바라본다. 그들은 삼위 일체에 관한 가장 작은 빛조차 전세계의 지식보다 무한히 즐거운 것임을 알고 있다. 하느님 품에 숨어 계신 말씀의 영원한 침묵 안에서 이루어지는 탄생에 견주어 볼 때 하느님에게서 나온 피조물이나 원자의 온갖 운동은 도대체 무엇이겠는가?

삼위 일체의 심연의 가장 깊은 곳으로 우리를 인도해 주심은 위대한 관상적 은사인 통찰과 슬기의 두 은사의 역할이다. 이 온전히 신스러운 빛에 따라 사람은 하느님 눈으로 사물을 보게 된다. 십자가의 성 요한은 하느님과의 깊은 합일의 이 단계에까지 이른 이는 하느님의 위격의 솟구침, 즉 말씀의 탄생과 사랑의 숨결이라는 신비에 참여한다고까지 말하고 있다. 성령의 은사의 이 매우 드높은 빛을 따라 신덕과 애덕으로 사람은 하느님의 위격 고유의, 하느님만이 하실 수 있는 행위를 행한다. 예수님의 약속대로 그것은 "완전히 하나가 되는 것" (요한 27:23)이다. 참여라는 말은 피조물과 하느님과의 사이에 언제나 있는 무한한 거리와 동시에 삼위 일체적 생명의 은혜를 통한 참된 교류를 뜻한다. 영혼은 **말씀의 빛과 지음받지 않은 사랑의** 움직임과 일치한다. 교의의 정확성에 무척 마음을 쓰며 늘 적절한 용어를 사용한 성 토마스의 대담스런 표현에 따르면 "**말씀**에 참여하고 **사랑**에 참여한다"(신학대전, 제1부 제38문 제1항과 제2부의 2, 제24문 제2항)는 것이다.

신덕은 단지 외부적 증언에 따라서 초자연적 진리에 동의만 해도 되는 것에 비해서 통달의 은사는 이 초자연적 진리 속으로 가능한 한 깊이 들어가는 것을 근본적 효과로 본다. 드높은 신적 진리, 특히 통달의 은사의 대상인 일체의 신비에 대한 사랑과 감미로 충만한 이 통찰은 사람의 지적 능력으로 이루어지는 것이 아니고, 사랑의 척도와 성령의 입김에 대한 완전한 순응에 따라 이루어지는 것이다.

성령의 가장 은밀한 활동은 성인들의 생활의 가장 신적인 것과 같이 세상에서는 도저히 알아들을 수 없을 것이다. 우리가 엘리사벳에 관해서 말할 수 있는 것은 통달의 영이 가르멜 입회후, 십자가의 성 요한의 신비 신학과 성 바울로 서간의 애독, 그리고 엘리사벳의 신앙 생활을 온전히 정화한 다음에만 비로소 전면적 활동을 벌렸던 것이다.

통달의 은사의 주요한 효과를 여섯 가지로 요약할 수 있다. 즉 하나의 신적 사실이 우연성과 말, 그리고 상징으로, 혹은 유사성 안에서 또는 감각적 사물에서 그 원인이나 결과 안에 숨을 수 있다. 이 영은 그때의 상황이나 성인들의 여러 기질과 그들의 사명에 따라서 아주 다양하게 나타나는 것이 분명하다. 어떤 사람에게는 성서의 통찰력을, 다른 이에게는 사람들 안에서 하느님에게서 오는 것을 식별하는 빛을, 또는 그리스도의 영혼이나 마리아의 신비에 관한 특별한 지식, 구세에 관한 섭리, 하느님의 속성, 삼위 일체 안의 단일성 등에 관한 특별한 이해력를 받는다. 본질적으로 다양한 이 영을 하느님이 호의로 그 영광을 계시하시려는 대로 천사들이나 사람들에게 전할 때 그 방법의 다양함을 일일히 상세히 기록하려면 한이 없다.

엘리사벳 수녀가 받은 성령의 온갖 은사는 영성 생활의 다른 모든 면과 같이 당연히 가르멜적 형태를 지녔다. 그녀가 쓴 것 중에서 그 생애와 대조해 볼 때 통달의 은사의 활동을 계시하는 많은 말은 모으기는 쉽다.

엘리사벳의 관상적 눈은 성체의 외관으로 감실 안에 숨어 계시는 그리스도의 영혼에로 향하였으며 오랜 시간 이를 흠숭하고 있었다. "겸허한 호스티아 앞에 우리는 실질적으로 하느님의 직관을 소유하고 있습니다"(한 신부에게 보낸 편지, 1903. 6. 14.).

통달의 은사는 엘리사벳에게 성서를 펼치게 했으며 그 뜻을 깨닫게 했다. 이는 하느님의 영이 엘리사벳 안에서 일하시려는 가장 뚜렷한 것의 하나이다. 그녀는 깊은 통찰력으로 늘 신비적 주해를 하였다. 성서를 글자대로의 뜻으로 무리하게 해석하지 않고, 거기에서 감탄할 만한 그녀 특유의 영성적 가르침을 이끌어 냈다. 성서의 말씀은 가르멜 수녀로서 즐기는 멋진 관상적인 영성적 드높임의 출발점이 된다. 성서의 단 한마디가 때로는 몇 년동안 지속될 "생명의 빛"(요한 8:12)을 그녀에게 주기도 했다. 가령 성 바울로서간의 삼위 일체께 끊임 없는 "영광의 찬미"(엘리사벳 수녀가 자주 사용한 말)라는 말이 그것이다. 이 세상에서 이미 시작된 하느님으로부터 주어진 자기의 영원한 사명을 지시하는 "새로운 이름"을 여기서 발견했다. 생애의 마지막 시기에 엘리사벳에게 은혜를 가져온 말씀 "그리스도와 같이 고난을 나누고 그리스도와 같이 죽는"(필립비 3:10) 자가 되어 그녀를 그리스도로 변화시킨다는 최고의 계획을 정한 것도 또한 성 바울로 였다. 때로는 두 가지 말씀을 합쳐서 생각하는 것만으로도 그녀 안에 신적 빛이 솟구치기에 충분하였다. "'당신 성의의 자유로우신 결정에 따라 간택된 우리는 그의 영광의 찬미가 되는 것이다. …우리를 그리스도와 함께 살게 하시려고 하느님은 천지창조 이전에 이미 우리를 뽑아 주시고 당신의 사랑으로 우리를 거룩하고 흠없는 자가 되게 하셔서'(에페소 1:3-4) 영원히 변함없는 하느님의 이 두 계획을 생각해 볼 때 나는 다음과 같은 결론이 생긴다. 말하자면 '영광의 찬미'라는 나의 임무를 맞갖게 완수하기 위해서는 끊임없이 하느님 앞에서 모든 것을 행해야 한다. 뿐만 아니라 사도 성 바울로는 '큰 사랑으로'라고 말한다. 이것은 '하느님 안에서'란 뜻이다. '하느님은 사랑이시다.' 그러므로 나를 그분 앞에 '거룩하고 흠없는 자' 되기 위해서는 이 사랑이신 분과의 친교가 이루어져 야 한다"(마지막 피정, 제3일). 하느님 앞에서 사는 쉴 새없는 실행으로 영광의 찬미가 되는 것, 이것이 엘리사벳의 천직이었다. 그녀는 이것을 성 바울로의 서간을 읽고 금방 파악했던 것이다.

아주 사소한 것도, 상징이거나 비유거나 하느님의 내재를 깨우쳐 주는 통달의 은사의 두번째 활동은 깨끗한 관상적인 영혼 안에 흔히 볼 수 있는데 그녀 안에 서도 같은 것을 확인할 수 있다. "태양의 광선이 수도원 회랑에 비추어 이를 가득 채울 때 하느님도 당신만을 찾는 이의 안에 이렇게 들어오시어 채워 주신 다고 생각됩니다"(G.에게 보낸 편지, 1902. 9. 14.). 성인들에게는 모든 가시적 세계가 하느님께까지 이끄는 영성적 뜻을 지니고 있다. 그들의 눈은 모든 사물 의 신비적인 부분을 보고 있다. 릭치의 성녀 카타리나는 붉은 장미를 볼 때마다 구세주 그리스도의 성혈을 생각하지 않고는 붉은 그 장미를 볼 수 없었다. 엘리 사벳 수녀는 만들어진 이 세계 안에서 하느님의 업적을 찾아내는 죄없는 마음 상태로 되돌아간 것 같은 깨끗한 영혼의 한 사람이었다. 가르멜에 입회하자 곧 일상의 하찮은 사소한 일 안에서도 하느님을 찾아내었다. "여기서는 온갖 것이 다 하느님을 말하고 있습니다"(M. 에게 보낸 편지, 1902. 10. 26.). "가르멜은 어느 곳에나 주님이 계신단다"(동생에게 보낸 편지). "주님은 너무나 그 현존을 제게 느끼게 해주시므로 인적이 없는 조용한 복도 한가운데 금새 곧 모습을 나타내실 듯이 생각될 정도랍니다"(숙모에게 보낸 편지, 1903. 부활절). 조카의 출생을 알리자 즉시 세례의 날은 언젠가고 묻는다. 그리스도 안에서 이루어진 출생의 표로 삼위 일체께서 이 조카 안에 오실 때 정신적으로 그곳에 함께하고자 하는 마음에서였다. 하나 하나가 다 엘리사벳에게 하느님을 주는 성사였고 이는 신비적 상징주의의 개화였다.

관상적 신학자에게는 통달의 은사는 또 다른 특별한 면이 있다. 인간적 지식의 엄격한 노고를 거친 다음 성령의 한 움직임에서 모두가 갑자기 환해진다. 하나의 원리, 혹은 하나의 보편적 원인 안에 새로운 세계가 출현한다. 가령 하늘과 땅의 유일한 중개자, 사제로서의 그리스도, 혹은 자신의 품에 신비체의 모든 지체를 영적으로 안고 있는 구세의 참여자로서의 성모의 신비, 또는 하느님의 무수한 속성이 드높은 단순성 안에 일체화된 신비, 또한 온갖 만들어진 시선의 가장 은밀한 탐구를 무한히 초월하는 신성에서 이루어지는 위격의 삼위 일체성과 본질의 단일성과의 조화 등이다. 이 모두는 하느님 자신의 빛에 비추어져서 "지상에서 벌써 시작된 영원한 생명"의 지복의 환희 안에 통달의 은사가 사람의 노력없이 감미를 맛보이면서 깊어지게 하는 진리이다.

엘리사벳의 관상적 눈은 이 두 가지 점에서 두드러진다. 즉, 첫째는 사람들의 깊은 곳에 거처하고 창조적 역사하심으로 "평온히, 고요히" 영혼을 지니면서 성화되어 가는 삼위 일체의 보편적 영향이며, 둘째는 영혼을 씻어 깨끗이하여 신화하고 일체를 구하려고 주야로 그분 안에 머물게 되는 그리스도의 구세적 활동이다. 이것이 엘리사벳의 영성의 기본적인 두 가지 점이다.

또한 반대로, 통달의 은사는 자기 자신의 힘에 맡겨진 인간적 사고의 복잡한 탐구에 의지하지 않고 "하느님처럼" 직관으로써 또는 단순한 잠시 바라봄으로 하느님과 그리고 모든 결과를 만들어내는 하느님의 전능을 사람들에게 계시한다. 깨닫기 어려운 생활상의 아주 작은 사건 안에서도 성령에 대해서 주의 깊은 사람은 자기에게 대한 섭리의 계획을 금방 발견한다. 원인에 관하여 변증법적 추리를 하지 않더라도 하느님의 정의나 자비의 결과를 한번 보는 것만으로도 미리 예정된 구원의 모든 신비, 지복의 원천인 삼위 일체께 합일시키려 사람들을 찾으시는 "그 크신 사랑"(에페소 2:4)을 엿볼 수 있다. 일체를 통해서 하느님의 사람들은 당신 자신에게로 이끄신다.

엘리사벳 수녀가 거의 신학적 교의를 지니고 있지 않았음을 생각할 때 성모나 그리스도의 신비, 의인의 영혼 안에 이루어지는 하느님의 내재, 흠숭하올 삼위 일체께로 끊임없이 올라가야 할 영광의 찬미 등에 관해서 우리에게 남긴 뜻깊고 특색있는 글구를 보고 놀라지 않을 수 없다.

조심스런 신학자는 엘리사벳의 이 초학술적 지식을 다만 하느님이 "마음이 깨끗한 사람"(마태오 5:8)에게만 주시고 다른 데는 전할 수 없는 앎의 체험으로서만 설명할 수 있다.

8. 슬기의 은사— 이는 하느님의 지식의 신적 존재에로 더욱 깊이 참여케 하는 뛰어난 은사이다. 그 가장 드높은 지복 직관에 이르기 전에는 최절정까지 오를 수 없다. 그것은 한 영혼에게 주어진 "사랑을 발한 말씀"의 바라봄이어서 이것으로 이 사람은 "하느님처럼" 가장 높고 보다 신적인 원인, 최고의 이유에 따라서 만사를 판단한다.

사랑으로 말미암아, 하느님의 세 위격과의 친교 안에서 말하자면 삼위 일체 안에 이끌려 들어가 신화된 이는 사랑의 영의 감동 속에서 일체를 이 중심에서 나눌 수 없는 시점에서 바라본다. 여기서 영혼은 하느님의 속성도 창조도 구세도 영광도 위격적 결합(그리스도 안에서 양 본성의 한 위격으로 이루어진 결합)도 세상의 가장 작은 사건도 이 모든 것을 하느님이 보시듯 본다. 피조물로서 가능한 한 자신의 시선을 하느님이 당신 자신과 전세계를 보는 시선의 각도에 동화시키려고 한다. 이것은 영혼이 자신 안에 그 **말로 다할 수 없는 감미를 맛들인 신성의 체험의 빛**으로 이루어지는 신적 상태의 관상이다(성 토마스, 신학대전, 제2부의 1 제112문, 제5항).

이것을 깨치기 위해서는 하느님은 만사를 그 원인인 당신 자신 안에서만 보신다는 것을 상기할 필요가 있다. 하느님은 피조물을 직접 그 자체에서 또는 그 활동을 규정하는 우연적·시간적 모든 원인에서 보시지 않는다. 하느님은 그것들을 당신의 말씀 안에서 영원적 양식 안에서 바라보신다. 그분은 섭리에 따른 모든 사건을 당신의 빛나는 본질의 빛에 견주어서 평가한다.

영혼은 만들어지지 않는 빛에 두 가지 양식으로 참여할 수 있다. 첫째는 하느님의 영원성, 그 자체에 참여함으로 지탱되는 불변의 양식이고, 이것은 말씀안에서 이루어지는 영광의 직관이다. 둘째는 말씀밖에서 하느님의 감미로움에 관한 신비적 체험이나 뛰어난 지식을 통해서이다. 바꾸어 말하면 영혼을 지복화하는 빛의 빛남에서나 또는 그것이 결핍되어 있을 때 — 그것은 영혼에게는 물론 무리한 상태이긴 하지만 — 성령의 은사에 비추어진 신앙의 지배 아래서이다. 아무리 강조해도 모자랄 정도로 신비적 체험은 지상에서는 말하자면 유배상태에서 이루어진다. 은사의 참된 조국은 천국이며 삼위 일체와 얼굴을 마주 보는 마침없는 지복의 기쁨 안에 있다.

신앙 안에서 만나는 하느님과의 합일 상태가 허용되는 한 자신의 깊은 속에 삼위 일체의 내재의 효과를 체험하고 그 빛에 비추어져 일체를 이렇게 판단하는 이는 과연 무엇을 체험할 것인가? 성화의 은혜로써 신스러운 상태를 지닌 이는 보다 높고 더욱 더 영성적인 능력에서 신적인 또 다른 하나의 활동이 솟구쳐 나온다. 이로써 신화된 이에게는 온전히 삼위 일체적인 체험과 같은 수준에 서서 하느님의 세 위격과 서로 사귀며 살게 허용된다. 믿은은 이미 그에게 초자연적 시야를 열어주고, 천국 전체를 만지게 한다. 지식과 통달의 은사는 피조물의 "무"와 동시에 하느님의 "모두"를 맛들이게 하고 삼위 일체적 생명의 헤아릴 길 없는 풍요로움 안에 들어가기를 허락한다. 그때 슬기의 은사가 나타난다. 이것은 모든 은사 안에서 가장 신적인 것이어서 지상에서 허용되는 한 최고도로, 하느님 자신, 즉 사랑을 내뿜는 말씀을 통해서 느낄 수 있는 체험적 지식에 이 영혼을 참여케 한다.

하느님의 창조되지 않은 세 위격의 이 신적 분위기 안에는 변화에 의한 합일로써 있을 곳이 정해지며, 삼위 일체의 가정 안에 양자로 받아들여진 이는 "하느님을 누릴"(성 토마스, 신학대전, 제1부 제43문 제3항 제1이론 해답) 권리를 가진다. 그 다음 그는 하느님과 본성을 같이 할 수 있게 되어 모두를, 즉 그것이 하느님의 것이든 세상이나 자기 자신의 사정이든 모든 것에 대해 그의 신성에 대한 체험에 따라 판단한다. 지식의 은사는 피조물을 하느님에게까지 올리기 위한 어떤 작용을 갖고, 통달의 은사는 사랑의 단순한 시선으로 하느님의 온갖 신비를 안팎으로 꿰뚫어보는 데 반하여 슬기의 은사는 삼위 일체의 중심부에서 결코 나오지 않는다. 그에게는 이 나눌 수 없이 하나되어 있는 중심에서 모든 것이 나타난다. 이처럼 신화된 이는 사물을 가장 높게 가장 신적인 시각으로 볼 수밖에 없다. 가장 작은 원자에 이르기까지 전우주의 모든 움직임은 삼위 일체와 하느님의 속성의 지극히 깨끗한 빛으로, 더구나 하느님으로부터 사물이 생겨난 순서에 따라 그 눈에 비친다. 창조, 구속, 위격의 순서 모두가, 그리고 악마저도 삼위 일체의 보다 큰 영광을 위해 있는 것으로 보인다. 마침내 그는 지극히 드높은 시선으로 정의, 자비, 섭리와 그리고 하느님의 속성까지 초월하여 자기 자신을 들어 올리면서 창조되지 않은 모든 완전함들을 그 영원한 원천 안에서 갑자기 발견한다. 이 원천은 성부·성자·성령이신 하느님, 우리의 인간적이고 한정된 모든 개념들을 무한히 능가하시고 천국 지복에 들어간 이들에게도 심지어는 영광을 받은 그리스도에게도 이해될 수 없고 말로 다 할 수 없는 분으로 계시는 하느님이시다. 이 하느님이야말로 그 탁월한 단순성 안에서 단일성이며 삼위 일체시고 불가분의 같은 본질이면서 그 본질적 동일성을 파괴하지 않는 발출(發出)의 순서를 따라 실제로 구별되는 살아계신 세 위격의 상호적 하나됨이다. 만일 하느님이 우리를 성령의 인도로써 하느님의 측량할 수 없는 이 깊이 안에 들어갈 수 있도록 그리스도 안에서 은총으로 우리에게까지 스스로를 굽히지 않으셨다면 인간의 눈은 이러한 신비를 결코 발견하지 못하였을 것이며 귀 또한 그러한 음률을 들을 수조차 없을 것이고, 마음은 그런 복됨을 생각해 보지 못했을 것이다.

이상의 것을 생각하면 슬기의 은사의 드높은 영감 안에 늘 살고 있는 이가 만사의 근원인 지고의 하느님을 바라보기까지 드높이 오르는 것과 엘리사벳 수녀가 기록하고 실천한 "이차적 상황에 따라 판단하지 않는다"는 것을 새삼스럽게 설명할 필요는 없으리라.

이 마지막 점에 관하여 엘리사벳 수녀가 자신의 내적인 비밀을 알게 해 준다. 그녀가 수년에 거쳐 기록한 것이나 그 동안의 마음의 움직임을 알게 되어 우리가 갖게 된 주요한 확신은 "슬기의 은사가 엘리사벳의 가르침과 생애의 두드러진 특징"이라는 것이다.

직관적으로 엘리사벳은 영원한 것, 신적인 것을 느끼고 있었다. 관상적 수도회에 속해 있으면서도 자신의 비참이나 하찮은 것에서 초월할 줄 모르는 자가 얽매여 있는 속된 것까지 만일 빠져들 경우를 만났더라면 그녀는 자신에게 폭력을 가하는 것도 서슴지 않았을 것이다. 엘리사벳은 자신의 나약으로 인해 자기도 모르게 떨어지는 사소한 과실에 그다지 맘쓰지 않고 그리스도와 삼위 일체께로 곧바로 나아갔다. 자기 의무에, 말하자면 못박히고 있던 그녀는 작은 것에나 수많은 방법으로 자신을 속박하지도 않고, 더구나 나날의 일상사의 아주 작은 무수한 것을 통해서 성자를 몸가진 성모처럼 절정을 응시할 줄을 알고 있었다. 수도 생활에서 "말씀의 모방자"였던 가르멜의 선배였던 빠지의 성녀 마리아 막달레나를 따라 엘리사벳 수녀는 가르멜의 소명 안에서 그리스도와 함께 세상 구원에 참여하고 또한 삼위 일체께 영광을 드리는 방법을 찾아냈다.

"가르멜 수녀의 소명은 얼마나 숭고한 것인지요. 예수님과 함께 하느님과 사람의 중개자가 되어 주님의 인성의 연장처럼 주님께서 당신의 속죄, 희생, 찬미, 흠숭의 생활을 영원히 계속하시도록 할 수 있기에 말입니다. 부디 제가 이 소명이 요구하는 높이에 있을 수 있게 기도해 주시길 바랍니다"(한 신부에게 보낸 편지, 1906. 1.).

성인들의 소망은 크다. 예수 아기의 성녀 데레사의 사도적인 부르짖음을 우리는 기억한다. "나는 지상에서 좋은 일을 하면서 나의 천국을 보내고 싶습니다. …아니 나는 세상 마칠 때까지 쉴 수 없을 겁니다. 천사들이 '이미 시간이 없다' 할 적에 나는 쉬겠습니다. 그리고 즐길 수 있게 되겠지요. 왜냐하면 선택된 사람의 수가 채워졌겠기에 말입니다." 엘리사벳 수녀는 이처럼 큰 소망이 자신 안에 일고 있음을 느끼고 있었다.

"하느님의 세 위격과의 이러한 친교 가운데 삶으로써 얼마나 큰 힘과 평화와 그리고 행복의 샘을 찾을 수 있는지를 모든 이들에게 말할 수 있다면 얼마나 좋을까요"(어머니에게 보낸 편지, 1906. 8. 2.). 참된 가르멜의 수녀로서 엘리사벳은 하느님의 영광 때문에 분발하고 싶은 뜨거운 큰 소망에 불붙고 있었다. "저는 교회와 그 선익을 위해서 자신의 몸을 주님께 바칩니다. 나의 어머니 성녀 대데레사처럼 저에게도 주님의 영광이 필요합니다. 딸도 어머니처럼 **사랑의 희생**이 되도록 기도해 주십시오"(한 신부에게 보낸 편지, 1906. 6.). 박해 시대에 살았기에 엘리사벳은 또한 조국 때문에 탄식하여 말하기를 "불쌍한 프랑스! 저는 그리스도의 피로써 이 나라를 덮고 싶습니다"(한 신부에게 보낸 편지, 1906. 1.).

하느님과의 합일에 관한 내밀한 이상에 따라 엘리사벳은 최고의 모범이신 그리스도의 영혼에로 곧바로 나아간다. 그리고 자기 생명이 인간적이라기보다 오히려 신적이 되어 "성부께서 그녀 안에서 성자의 모습을 바라볼 수 있을 만큼"(어떻게 지상에서 천국을 찾을 것인가, 제5일) 예수 그리스도로 변화되기를 열망했다. 이 그리스도적 슬기를 강하고 간결한 표현으로 말했다. "우리는 주님께서 하시리라 생각되는 태도로 만사를 행합시다"(편지 1904년). 또한 그리스도적 생활의 의의에서 본 슬기의 가장 높은 견해를 드러낸 다음의 갈도 있다. "아버지 앞에서 그리스도를 표현하는 것"(마지막 피정, 제14일) "제가 이미 제가 아니고 그분이시며 아버지께서 저를 보실 때 그분을 인정할 수 있도록"(한 신부에게 보낸 편지, 1906. 7.). "내가 하느님의 이 모범을 따라 온전히 그분 안으로 옮겨져 그분이 내 안에 계시게 될 때, 비로소 나는 하느님께서 '영원한 시작으로부터' 성자를 통하여 나를 위해 선택해 주셨고 그리고 내가 삼위 일체 안에 몰입되어 그 영광의 끊임없는 찬미가 되었을 때 이 소명을 영원히 계속하게 될 것입니다"(마지막 피정, 제1일).

이 빛 속에서 악의 문제와 고통의 신비를 풀어 주는 충분한 해답이 솟구쳐 나온다. "'그 죽음을 닮는 자 되는 것' 이것 역시 저를 떠나지 않는 생각입니다"(한 신부에게 보낸 편지, 1906. 7.). "저는 그리스도와 함께 구세자가 되기 위해서 그분과 함께 저의 고난으로 나아가고자 합니다"(어머니에게 보낸 편지, 1906. 7. 18.). 이 표현이 한 생애를 계시하는 것이 되었다.

엘리사벳은 하느님의 온갖 신비 앞에 한결 같은 영성적 자세를 취했다. 자신의 모든 생활을 "그 크신 사랑"에 대한 신앙 안에 확립했다. 그것은 세상에서의 그녀의 지복 직관인 것이다(한 신부에게 보낸 편지). "모든 일은 그에게 하느님을 갖게 하는 하나의 성사입니다"(A. 부인에게 보낸 편지, 1902. 1.). "고통을 그 자체로서가 아니고 '사랑'에 순종하는 하나의 도구"(S. 부인에게 보낸 편지, 1902. 7. 25.)로 보고 있다. 그리고 그 고통의 병상에서 "우리 하느님은 다 태워버리는 불이십니다. 저는 지금 그 일하심을 받고 있습니다"(원장에게)라고 되뇌이고 있었다.

이렇게 여러 사건이 펼쳐지는 가운데 인생의 온갖 것이 더욱 더 신적 빛 가운데 나타났다. 가르멜의 수녀들이 엘리사벳 둘레에 마지막으로 모였을 적에 슬기의 은사의 아름다운 감동으로 마치 노래부르는 듯한 음성으로 말했다. "생애의 저녁에는 모두는 지나가고 오직 사랑만이 남습니다"라고.

이것은 십자가의 성 요한이 "생애의 저녁에 우리는 사랑에 관하여 심판받으리라"고 하신 말씀을 떠올리게 한다. 이는 또한 그리스도의 최고의 계명과도 일치한다. 성인들의 생활에서 모두를 지배하는 이 사랑이 으뜸을 차지한다.

그러나 슬기의 은사의 대상은 삼위 일체의 신비이다. 이 점을 상술하려면 영혼 안의 삼위 일체의 내재의 연구와 엘리사벳의 가르침과 생애의 중심적 역할을 설명한 장을 여기서 또 한번 살펴봐야 할 것이다. 이보다 더 엘리사벳의 영혼 깊은 생활에서 이루어진 슬기의 은사의 뛰어난 힘을 보다 명확히 드러내는 것은 다시 없다. 엘리사벳 수녀의 하느님 앞에서 산다는 끊임없는 수업이 매우 빨리 다른 모든 충실함의 비결이 되었다. 돌아가시기 며칠 전에 엘리사벳 자신이 거기에 관한 귀중한 증언을 했다. "사랑이라고 불리우는 분이 밤낮 없이 우리 안에 계시고 우리가 그분과 서로 사귀며 살기를 원하시는 것을 믿는 것, 이것이 나의 생활을 지상 천국으로 만든 비결임을 말씀드립니다"(G. 부인에게 보낸 편지, 1906.).

"나의 유일한 수업은 자신 안에 들어가 거기에 계신 분 안에 잠기는 것입니다"(G. 에게 보낸 편지, 1903년 1월말). 영성 생활의 모두가 여기에 요약되어 있다.

짧은 생애의 마지막에, 엘리사벳은 변화에 의한 일치 안에 자리잡고 완전한 자아 망각의 경지에 이르렀다. 이것은 우리가 이미 상세히 고찰한 그녀의 영성 생활의 최고의 시기이다(제1장의 2항의 가르멜 수녀의 장과, 특히 제4장 영광의 찬미 : 이 장은 엘리사벳의 가르침과 생애를 통찰하는 데 가장 중요하다고 생각된다). 엘리사벳은 "영광의 찬미" 안에 사라져 버렸다. 그녀 자신도 이미 편지에 이 새 이름만을 쓰고 있으며 또한 그렇게 불리우기만 원했다. 하느님 내재의 즐거움도 자신도 초월하여 그녀는 오직 삼위 일체의 영광을 끊임없이 찬미하려고 온전히 자기를 잊었다. 이는 슬기의 은사의 승리였다. 말하자면 "삼위 일체의 영광"이라는 유일한 생각이 온갖 것을 지배했다. 하느님의 영광을 위해 협력하지 않는 것, 혹은 그것을 늦추는 위험이 있는 것을 용서없이 멀리했다. 엘리사벳의 생활을 지상에서 맛보는 천국으로 한, 하느님의 세 위격의 내재가 이루는 매우 복된 기쁨의 와중에도 그녀는 하느님을 즐기기 위해 이기적으로 자신 안에 틀어박혀 있지는 않았다. 하느님의 영광만이 모든 것을 뛰어넘는다. 마음의 천국에서 이룩해야 할 근본적 임무는 영광의 천국에서의 성인들처럼 밤낮으로 성삼위의 찬미를 노래하는 것이다. 엘리사벳의 생활은 전부 사랑의 실천과 성장으로 맺어진 슬기의 은사의 감동으로 영광의 찬미에 맞갖은 음률을 탔던 것이다.

"'영광의 찬미'란 흡사 하나의 비파와 같아 성령의 절묘한 손 안에서 그에게 신스러운 가락을 연주케 하는 침묵의 영혼을 말한다. 이러한 이는 고통은 가장 아름다운 음률을 내는 현의 하나임을 알고 하느님의 마음을 보다 깊이 감동시켜 드리기 위해서 자신의 악기에도 이런 현이 있음을 기뻐한다.

'영광의 찬미'란 단순한 믿음으로 하느님을 바라보는 자이며 그것은 하느님을 온전히 있는 그대로 비추는 거울, 하느님이 그 안에 흘러 들어갈 수 있는 끝없는 심연 같은 것이다. 그것은 또한 하느님이 그 안에 자신의 모든 성덕과 광휘를 반영하여 바라다볼 수 있는 수정 같은 것이다. 이처럼 하느님 자신과 그 갖고 계신 온갖 것을 나누어 주시려는 간절한 원의를 충족시켜 드리는 영혼이야말로 참으로 하느님의 모든 은사의 영광의 찬미가 되어 있는 것이다.

끝으로 **'영광의 찬미'**란 끊임없이 감사하는 사람이다. 그 행위, 생각, 소망 하나하나는 그를 더더욱 깊숙히 하느님의 사랑 안에 뿌리박게 하는 동시에 마치 영원히 거듭되는 '영광의 찬미'의 메아리와 같은 것이다. 영광의 천국에서는 모두가 밤낮으로 중단없이 '거룩하시다, 거룩하시다, 거룩하시다. 전능하신 주 하느님' 하고 찬미하며 그 앞에 엎디어 세세 영원히 살아 계신 분을 경배하고 있다. 사람 안에 있는 천국에서 영광의 찬미가 된 자는 이미 영원히 계속될 임무를 시작한다. 그 찬미가는 잠시도 중단되지 않는다. 왜냐하면 그 사람은 자신 안에서 만사를 행하시는 성령의 역사하심 아래 있기 때문이다. 그리고 조금도 마음을 흩지 않고 하느님을 바라보기를 계속한다는 것은 인간의 나약으로서는 해낼 수 없기 때문에 비록 늘 그것을 자각하고 있지 않더라도 끊임없이 주님을 찬미하고 경배하고 하느님의 영광을 열애하는 나머지 온전히 찬미와 사랑 안에 잠겨 버린 것이다"(어떻게 지상에서 천국을 찾을 것인가, 제10일).

■ 제 9 장 ■

성삼위 일체께 드리는 기도(주해)

"오 나의 성삼위, 나의 전부, 나의 지복, 한없는 고독, 나를 사라지게 하는 끝없는 심연이여, 오 나의 하느님 흠숭하올 삼위 일체여…"

    기도하는 사람을 바라보면 흡사 제단 위의 사제를 볼 때처럼 영혼이 하느님과 가장 깊은 친밀 가운데 있음을 엿보게 된다. 기도는 한 영혼의 총괄이다. "그 기도에 그 생활이 있다"라고 할 수 있다. 아퀴노의 성 토마스의 교의적 천재의 모든 빛은 성체 축일의 성무 안에서 빛나고 있다. 사람이 되신 말씀 자신도 이 인간적 심리의 법칙에서 예외되지는 않는다. 말하자면 그리스도의 사제적 기도는 그리스도의 마음을 가장 잘 계시해 준다. 성부의 그 영광과 모든 이가 하나되기 위해 말씀하신 그리스도의 영혼의 움직임 이상으로 성부께 대한 사랑과 형제들에게 대한 그리스도의 구원적 사랑을 드러내는 것은 없다. 거기에 그리스도의 신비가 전부 있다.
    성인들의 기도에 관해서도 같다. 엘리사벳 수녀는 어머니 성녀 대데레사처럼 묵상 기도에 관해서 책은 쓰지 않았지만 그녀의 숭고한 기도인 "오 나의 하느님, 흠숭하올 삼위 일체"는 묵상 생활에 대한 그녀의 가르멜적 사고 방식, 즉 "삼위 일체와의 끊임없는 친교"에 관해 보다 풍요로히 증명해 준다. "기도, 그것은 많은 염경 기도를 읊을 의무를 지우는 것은 아닙니다. 만사를 통하여 하느님께로 마음을 올리는 것이며 그것을 통하여 아주 단순히 모든 것을 삼위 일체의 눈길 앞에서 행하면서 삼위 일체와 끊임없는 교류 가운데 안주하는 것입니다"
(G. 에게 보낸 편지, 1905. 2.).

가르멜 수녀가 일제히 서원을 새롭게 한 날에 한 마디의 고침도 없이 단숨에 써내려간 저 유명한 기도는 엘리사벳의 내적 생활의 총괄이다. 거기에는 그녀의 특징 모두가 완전히 기록되어 있다. 말하자면 한생을 통한 큰 신심 — 삼위 일체, 그녀의 기도 생활의 고유스런 형태 — 흠숭, 십자가 위에서 "죽기까지 사랑하신" 그리스도께 대한 열절한 애정, 그리고 마지막으로 삼위 일체께로 향한 누를 길 없는 영의 비약, 즉 그녀의 지복, 그녀의 전부, 그녀의 영혼을 잠그는 무한한 고독 등이다. 성모의 이름은 없으나 "1904년 11월 21일 성모 자헌 축일을 맞이하여"라는 자필의 기록일자가 성모의 존재도 역시 거기서 느껴진다.

유의할 점은 다만 거기에는 엘리사벳의 영성의 최고의 개화만이 아직 유보되어 있다는 것이다. 즉, "영광의 찬미"의 생활에서 광대한 시야가 아직 그녀에게 열려져 있지 않았다. 이와 같이 그리스도교의 가장 아름다운 기도의 하나를 보면서도 오랫동안 우리는 주해를 시도하기를 망설였다. 그리스도의 사제적 기도를 앞에 놓고 성서 해석자나 신학자가 느끼는 당혹함과 비슷한 것을 느꼈기 때문이다. 사람이 하는 성서 해석도 신학적 주해도 — 가령 그것이 매우 숭고한 것일지라도 — 합일을 원하는 예수의 마지막 기도의 온전히 신적인 단순함을 도저히 표현할 수 없다는 마음에서일 것이다. 하지만 많은 관상적인 이들은 이 삼위 일체께 대한 기도를 날마다 애송하는 기도로 삼고 자신을 잊는 비결을 찾아내는 내적 생활의 모든 예정표로 삼고 있다. 어느 "가르멜 수녀"는 "한마디 한마디가 묵상 재료가 되어 이 기도는 가장 훌륭한 신비학의 연구와 같이 나의 마음을 잠심시켜 줍니다"라고 말했다.

저자는 여러 해 동안 이 특별히 은혜받은 영혼을 직접 연구해 왔으므로, 이 기도에 담겨 있는 이토록 깊은 참된 뜻을 독자가 깨닫기 위해서 다소 도움이 될지도 모른다고 생각하여 이를 주해한다.

이처럼 관상적인 영혼의 움직임에 너무 딱딱한 구분을 짓고 싶지 않으나 주요한 부분을 다섯 가지로 나누어 보기로 하겠다.

(1) 엘리사벳의 생명의 전부가 된 삼위 일체께로 달리는 지극히 자연스러운 마음의 첫 비약 "오 나의 하느님, 흠숭하올 삼위 일체여…"

(2) 엘리사벳의 관상 생활이 동요없는 평화 안에 영혼 깊숙이에서 이루어졌던 그 분위기의 표현인 "내 영혼을 고요하게 하시어…"

(3) "죽기까지 사랑하고 싶나이다" 그리스도께 향한 열렬한 애정. 그리스도의 영혼의 모든 움직임에 동화되고 싶다는 열망을 지닌 이의 심정의 격렬함을 나타내고자 세차게 이어진다. "오 사랑하는 그리스도 …"

(4) 다음으로 엘리사벳의 생활의 방향인 하느님의 세 위격을 잇달아 부른다. "오 하느님의 영원한 말씀이여, … 태우는 불, 사랑의 영이여, …오 성부여…" 육화로서 우리의 눈에 쉽게 볼 수 있게 되신 말씀께 그녀는 특별히 오래 머문다. 영원한 말씀, 하느님의 말씀에 매혹되어 있는 것이다.

"사랑의 영"도 부르며 또한 간청한다. 그러나 그것은 엘리사벳 안에 이를테면 말씀의 하나의 육화가 이루어져 엘리사벳이 주님의 인성의 연장처럼 되어 성부께서 그녀 안에 마음에 드시는 그리스도의 모습을 볼 수 있기 위해서다. 그리스도는 참으로 그녀의 생애에서와 같이 이 기도에서도 그 중심이시다.

(5) 이 삼위 일체께 올리는 기도를 맺는 마지막 부르짖음. 첫 주제였던 "오 나의 하느님 흠숭하올 삼위 일체여 …"를 예술가적인 엘리사벳은 또다시 부르짖는다. 그러나 이번에는 결정적으로 삼위 일체의 깊이에로 옮겨 사라지는 강한 음률로 더욱 높게 크게 펼쳐진다. "오 나의 성 삼위, …나를 번제물로 당신께 바치나이다…"

I. 오 나의 하느님, 흠숭하올 삼위 일체여

"오 나의 하느님"—엘리사벳은 하느님의 속성이 아닌 모든 속성의 근원인 본질, 하느님 자신께로 곧바로 간다.

"삼위 일체"—철학자나 학자의 하느님이 아니고 그리스도 신자의 하느님,

신비가들의 하느님, 말하자면 "성부와 말씀과 사랑."

어떤 이는 가령 시에나의 성녀 카타리나처럼 성부께 각별히 마음이 끌릴 것이다. 혹은 성녀 젤뚜르다나 성녀 말가리다 마리아처럼 성자께, 혹은 성령께 특히 끌린다.

교회는 이 기도의 형식들을 다 정당하다고 본다. 사실 교회 자신도 그 전례에서, 성부께, 성자께 또는 성령께 향한다. 숭배는 삼위 일체를 통하여 언제나 구별되어 있는 세 위격에 향하는 것이다. 참된 신학자인 아퀴노의 성 토마스와 같은 분은 "단일성 안의 삼위 일체"를 그 신심의 대상으로 한다. 즉 그것은 하나의 종합적 표현 안에 신비의 모든 본질을 포함한 것이다.

엘리사벳 수녀는 신비 그 자체의 깊은 의의에 강한 느낌을 받기보다는 오히려 거기서 합일 생활의 명백하고도 복된 종극을 발견하려고 마음을 쓰고 있었다. "삼위 일체, 이야말로 우리의 안식처, 우리의 가정 거기서 아예 나와서는 안 되는 아버지의 집이다"(어떻게 지상에서 천국을 찾을 것인가, 제1일). 마치 사랑하는 이가 현존하듯이 가슴을 양손으로 껴안으면서 엘리사벳이 얼마나 다정스레 삼위에 관해서 말했는지 그것을 친히 들은 이가 아니곤 모를 것이다. "나는 얼마나 이 신비를 사랑하는지요. 그것은 내가 그 안으로 몰입해 버리는 심연입니다."

"흠숭하올"—경배는 이 묵상 생활의 특유한 형태이다. 엘리사벳은 묵시록 끝장에 묘사되어 있는 하늘 도성의 복된 이들의 태도를 무척 좋아했다. "그들은 엎드려 경배하며 어린 양의 옥좌에 종려나무 가지를 던지며 흠숭한다."

오로지 경배적인 묵상 생활의 이같은 형식은 받기 위해서 손을 내미는 일이 아니고는 하느님께 가까이 가지 않는 많은 구걸스러운 자들과는 아주 동떨어져 있다. 하느님 사정을 잘 분간하는 참된 관상가로서의 엘리사벳은 무엇보다 우선 하느님의 무한한 성덕 때문에, 혹은 그녀가 즐겨 사용한 말을 빌린다면 "하느님 자신 때문에" 숭배한다. 엘리사벳의 종교적 영혼은 아주 자연스럽게 하느님 앞에서 보다 근본적인 태도로, 즉 경배 안에서 자기를 표현한다. 청원 기도는 부담을 덜어줄 빈곤을 생각하고 감사의 기도는 받은 은혜를 보며 보속은 과거의 죄를 회상케 한다. 하지만 흠숭만이 하느님을 하느님 자신 안에서, 그 본질과 위격의 조성되지 않은 절대성을 관상한다. 흠숭할 때 사람은 하느님 영광 앞에 모두를 잊어 버린다. "흠숭이란 사랑의 대상이 되는 분의 아름다움과 힘과 무한한 위대함에 압도된 사랑의 탈혼 상태이다"(마지막 피정, 제8일).

"내가 온전히 자기 자신을 잊도록 도와주십시오"—가르멜 수녀로서 또는 일반 모든 관상적 영혼이 만나는 커다란 장해는 자기 자신이다. "자애심은 우리보다 15분 후에 죽는다"고 성 프란치스꼬 살레시오는 미소지으면서 말했다. 성인들은 이처럼 완강한 자아를 없애기 위해 가장 큰 싸움을 자신에게 걸었던 것이다. 가장 위대한 사람들, 하느님의 사랑을 보다 많이 받은 이들조차도, 주님의 뜻에 따라 온전히 공으로 주시는 은혜로 말미암아 영구히 그들을 해방시켜 주시기까지는 자애심에 꼼짝 못하고 붙잡힌 것에 별로 놀랄 것은 못 된다.

엘리사벳 수녀는 특별 소명을 받아 내적인 사람들의 모범과 또 수호자가 되었다. 그래서 하느님만으로 살기 위해 마음 깊은 잠심을 하느님께서 원하시는 이들이 겪는 위험을 그녀 자신의 체험으로 배워야 했다. 오랫동안 그녀의 영성 생활은 가련한 "자아"로 막혀져 있었다. 엘리사벳은 그것을 괴로워했으나 그 무엇도 그녀를 거기에서 해방시키지는 못했던 것이다. 영혼의 최고의 해방은 은혜의 승리, 성령의 은사의 최고의 효과여서 다른 것은 있을 수 없다. 그 때문에 이 숭고한 기도의 둘째 구절의 시작부터 자기 자신에게 되돌아가는 것은 우연한 일이 아니며 매우 속깊은 심정에 자극받아 한 일이었다. 그것은 이를테면 멀지 않아 죽어야 할 자아의 마지막 탄식과 같은 것이었다. "온전히 나를 잊도록 도와주소서." 이 기도를 지은 지 삼일 후 엘리사벳은 같은 생각에서 "성인들은 참스런 학문, 하느님께로 날아가 하느님으로만 살도록 온갖 것에서 그리고 특히 자기 자신에게서 나오는 참된 학문을 정말 잘 깨닫고 계셨습니다"(A. 부인에게 보낸 편지, 1904. 11. 24.)라고 쓰고 있다.

"온전히"—즉 "온전히 자기 자신을 잊는 것"의 뜻을 잘 이해하자. 하느님께로 향한 자기 비약이 이미 아무 것에도, 즉 바깥 사정에도 안의 여러 변화에도 방해받지 않는다는 것을 … 엘리사벳 수녀는 높은 곳을 겨눈다. 말하자면 "내가 사는 것이 아니라 그리스도가 내 안에서 사시는 것입니다"라고 한 성 바울로의 대담한 표현과 같이 그리스도로 말미암아 복된 변화에로 이르는 것이다. "이렇게 되기 위해서는 얼마나 자신에게서 나와야 하는지. 어느 정도로 자기에게서 죽어야 되겠는가! 위대한 성 바울로는 골로사이인들에게 '여러분이 이 세상에서는 이미 죽었기 때문입니다. 여러분의 참 생명은 그리스도와 함께 하느님 안에 있어서 보이지 않습니다'(골로사이 3:3)라고 했다. 조건은 이것입니다. 즉 '죽었기 때문이다' 그렇지 않으면 이따금 하느님 안에 숨을 수는 있어도 하느님 안에 상주할 수는 없다. 왜냐하면 여러 가지 감수성, 자기 만족의 요구, 그외 갖가지가 우리를 거기에서 내쫓으러 오기 때문이다"(마지막 피정 제6일). 다시 엘리사벳은 계속한다. "나는 고독해져서 자기 자신에게서, 그리고 온갖 것에서, 즉 자연적인 것에서도, 초자연적 것에도 하느님의 은혜에서마저도 이탈한다. 영혼은 이렇게 부수어지고 자신에게 풀려나지 않으면 때로는 평범해지고, 혹은 자연적인 것이 되고 말 것이다. 이는 하느님의 딸, 그리스도의 정배, 성령의 성전이 된 이에게는 합당하지 않다"(마지막 피정, 제10일).

"도와주소서"—성인들에게서 이러한 완전한 해방은 자연에 대한 은혜의 최고의 승리이다. 엘리사벳은 겸허히 이 은혜를 간청한다. "도와주소서."

우리는 하느님께서 겸손한 여종의 기도를 들어 주심을 알고 있다. 일년 후 엘리사벳은 한 친구에게 다음과 같이 써 보냈다. "자신을 잊는다는 것이 어려운 일이라고 생각하시는 것 같은데 그것이 얼마나 간단한지 아셨으면 합니다. 나의 비결을 알려 드리겠습니다. 당신 안에 살아 계시는 하느님, 당신이 바로 그 성전이 되어 모신 주님을 생각하셔야 합니다. 이것은 성 바울로의 말씀이므로 우리는 안심하고 믿을 수 있지요. 당신이 하느님과 함께하는 즐거운 생활에 조금씩 익숙하게 되면 하느님이 거처로 정하신 작은 천국이 자신 안에 있음을 깨닫게 된답니다. 그렇게 될 때 신적 분위기 안에서 호흡하게 되지요. 지상에는 이미 육신만 있을 뿐이고, 영혼은 변함없는 분 안에 살게 된다고까지 말할 수 있습니다. 그 방법은 이렇습니다. 우리가 깨끗이 씻어지는 것은 자기의 비참을 바라봄으로써가 아니라 완벽하게 깨끗하고 거룩함 자체이신 분을 바라봄으로써 이루어집니다"(A. 부인에게 보낸 편지, 1905. 11. 24.).

"당신 안에서 사실 수 있기를 "―자기에게서 완전히 해방되어 가르멜산의 맑은 절정에 이른 이는 필연적으로 삼위 일체적 생명에 들어가 주님 안에 자리를 잡고 쉰다. 주님과의 이런 친교는 엘리사벳에게 아주 예사로운 일이었으며 복도를 지날 때 등, 주님이 거기서 불쑥 모습을 드러내지나 않을까 할 정도였다. "하느님은 내 안에, 나는 하느님 안에 이것이 나의 생활입니다."

"부디 내 영혼이 이미 영원한 나라에서 변함없고 평온히 당신 안에 살 듯이 …"―영혼을 타산적인 마음 씀씀이나 자아에서 갈라놓고 영원한 분위기 가운데 확실하게 살게 하는 것은 이러한 본질적으로 관상적인 영성의 열매의 하나이다. 그리스도교 신자는 모두 지상에서 자신이 유배된 처지임을 생각해야 한다. 왜냐하면 세례의 은혜는 그 사람 안에 불변한 생명의 씨앗을 심고 그는 신앙으로 말씀의 빛으로 살고 있기 때문이다. 놀라우리만큼 깊이있는 신앙 선언의 한마디, "나는 영원한 생명을 기다린다"는 것은 지나가는 세상을 토면서 신앙있는 이들 모두가 지녀야 할 근본적 태도를 잘 보여주고 있다. 이 영원이란 관념이 해를 거듭함에 따라 더욱 더 하느님의 여종의 영혼을 지배했다. 엘리사벳은 이미 눈에는 보이지 않으나 무척 가깝게 느껴지는 피안에 살고 있었다. 죽음을 앞둔 수개월 전에 "주님은 이제 영원한 것밖에 내게 말씀하시지 않습니다"라고 했다.

"변함없고 평온히"―평온은 엘리사벳의 영성적 가르침 안에서 지배적인 자리를 차지했다. 짧은 기도 가운데서 엘리사벳 수녀는 세 번이나 그것을 되풀이한다. "부디 내 영혼이 이미 영원한 나라에서 변함없고 평온히 당신 안에 살듯이 그 무엇도 나의 마음의 평화를 어지럽히지도 마시고", "내 영혼을 고요하게 하시어", 온갖 은혜보다 뛰어난 이 평화는 세상에서 주는 것이 아니고 하느님의 속성에 유래한다. "오 변함없으신 나의 하느님, 그 무엇도 나를 당신에게서 갈라놓지도 못하게 하시고." 성 아우구스띠노는 이에 관해서 "평화는 질서의 고요함이다"란 유명한 정의를 내리고 있다. 영적 평화는 사람의 모든 능력을 통일함으로 생기는 조화이며 이 모든 능력들이 같은 목적을 향해 노력한 결과이다. 이 근원은 만사에서 또한 만사를 넘어 사랑받으실 하느님이시다. 신학자들은 평화가 사랑의 내적 효과의 하나임을 알고 있다. 완전히 하느님께 질서지어진 이들 안에 있는 것, 그것이 바로 평화이다.

엘리사벳 수녀는 평화에 관해서 이것과 같은 뜻의 기록을 남겨 놓고 있다. "내적 침묵으로 자기를 온전히 통일하는 것, 자신의 모든 능력을 사랑의 실천에만 집중하는 것이다"(마지막 피정, 제2일). "만일 나의 소망, 두려움, 기쁨, 슬픔의 네 가지 정념(情念)에서 일어나는 온갖 감정이 완전히 하느님에게 향해 있지 않으면 내 안에는 소음이 있고 평화가 없다. 그 때문에 고요와 능력의 침묵과 존재의 통일이 필요하다"(마지막 피정, 제10일). "그렇게 하면 외부와의 접촉도 내부에서 생기는 곤란도 아무것도 두려워할 것 없다"(마지막 피정, 제2일). "의지는 온통 하느님의 의지 안에 사라지고 마음의 경향도 능력도 오직 이 사랑 안에서 또 사랑 때문에만 움직인다"(지상 천국, 제7일). "온갖 것이 영혼에게 장해가 되기는커녕 오히려 더더욱 깊이 주님 사랑 안에 뿌리박게 한다"(마지막 피정, 제8일). 그리스도 때문에 온갖 것을 간직하고 모든 능력이 통일될 때 변함없는 평화가 있다.

"순간마다 당신 신비의 깊은 속으로 데려 가소서"—이 청원 안에서 거룩한 가르멜 수녀의 열절한 영혼과 모든 수도 생활의 가장 주요한 의의, 말하자면 완덕에 대한 열의를 날마다 보다 더 잘 실천하려는 소망을 알 수 있다. 성녀 대데레사가 특별한 서원의 대상으로 삼았던 가장 완전한 것에 대한 염려는 이 딸 안에서도 매우 세차게 메아리치고 있었다. 엘리사벳 수녀와 수년간에 이르는 영성적 생활의 접촉으로 우리 안에 남는 제일 강한 인상은 끊임없이 속도를 더해 가면서 하느님께로 나아간 그녀의 빠른 비약이다. 엘리사벳과 무척 친하였으며 그녀 자신도 "우리는 같은 한 집의 두 개의 방과 같습니다"라고 말한 디종의 한 가르멜 수녀는 특히 생애의 마지막 8개월의 병실 생활이 시작된 후 참으로 감탄할 만한 비상이어서 "우리는 도저히 엘리사벳의 뒤를 따를 수 없었습니다"라고 말하였다. "순간마다 당신 신비의 깊은 속으로 데려 가소서." 완덕의 절정의 갈망을 잘 드러내고 있는 이 구절은 다음의 뜻으로 해석해야 할 것이다. 엘리사벳이 항상 확신하고 있었던 것은 "매순간은 우리가 **보다 깊이** 하느님 안에 뿌리박고 하느님의 본보기이신 그리스도를 **더욱 닮아가**게 되어 합일이 **더욱 친밀**하게 되기 위해서 주어지는 것입니다"라고 하였다. 이 생각은 바꾸어지지 않았다. 동생에게 유언으로 준비한 기록(지상 천국) 중에 이것을 다시 말하면서 영성적 생활을 "지상에서 시작되고 또한 늘 진보하고 있는 영원한 생명"이라고 뜻 깊으면서도 간결한 표현으로 정의하고 있다.

Ⅱ. 내 영혼을 고요하게 하소서

이 기도의 참신함은 내적 생활에 관한 엘리사벳의 매우 독특한 사고방식을 드러내는 데 있다. 그리스도교에서 미지의 교의를 그녀가 발견했다는 것은 아니지만 "하느님의 나라는 네 안에 있다"라고 하신 예수님의 말씀의 깊은 뜻을 통찰할 수 있었다. 확실히 엘리사벳은 이 점에 관하여 우리를 순수한 복음으로 돌아가게 하는 은혜를 하느님께 받았던 것이다. 내적 생활의 거울이신 성모께 관한 그녀의 말 "성모는 모든 것이 마음 안에서 이루어졌다" 함은 그녀 자신에게 대해서도 말할 수 있으리라. 마음 속 깊이에서 자신이 세례 때 받은 삼위일체의 풍요로움을 살고 하느님 생명의 참된 원천에로 돌아가도록 사람들을 초대하는 것이 엘리사벳의 독특한 은혜였다.

"내 영혼을 당신의 천국으로 만드소서"—평화 안에 거처를 정하고 **자아**에서 해방된 자는 은혜의 신묘한 업적을 행하는 장, 하느님을 위한 참된 천국, 사랑받는 **집, 쉴 곳**이 된다. 하느님의 세 위격과의 이러한 친밀한 생활의 숭고함에 우리는 유의해야 한다. 보통 견해는 이와는 반대로 거의 모든 이가 성인이 되겠다는 높은 소망을 갖고 하느님과의 합일을 추구한다. 하지만 그들은 모든 성덕의 최고의 이유인 하느님의 기쁨과 최대의 영광이라는 것을 충분히 생각하고 있는 것일까? 그들은 자신을 온전히 잊지 못하고 오직 노력으로 하느님께 향한다. **성화된 자아**라고도 불리울 이러한 영성의 방법에는 얼마나 많은 위험이 도사리고 있는지 모른다. 이와는 반대로 엘리사벳 수녀에게는 하느님의 지상위

(至上位)가 찬란히 빛난다.

  사람이란 지극히 거룩하신 삼위 일체께 중단없는 경배, 감사, 찬미, 사랑을 드리는 살아 있는 성전이다. 성부는 성자를 낳고 성부와 성자는 같은 "사랑"을 발하며 마음 속 깊은 곳에 사신다. 거기서 세 위격은 서로를 즐기는 것이다. 여기에서 마음은 하느님을 위한 하나의 천국이 된다. 이와 같이 사람의 자녀들 안에 사시는 것을 즐거움으로 삼는 하느님의 자애를 알아차린다. 엘리사벳은 후일에 "영광의 찬미"가 된 이의 임무는 "하느님과 하느님이 갖고 계신 모든 것을 나누어 주시려는 원의를 자신 안에서 하느님이 이루시게 해드리는 것이다"라고 기록하였다.

  "그리고 잠시도 당신을 홀로 버려두지 않게 하소서"— 다만 인간이 할 수 있는 것을 "믿음 안에 깨어 흠숭하며 당신이 창조적 역사하심에 나를 온전히 맡기며 거기 머무는 것"이다.

  하느님은 실제로 자신 안에서도 인간 안에서도 결코 고독하지 않으시다. 하느님은 삼위 일체적 친교로 충족되어 있으시다. 성부와 성자와 성령이란 "지금과 영원히 세세에 이르기까지" 서로 함께 사시고 그 본질의 지극한 깊은 곳에서 완전히 우정으로 맺어져 무한한 사랑과 빛과 기쁨을 누리고 계시다. 그 때문에 하느님은 결코 고독하지 않으시다. 삼위 일체의 신학은 문자 그대로 엄격한 뜻에서 하느님을 "고독한 분"이라고 부르기를 금하고 또한 그 위험성을 주의시키고 있다.

  하느님 자신 안에서 발견되는 하느님의 생명은 하느님의 넘치는 큰 기쁨이다. 만일 위격의 다수성이 삼위 일체의 생명 안에 존재하지 않았더라면 은혜로 말미암아 하느님의 생명에 참여하도록 불리움을 받은 많은 사람이나 천사들과 함께 계셔도 하느님은 "영원히 고독한 자"일 것이다. 그것은 마치 지혜와 의지를 갖춘 인간이 수많은 식물이나 동물 안에서 외로이 배회하는 것과 같다(성 토마스, 신학 대전, 제1부 제3문 제3항 제1이론 해답에서 볼 수 있는 매우 뜻깊은 문장을 참조).

  넘쳐흐르는 순수한 자애와 "그 크신 사랑" 때문에 하느님은 사람의 자녀들 가운데서 기쁨을 찾고자 하신다. 하느님은 몸소 그 피조계의 한복판에 내려오신 것이다. "말씀이 사람이 되시어 우리 가운데 계시도다." 우리는 "하느님의 자녀" 되는 권능을 받고 말씀과 합일하여 그분과 "서로 사귀며" 살도록 예정된 특별히 은혜받은 무리에 속해 있다. 엘리사벳 수녀가 매우 사랑한 "서로 사귀며"라는 성 요한의 말은 "잠시도 당신을 홀로 버려두지 않고"라는 그녀의 기도의 뜻을 설명해 주고 있다.

"'나를' 거기 머물게 하소서"— 엘리사벳이 행한 수덕의 실천과 신비주의는 마치 마음 속 깊이 "살아계신 하느님 앞에서" 살기 위해 자신을 일체의 것에서 떼어 버리고 자유롭게 하는 것이었다.

"믿음 안에 깨어"—"가르멜 수녀는 신앙의 영혼이다." 하느님의 여종은 그 내적 생활 때문에 대신덕 중 첫째인 신덕으로 자주 되돌아온다. "나의 피정 계획은 성령의 은총 아래 신앙과 사랑 안에 머무는 것이다", "믿음 안에 깨어" 있다 함은 정신으로 믿어야 할 진리를 말로써만 드러낼 뿐 아니라 더욱 깊은 곳으로 가야 한다. 그것은 바로 하느님 안에 사는 것이다.

"흠숭하며"—한결같이 변함없는 하느님 앞에서 본질적 경배의 태도이다.

"당신의 창조적 역사하심에 나를 온전히 맡기나이다."—영성 생활이란 우리 편에서 힘껏 노력하기보다는 하느님께 사로잡히기 위해 몸을 맡기는 데 있다고 엘리사벳은 확신했으며 성령의 역사하심에 서슴없이 자신을 내어 맡기었다. 엘리사벳의 변함없고 더욱 현저했던 노력은 "사랑을 믿는 것" 그분을 통해서 변화되도록 맡기는 것이었다. 성덕의 모든 뿌리는 우선 하느님에게서 오며 무엇보다도 우선 그 은혜, 즉 무상의 사랑의 실현에서 유래한다는 엘리사벳의 가르침을 우리는 잘 깨달아야 한다. 우리에게 대한 하느님의 사랑의 특징은 창조적 사랑이라고 할 만하다. 사랑받는 대로 내맡긴다 함은 우리의 맘 속 깊은 데서 하느님이 자유로이 일하시게 맡기고 그 은혜와 영광의 온갖 신묘한 업적이 이루어지는 대로 맡기는 것이다. 엘리사벳 수녀는 우리 안에서 일하는 것만을 원하시는 하느님의 사랑에 바쳐드려야 할 응답을 알고 있었던 것이다. 그것은 이를테면 그 "창조적 역사하심에 나를 온전히 맡기는 것"이었다.

Ⅲ. 오, 사랑하는 나의 그리스도

성삼위 일체께로 가는 길, 말하자면 그리스도는 엘리사벳의 기도 안에 느닷없이 나타난 것처럼 보이지만 사실 그리스도는 그녀 생애의 중심이며 기도의 중심이기도 했다.

"오, 사랑하는 나의 그리스도"—그리스도라면 오직 사랑하는 것, 더구나 "죽기까지 사랑하는" 것뿐이었다. "나는 그분을 온 세상에 알리고 사랑받으시게 하고 싶다"라고 이미 소녀 시절의 일기에 쓰고 있었다. 그때부터 그리스도와 친밀히 사는 매일이었으며 그분의 정배가 되어 살아온 지도 다섯 해가 흘렀다.

그리스도께 대한 엘리사벳의 신심은 곧바로 본질적인 것으로 나아간다. 말하자면 "사랑으로 십자가에 못박힌 분", 서원날 저녁 침묵과 사랑의 생활을 위해 자신을 선택하신 분께로 나아가 그녀는 자신을 내어드렸다. "나는 당신 성심의 정배가 되기 소원이옵니다" 라고. "엘리사벳의 생애 중 가장 아름다운 아침"인 죽음에 이르도록 그리스도의 정배였던 것이다. 그 다음 그녀 안에는 이미 그리스도밖에는 다른 생명은 없었다.

"당신을 영광으로 휩싸며"— "여자는 남자의 영광을 지니고 있다"(Ⅰ 고린토 11:7). 충실한 정배로서 엘리사벳은 "주님의 영광을 위하여 분발하는" 것에 보다 큰 열정을 기울인다. 하느님은 아직 그녀에게 최고의 소명인 "영광의 찬미"를 계시하지 않았으나 그 방향으로 이끌고 있었다. 이 소명은 삼위 일체의 영광과 그리스도의 영광을 위하여 그녀의 영혼 안에서 전부를 앗아갈 날이 곧 올 것이다.

"하지만 나는 무력하오니"—성인들도 우리와 마찬가지로 자신의 나약을 느꼈음을 아는 것은 우리에게 힘이 된다. 그리스도도 어려우실 때 천사의 도움이나 키레네 사람의 도움을 받아들였다. 초인적 이상 앞에 성인들은 뒷걸음질하지 않았다. 그들은 "그리스도"를 자기들 편으로 불러들이는 방법을 알고 있었다. 그리스도의 감추어진 힘은 우리를 깨끗이하고, 구원하고, 신화하고, 당신으로 변화시키기 위해 항상 현존하신다. "주님은 언제나 우리 안에 계시며 늘 역사하십니다. 주님께서 하시는 대로 맡깁시다. 주님이야말로 우리 영혼의 영혼, 생명의 생명이십니다. 우리도 성 바울로처럼 '내가 사는 것이 아니라 그리스도가 내 안에서 사시는 것입니다'고 말할 수 있기까지"(A. 부인에게 보낸 편지, 1902. 11. 9.). 자신의 비참이나 나약이 성인들을 놀라게 하거나 멈추게 하기는커녕, 그들은 계속 하느님 안에, 그리고 예수 그리스도 안에 자신을 내어 맡기는 것이었다. 그들의 커져가는 신뢰의 힘찬 소리를 우리는 들어야 한다. "부디 당신으로 나를 덧입혀 주시고 내 영혼을 당신 영혼의 온갖 움직임에 맞추게 하소서" 이어서 솟구치는 심정을 표현하려는 말이 연이어 격정을 띤다. "내 생애로 하여금 당신 생명의 한 줄기 광채가 되게 하소서. …당신 안에 잠기고 스며들어 내가 아닌 당신으로 살게 하소서." "흠숭자, 속죄자, 구세주로 내게 오소서." 그리스도 안에서 변화는 완성되었다. "서원 때에 아름다운 십자가"에 새겨준 표어는 실현되었다. 즉 "내가 사는 것이 아니라 그리스도가 내 안에서 사신다."

Ⅳ. 오, 하느님의 영원한 말씀이여

십자가에 못박히신 분의 얼굴은 말씀의 빛남에로 인도한다. 이는 신비 저술가들이 즐기는 주제의 하나이다. 주님께 대한 신심은 온갖 것을 오로지 그 신성에로 향하게 한다. 인성은 길에 지나지 않는다. 이 점에서도 우리는 완전히 균형잡힌 전통 위에 서 있다. "사랑 때문에 십자가에 못박힌 분"이 세상을 구원하기 위해 겪으신 상처에 머문 다음 생각은 일약 말씀에로 비약한다. "오, 하느님의 말씀이여, 나는 당신 음성에 빠져 들으며 내 한생을 보내고 싶나이다." 말씀을 찾아 만난 이에게는 자연이나 은혜에서 오는 진귀함은 이미 아무 것도 아니다. 이 피조물들이 "그분"은 아니다. 그리고 "우리가 찾는 것은 오직 그분이다." 그분의 영광을 전하는 천상적인 것도 우리의 눈에는 그분을 숨기는 것이 아닌가 고도 생각된다. "오, 하느님의 영원한 말씀이여. 나는 당신 음성에 빠져 들으며 내 한생을 보내고 싶나이다." 성부의 품에 감추어진 모든 비밀을, 세 위격의 단일성 안에 있는 신비의 전부를 말씀하실 것이다.

"당신께 모든 것을 배우기 위해 순응하는 자가 되고 싶습니다"—하느님의 여종은 여기서 더욱 높은 온갖 빛의 근원을 보여준다. 그것은 하느님을 배우는 집이다. 엘리사벳만큼 책에 의지하지 않는 사람도 드물다. 그녀가 양식으로 한 것은 몇몇 소수의 영적 서적뿐이었다. 그것은 신성 안에 깊이 들어갈 십자가의 성 요한의 「영혼의 노래」와 「사랑의 산 불꽃」과 성 바울로 서간이다. 원장 수녀에게 "주님께서 제 마음 안에서 가르쳐 주시는 것은 표현할 길 없을 정도입니다"라고 넌지시 밝혔는데 제르맨 원장 수녀도 엘리사벳 수녀가 특히 말씀의 제자였으며 또한 그 청취자였음을 확신하고 있었다.

"모든 어두움, 온갖 공허와 무력함을 통해서"—여기서는 가르멜 산 절정에로 인도하는 "무"의 좁은 길을 볼 수 있다. 관상적인 사람, 특히 가르멜적인 영혼은 하느님과의 합일에 이르기 위한 길고도 괴로운 "어두운 밤"의 정화를 체험하도록 불림을 받은 것이다. 그리스도 때문에 전부를 떠난 다음, 그리스도의 모습이 사라짐을 느낀다. …그것은 하루나 몇달 동안뿐만 아니고, 몇년씩, 때로는 일평생 계속된다. 더욱이 그럼에도 불구하고 결코 처음의 자기에로 돌아가지도 말고, 투덜댐도 없이 충실해야 한다. 이 짧은 말 안에 실제로 산 크나큰 체험이 숨겨져 있다. 하느님을 찾아서는 안 된다. 적나라한 신앙과 절대적 이탈로 이것을 찾아야 한다. "모든 어두움, 온갖 공허와 무력함을 통해서" 충실히 거기에 머물러야 한다는 것이다.

"언제나 당신을 응시하며 당신 빛 안에서 살고자 하나이다"—엘리사벳 수녀도 신비적 길을 오르기 시작할 무렵 하느님의 현존에 취할 듯한 기쁨을 맛보았다. 그러나 얼마 안 가서 그 하느님을 오랫동안 순수한 신앙 안에서 찾아야만 했다.

"일체를 잊고, 오직 하느님만을 보는 탈혼이나 숭고한 황홀상태 다음에 오는 보통 묵상 기도는 얼마나 쓰라리고 어려움을 느끼는지, 무척이나 힘들여 자신의 모든 능력을 집중시키는 데 노력해야 하고 또한 그것은 수고로운 어려움이기도 합니다." 하지만 묵상 생활을 떠날 시기는 아니다. 이것은 밤의 침묵 안에 하느님과의 깊은 합일에로 인도되는 축복된 시기이기도 하다. 이때가 바로 어느 시기 못지 않게 "언제나 당신을 응시하며" 어두우면서도 빛으로 가득 넘치는 밤의 큰빛 안에서 평온히 살 때이다. 차츰 수동적으로 말씀을 통해 이끌리는 대로 내어맡긴 채 있어야 한다. "오, 나의 사랑하는 별이여. 내가 당신 빛 밖으로 나가지 않게 당신께 반하게 하소서." 나비처럼 그분의 커다란 광채의 눈부심에 사로잡히어야 한다.

* * *

"사랑의 성령"—삼위 일체는 성부와 성자와의 위격적 사랑이라는 것, 이것이 성령의 신비의 전부이며 하느님은 이 "참된 사랑의 성령" 안에서만, 비로소 당신을, 또한 전세계를 사랑한다. 아버지와 아들에게서 발하시고, 이와 동등한 이 신적 위격의 가장 내적인 본성은 세 위격에 같은 생명으로 아버지와 아들과의 본질적 및 영원한 사랑인 것이다.

하느님의 여종 엘리사벳 수녀는 여기서도 또한 삼위 일체에 관한 기초적인 교의 위에 서 있다. 이 교의는 위격적 사랑인 하느님의 신비로 말미암아 세상을 살고자 하는 관상적인 이들에게는 보다 뜻깊은 것이다. 엘리사벳 수녀의 관심사는 더욱 실천적인 영역의 것이다. 엘리사벳의 기도는 삼위 일체의 내적 생활에 관해 선양함도 아니고 오직 이 삼위 일체의 신비 안에 "오 나의 전부, 나의 지복, 한없는 고독, 나를 사라지게 하는 끝없는 심연"을 찾아내는 관상적인 하느님과의 합일을 추구하는 이에게 성화의 역할을 위해 초대된다. "오 태우는 불, 사랑의 영이여, 내 영혼 안에 또 하나의 말씀을 낳으소서." 엘리사벳은 자기의 생애가 그리스도의 생애의 광채가 되기 위해서 자신을 그리스도의 영혼의 모든 움직임에 동화시켜 주님 스스로 그녀를 대신해 주시도록 그리스도께 청했다. 같은 생각에서 성부와 성령의 이름을 부르면서 재현된다. 그리스도로 변화되려는 엘리사벳의 원의가 바로 삼위 일체께 올리는 기도의 중심이기 때문이다. 예수님이 그녀의 생명을 얼마나 원하였으며 바꾸어 주셨는지 이토록 힘있게 보여주는 것은 없다.

"내 영혼 안에 또 하나의 말씀을 낳으소서"—"또 하나의 말씀을." 이것은 조심스럽게 해설해야 할 대담한 표현이다. 글자대로 취하면 그것은 불가능한 일이다. 하지만 이것은 그리스도께 온전히 사로잡혀 또 다른 그리스도가 되기를 갈망하는 이의 말이다.

"나로 하여금 말씀의 인성의 연장이 되게 하시면서 주님의 온갖 신비를 새롭게 하소서." 온갖 것을 비추는 빛으로 충만한 말이다. 삼일 후 젊은 신부에게 쓴 편지에 엘리사벳 자신이 이것을 설명하고 있다. "제가 말씀의 인성의 연장이 되는 것은 말하자면 주님께서 제 안에 속죄의 희생과 찬미와 흠숭의 생활을 계속할 수 있으시게 하기 위함입니다. …저는 주님께서 흠숭자, 속죄자, 구세주로서 제 안에 오시기를 청하고 있습니다."

"오, 성부여"—신성 전체의 근원이신 성부. 그분은 아버지이시고 이것이 그 신비의 전부이며 세 위격 안에 있는 그 특성이다. 그분은 근본없는 근본이며 거기에서 무한히 풍요로운 원천과 같이 삼위 일체 안의 생명 전부가 흘러 나온다. 세 위격의 단일성의 신비 모두를 그 영원한 원천에서처럼 그분 안에서 보는 것이 지복 직관의 최고의 빛이다.

그러나 엘리사벳 수녀가 그 기도를 지은 은혜의 시기에 이것은 별로 문제가 되지 않았다. 이 하느님의 부성 앞에 나아갈 때는 자기 자신의 허무가 유달리 눈에 띈다. "오! 성부여, 가난한 당신의 작은 피조물을 굽어보소서." 엘리사벳이 특히 사랑했던 잉태의 성모의 신비를 생각하며 "당신의 그늘로 덮어 주시고", 즉 나를 지켜 주소서 하고 덧붙인다. 그리고 끝으로 그녀의 영혼은 늘 그리스도께로 되돌아가서 속삭인다. "당신의 모든 기쁨인 사랑하는 아들만을 내 안에서 보소서."

V. 오, 나의 성 삼위

기도의 끝에서는 최고의 비약이 전생애를 바친 성삼위께로 엘리사벳을 옮겨

간다. "오 나의 성삼위, 나의 전부, 나의 지복, 한없는 고독, 나를 사라지게 하는 끝없는 심연이여, 나를 번제물로 당신께 바치나이다. 비오니 당신 빛 안에서 무한한 위대함을 뵙는 날까지 나는 당신 안에 묻히고자 하오니 내 안에 당신을 잠그옵소서."

 기도는 받아들여졌다. 자기 자신의 모습은 사라지고 영혼은 하느님으로 변화되었다.

■ 맺음 말 ■

사 명

1.—"나의 사명은 사람들을 내심의 이 큰 침묵 안에 보호하는 것이다"
2.—"교회의 품안에서 나의 천직이었던 이 임무, '지극히 거룩하신 삼위 일체의 영광의 찬미'를 당신에게 남겨드립니다"

    하느님의 위대한 종들이 세상을 떠날 때 교회에 자리한 그들의 사도적 활동은 죽음과 함께 정지되는 것이 아니라 오히려 영혼이 영원한 영광 속으로 들어갔을 적에야말로 새로운 전개가 펼쳐진다고 깨닫고 있다. 그것은 주께서 사도들에게 하신 약속과 모범을 그들이 알고 있었기 때문이다. "내가 떠나가는 것이 너희에게는 더 유익하다. 내가 아버지께 가면 너희에게 성령을 보내겠다." 항상 아버지 앞에서 살며 경배하고 아버지께 영광을 돌려드리는 동시에 우리를 위하여 밤낮으로 전구하여 주시는 그리스도의 영원한 활동을 성 바울로는 묘사한다(히브리 7:25 참조). 또한 인류의 어머니가 영광스러운 승천 후, 지상의 인간들의 비참을 외면하셨다고 누가 감히 생각하겠는가 …하느님의 어머니는 이미 영원한 신비 안에서 지복 직관의 기쁨 안에 계셔도 힘있는 전구자로서 지상의 자녀들을 돕는데 전념하여 전세계 모든 민족을 굽어보시어 그들을 그리스도로 변화시키기 위해 한층 더 힘있는 어머니가 되셨다.
    성 도미니꼬가 죽음의 침상에서 슬퍼우는 수사들에게 했던 같은 말을 다른 수도회의 위대한 창립자들에서도 드물지 않게 들을 수 있다. "나는 천국에서 당신들을 위하여 더욱 도움이 될 것입니다"라고. 예수 아기의 데레사(성 비오

맺음 말 **229**

10세 교황은 — 현대의 가장 위대한 성녀 — 라고 하셨다) 의 소망을 전세계는 듣고 있다. "천국에서 나는 아무것도 안하고 있을 수는 없을 것입니다. 지상의 사람들을 도우면서 지내고 싶습니다." 성녀인 겸손한 디죵의 자매도 같은 사도적인 부르짖음을 남겼다. "천국에서, 사랑의 불가마 속에서 나는 당신을 늘 생각하겠습니다. 하느님과의 합일과 친숙할 은혜를 당신을 위해 청하겠습니다. 이것이 나의 생애를 지상에서 천국으로 만든 것이랍니다." 세상 떠나기 며칠 전 성령의 빛으로 한 수녀를 위해 기진한 손에 연필을 쥐고 유명한 다음 글을 썼다. "사랑과 순수한 마음으로 하느님께 모두를 맡기기 위해 자기 자신에서 떠나가도록 그들을 도우면서 사람들의 영혼을 이끌고 주님께서 당신의 모습을 그들 영혼에 새겨 주시어 **주님 자신**으로 변화되도록 나의 크나큰 침묵 속에서 그들을 보호하는 것, 이것이 천국에서의 나의 사명이라고 생각합니다."

「추억1)」은 신속히 세계적으로 보급되었고, 이 예언적 말의 실현을 우리는 인정하는 바이다.

1. 내심의 큰 침묵— 천국에서 성인들은 각자 계획에 따라 지상에서 얻은 보상으로 특유한 사명을 갖고 있다. 세상 끝날 때까지 하느님의 나라를 확장하기 위해서 "전체적 그리스도"를 형성하려고 활동을 계속한다. 육화되신 말씀의 어머니는 온갖 은혜의 보편적 중개자로서, 또 다른 성인들은 섭리의 계획으로 정해진 그 지위에 따라서, **보다 많이** 또는 **보다 적게**, 각자 독특한 범위 내에서 일한다. 가령 수도회의 창립자들은 특별히 그들의 수도회에 속한 사람들을 염려하고 쟌 다르크와 같은 성녀는 조국을, 또한 주교는 그의 교구를, 주임 사제는 본당 구역을, 아버지나 어머니는 그 자녀들을 특히 지켜 준다. 엘리사벳 수녀의 섭리적 사명은 세계 통치에 화려하게 참여하는 것은 아니다. 삼위 일체의 최대의 영광을 위해 사람들을 침묵과 잠심의 길로 이끄는 것이다. "천국에서의 나의 사명은 사람들을 하느님께로 이끄는 것이라고 생각됩니다."

주1) :「추억(Souvenirs)」, 엘리사벳 수녀 전기.

"자기 자신에서 떠나도록 그들을 돕는 것" 이것은 은혜 중의 은혜이다. 자아의 수많은 미로에서 도저히 빠져나올 수 없는 사람들이 이 세상에 얼마나 많은지 모른다. 아주 열심한 신자도 이탈의 어려움을 탄식하고 거의 절망하고 있다. 그들은 자기 자신의 노력만으로 자신에게서 풀려나려고 헛되이 안달하지만 효과는 없다. 참으로 이것은 인간의 힘을 넘는 것이어서 하느님의 은혜를 필요로 한다. 그 때문에 "자아" 안에 틀어박힌 내적 인간 모두에게 하느님의 여종이 약속한 것은 매우 귀중한 은혜이다. 하늘 저 높은 곳에서 엘리사벳의 묵묵한 전구는 "그리스도 안에 남김없이" 자기를 던지는 이 전면적 해방에로 그들을 이끈다.

사람이 자기에서 이탈하는 것은 오직 하느님과의 합일, 즉 "하느님께 굳게 부착되기 위해서"이다. 이는 하느님의 여종이 이룩하고 있는 내적 사명의 적극적이고 근본적인 측면이다. 엘리사벳 수녀의 영적 저술은 가톨릭 사회의 여러 계층에서 이미 많은 결실을 맺고 있다. 내적 생활에로 부르는 그녀의 목소리는 교회의 모든 사람들에게 향해져 있다. 하지만 이 디종의 침묵의 가르멜 수녀는 각별히 관상 생활을 하는 사람들에 대해서 그들을 그 자아에서 혹은 때로는 그 "누더기"에서 떼어버리고 그들을 신적 생명의 커다란 흐름 속으로 옮겨가 하느님 마음의 구세적 힘을 얻게 하는 것을 특별한 사명으로 하고 있음을 우리는 인식해야 한다.

하지만 영성적 생활을 실천하는 내적 사람에게 착각은 너무 많다. 어떤 이는 과격한 고행으로 하느님을 찾고 또 어느 분은 성령의 권고에 충분히 유의하지 않고 문자대로 기계적인 세심한 충실로써 하느님을 찾는다. 모두 선의(善意)이기는 하지만 때로는 어긋난 생각을 하고 있는 이에게 엘리사벳은 "아주 지순히, 사랑가득한 마음으로" 하느님께 가야 한다고 일깨워 준다. 사랑만이 지순을 낳는다. 완전한 사랑 안에서 만사를 통해 하느님의 영광만을 찾는 자는 하느님께 곧바로 나아가는 지순한 영혼이다. "우리 하느님은 태워 사르는 불입니다." 다시 말해서 하느님이 친히 만지는 모든 것을 파괴하여 당신으로 변화시키는 사랑의 불이다. 자기 마음 속 깊은 곳에서 하느님의 역사하심에 자신을 같기는 이에게는 성 바울로가 말하는 신비적 죽음은 매우 단순하고 상쾌한 것이 된다. 그들은 이미 자신을 없애고, 버리기 위한 일을 그다지 생각지 않는다. 오히려 자기 안에서 타는 사랑의 불가마 속에 잠겨들기를 더욱 많이 생각한다. 이 사랑은 성령, 즉 삼위 일체 안에서 성부와 성자를 맺는 사랑이다. 사람은 신앙으로 그 안에 들어간다. 거기서 단순히 고요히 모든 것을 그리고 온갖 감각적 맛스러움을 넘어서서 "거룩한 어두움 속에 옮겨져 하느님의 모습으로 변하여 성 요한이 말하는 흠숭하올 세 위격과 '서로 사귀며' 생활한다. 세 위격의 생명은 하나이다. 이것이 관상 생활이다"(어떻게 지상에서 천국을 찾을 것인가, 제6일).

이렇게 그들은 엘리사벳이 그렇게도 사랑한 영성적 가르침의 중점인 "내심의 큰 침묵" 안에 보호된다. 앞서 이미 "침묵의 수업"에 관하여 한장을 썼기에 여기서는 더 이상 이 점에 관해 강조할 필요는 없을 것이다. 오늘날에는 활동 제일주의가 전부를 지배하고 있다. 사람들은 외적 활동만을 생각하고 침묵하여 하느님께 들을 줄을 모른다. 시끄럽게 떠들어대는 현대에 하느님의 섭리가 디죵의 거룩한 가르멜 수녀에게 맡겨주신 사명은 매우 다급하고 필요한 것이다. 이를테면 "사람을 잠심의 길로 돌아가게 하고 하느님 자신의 모습을 그들 안에 각인하고 그들을 당신 자신으로 변화시키는 내심의 큰 침묵 속에서 그들을 지키는 것"이다. "자기 내심의 왕국에서 아직도 무엇인가 자신을 위해 남겨 두고 모든 능력이 하느님께 사로잡혀 있지 않은 이는 완전한 영광의 찬미라고 할 수 없다. …자아와 주고 받으며 감수성에 얽매여 쓸모없는 생각이나 소망에 골몰해 있는 한 자기의 힘은 흩어지고 만다. 이러한 영혼은 전체적으로 하느님께 향해 있지 않다. 그 비파줄은 조화된 가락을 낼 수 없으므로 모처럼 주님의 손이 거기에 닿았더라도 신성한 음률을 울릴 수는 없다. 그 음 안에는 아직도 많은 인간적인 것이 섞여 있어 신적인 것과 조화되지 않기 때문이다"(마지막 피정, 제2일). 우리의 내부에서는 모든 것이 묵묵해야 한다. 외적 감각은 지상의 온갖 것에 대해, 내적 모든 능력은 내심의 온갖 소음에 대해서 더욱 그렇다. 말하자면 눈의 침묵, 상상과 기억의 침묵 특히 마음의 침묵에 힘써야 한다.

"내심의 이 아름다운 침묵이 아무 것에도 방해받지 않기 위해서는 언제나 같은 조건, 같은 고독, 같은 비움의 상태가 필요하다. 만일 소망, 두려움, 기쁨, 슬픔, 그리고 이 네 가지 정념에서 생기는 일체의 감정이 오롯이 하느님께 향해 있지 않는다면 나는 침묵의 사람이 아니다. 내 안에는 아직도 소음이 있는 까닭이다. 그러므로 모든 능력의 고요와 침묵과 존재의 통일이 필요하다"(마지막 피정, 제10일). 가장 고상한 모든 능력도 역시 이 "내적 침묵" 가운데 들어가야 하며 이를 테면 무익한 생각은 하나도 허용하지 말아야 한다. 판단의 침묵, 이것은 극도로 비판적인 근대 정신에서 근본적 해방이다. 특히 의지의 침묵, 이것은 사람 안에 "사랑의 큰 침묵"을 생기게 한다.

이렇게 확립된 내심의 큰 침묵은 "하느님 자신의 모습을 그들 속에 새기고 그들을 당신 자신으로 변화시킨다." 여기서 모든 인간 생활의 최고의 목적, 변화에 의한 합일이 실현된다. "이때 주님은 무한한 섭리에 따라 당신을 그 사람에게 주시며 그 안에 온전히 자유로이 옮겨가신다. 이렇게 단순화되고 단일화된 자는 변함없는 하느님의 옥좌가 된다. 단일성은 삼위 일체의 옥좌이기 때문이다"(마지막 피정, 제2일).

2. 삼위 일체의 영광의 찬미—엘리사벳 수녀의 사후에 붉은 초로 정성스럽게 봉한 '원장 수녀님께 드립니다'라고 쓴 작은 봉투를 발견했다. 이 유고는 섭리적 사명을 보다 본질적인 측면으로 보여 주어서 각별히 중요성을 띠고 있다. 모든 사물이 성인들에게 영원한 빛으로 비추어질 때의 마지막 속내말인 것이다.

"원장 수녀님, 당신께서 이 짧은 글을 읽으실 때, 당신의 작은 '영광의 찬미'는 이미 세상에서는 노래부르고 있지 않을 겁니다. 이미 사랑의 거대한 불가마 속에 살고 있을 것입니다. ⋯지금은 너무도 중대하고 엄숙한 때이므로 말로는 도저히 충분히 표현할 수 없는 것을 갖고 길게 말씀드리고 싶지 않습니다. ⋯어머니의 딸이 이렇게 당신 곁에 온 것은 제가 느끼고 있는 것, 아니, 더 참되이 말하자면 깊은 잠심과 합일이 이루어졌을 적에 주님께서 제게 깨쳐 주신 것을 알려드리기 위해섭니다. 존경하올 어머니, 영원한 옛적부터 저를 위해 축성되신 원장 어머니, 천국에로 떠나기에 앞서 저는 나그네 길에 있는 이 세상 교회 속에

나의 사명이 있었다는 것과 앞으로 승리의 교회에서도 끊임없이 해야 할 것을 당신께 남겨 드립니다. 그것은 '거룩하신 성삼위의 영광의 찬미'가 되는 것입니다."

"삼위 일체의 영광" 이것이 영성적 길에서 엘리사벳의 뒤를 따르려는 모든 이에게 대한 거룩한 가르멜 수녀의 마지막 유언이다. "이 세상에서 이미 엘리사벳의 천직"이며 또한 하느님 앞에서 "엘리사벳의 영원한 임무"인 "삼위 일체의 영광의 찬미"는 모든 피조물에 대한 하느님의 최고의 생각을 깨닫는 것이다. 하느님의 업적 안에 일체는 이 영광에 질서지어져 있다. "야훼께서는 모든 것을 각각 쓰임에 맞게 만드셨다"(잠언 16:4). 그 성자를 이 세상에 보내신 것도 무엇보다 우선 죄로 상처받은 영광을 회복하기 위해서였다. 예수님께서도 지상에서의 당신 사명을 "아버지, 나는 아버지의 영광을 드러냈습니다"(요한 17:4)라는 한 말씀에 요약하셨다.

* * *

지금 우리는 엘리사벳 수녀의 영성적 교설의 그 모든 넓이를 파악할 수 있게 되었다. 흠숭하올 삼위 일체야말로 모든 인간과 천사들의 세계가 나아가는 최고선이다. 우리를 하느님의 세 위격과의 교류 안에 들게 하기 위해서 성부는 전세계를 창조하시고 한편 "그 아들을 보내셨다." 교회의 신비 모두도, 은혜의 중개자인 하느님의 어머니의 신비도 전부 "전체적 그리스도"를 삼위 일체의 관상에로 인도한다. 단일성을 통한 삼위 일체의 직관, 이것이 인간의 숭고한 천직이다.[2] 우리는 지상에서 그리스도를 통하여 말하자면 "사랑 때문에 괴로움을 참아 견디며" 하느님 안에 영원히 쉬기 위해 나아간다. 나그네 길에 있는 세상 교회의 온갖 십자가, 모든 어두움, 일체의 죽음을 통해서 우리는 우리를 참되이 행복하게 해주는 변함없는 삼위 일체께로 묵묵히 계속 오른다.

주2) : 단일성을 통한 삼위 일체의 인식은 우리의 전생애의 열매이고 목적이다. 성토마스 원문 주해 1 Sentences, Ⅰ,Ⅱ,Ⅲ, Expositio textus.

우리를 "완전히 하나로 하는" 하느님의 직관에 도달하는 자는 다만 이 등산에서 하느님, 즉 모두가 거기에 종속하고 전부가 거기로 향하며 존재도 생명도 사고도 그로 말미암아 있게 하는 바로 그분을 하느님의 고독과 단순과 깨끗함 안에서 즐기기 위해서 다른 모든 것을 버릴 용기가 있는 자뿐이다. "사랑이신 분이 존재하시며, 우리가 그분과 서로 어울려서 살기를 원하십니다"(어머니에게 보낸 편지, 1906. 10. 20.). "사랑이신 분께서 존재하시고 우리를 감싸는 이 무한한 사랑은 지상에서 이미 우리가 주님의 지복에 참여하기를 원하십니다. 우리 안에 쉬시는 분은 삼위 일체의 전부, 천국에서 직관할 신비의 전체입니다"(G. 에게 보낸 편지, 1903. 8. 20.).

신앙으로 삼위 일체의 찬란함을 엿본 이에게는 다른 모든 것은 헛되게 보인다. "사람은 탁월한 최고선 다시 말해서 그 앞에서 다른 모든 선이 사라져 버리는 이것을 자신 안에 갖고 있음을 알아차리고 있다. 그 사람을 찾아 오는 온갖 기쁨도, 그가 소유하고 있는 선, 다른 온갖 것과는 비교도 안 될 이 선을 오직 맛보며 즐기라고 부르는 예고에 지나지 않는 것이다"(어떻게 지상에서 천국을 찾을 것인가, 제11일). 이 선을 만난 행복한 자는 사랑과 또한 사랑에 합일하려는 강렬한 소망의 솟구침을 느낄 것이다. "죽음보다도 강한 사랑"과 열렬한 소망으로 그는 하느님을 사랑한다. 다른 모든 것이 결핍되어 있어도 자신 안에 하느님을 소유한 이에게는 괴로움이 되지 않는다. 이 최고의 아름다움에 대한 직관이 결핍된 자만이 불행하다. 이 신적 부를 소유하기 위해서는 일체를 떠나고 목적에서 빗나가게 하는 위험한 모든 헛된 아름다운 매력에서 온통 벗어나 지상의 것은 모르며 "홀로 계신 분과 홀로" 피하여 일체의 것에서 무관한 사람이 되어 있어야 한다. 영혼의 참된 조국은 침묵과 잠심에서 찾아지는 고요한 삼위 일체의 품안에 있다. "삼위 일체야말로 우리의 집, 우리의 '가정' 결코 떠나서는 안 될 **아버지의 집이다**"(어떻게 지상에서 천국을 찾을 것인가, 제1일).

"자아"에 승리하고, 자신을 잊게 하고 천국의 복된 이들처럼 영광의 끊임없는 찬미 속에서 하느님 때문에만 살게 될 때 영성 생활의 보다 높은 한 면이 실현된다. "움직임 하나하나마다 소망과 행위에서 — 가령 그것이 아주 예사로운 것일지라도, 이 사람은 말하자면 영원한 '거룩하시다'를 끊임없이 읊는 영광의 찬미인 것이다"(마지막 피정, 제8일). 그는 이 세상에서부터 이미 그 "영원한 나라의 사명"을 시작한다. 더욱 더 그것은 자신 안에 깊숙히 잠심하는 데에 그치지 않고 하느님과 함께 그 생명의 가장 깊은 성전 안에서 이루어지는 것이다.

"오, 피조물 중에서 가장 아리따운 이여, 사랑하는 분을 찾아 그분과 하나되려고 계신 곳을 알고자 열절히 원하는 영혼이여, 그대가 바로 그분이 숨으신 집이다. 그대가 사랑하는 분은 그대의 보화, 그대의 유일한 희망은 그토록 가까이 계시며, 그분은 그대 안에 사신다. 정말 그분 없이는 존재할 수 없는 것이다"(십자가의 성 요한「영혼의 노래」1절). 하지만 조심해야 할 것이 있다. 하느님이 사람 안에 사시는 것은 다만 그를 기쁘게 하기 위해서만이 아니다. 우선 당신 자신의 영광을 위해서다. "삼위 일체는 그 피조물 안에서 당신의 모습, 그리고 당신의 닮음을 찾을 수 있음을 얼마나 즐기시는지! 이처럼 삼위 일체의 영광은 사람에게 자기 자신과 자신의 기쁨을 초월케 한다. 나도 또한 천상 예루살렘을 기다리면서 살고 있는 하나의 천국이므로 이 나라도 또한 '영원하신 분'의 영광을 노래하며 또한 그것만을 노래해야 한다"(마지막 피정, 제7일). 엘리사벳 수녀의 영성적 가르침이 우리를 이끌려고 하는 것은 결국 이것이다. 말하자면 "변함없는 삼위 일체의 본을 따라 영원히 현재에 살고 성삼위 때문에 항상 경배하며 날로 더 단순해지고 더욱 합일을 굳혀가는 시선으로 '삼위 일체의 영광의 찬미의 빛남'이 되는 것으로 바꾸어 말하면 흠숭해야 할 모든 덕의 영광의 끊임없는 찬미가 되는 것이다"(마지막 피정, 제16일).

예수 아기의 성녀 데레사가 자비하신 사랑에 희생의 봉헌으로 많은 사람들을 이끌어들인 만큼 복녀 엘리사벳은 삼위 일체께로 수많은 "영광의 찬미"가 될 이들을 교회 안에 불어나게 하는 사명을 받았던 것이다.

"나는 지상 교회에서 나의 사명이었고, 그리고 이후 승리의 교회에서도 끊임없이 완수해야 할 것을 당신에게 남겨 드립니다. 그것은 '거룩하신 삼위 일체의 영광의 찬미'가 되는 것입니다."

내적 생활[1]에 관한 마지막 권고

"나는 당신의 질문이 답하겠습니다"

"이제사 엘리사벳은 연필을 갖고 사랑하는 F. 님 곁에 왔어요. 연필을 갖고 …라고 새삼스러이 말하는 이유는 마음과 마음의 친구와의 대화라면 오래 전부터 늘 해왔기 때문이니까요. 나는 저녁 무렵 당신과 영적으로 만나는 것이 정말 좋아요. 그것은 마치 곧 천국과 지상 사이에 교환될 우리들의 마음의 교류의 서막처럼 생각되어요. 나는 어머니가 사랑하는 자녀에게 기울이듯이 당신에게 몸을 굽히고 있는 느낌이랍니다. 눈을 들어서 주님을 바라보고 그 다음 그 눈으로 당신을 보면서 당신을 하느님의 사랑의 광선 안에 펼쳐 놓습니다. 당신을 위해 주님께 나는 한마디도 말씀드리지 않지요. 주님은 저를 잘 알고 계시고, 오히려 내가 묵묵히 있는 편을 더 좋아하십니다. 사랑하는 F. 님, 나는 천국에서 당신을 도와드리기 전에 지상에서도 그것을 할 수 있는 성인이고 싶습니다. 당신을 위해 필요한 굳셈의 은혜를 얻기 위해 많은 고통을 견디고 싶어집니다.

당신의 질문에 답하겠습니다.

우선 첫째로 겸손에 관해서. 이것에 관하여 훌륭한 것을 읽었어요. 경건한 저자는 '겸손한 이의 마음을 아무도 산란하게 못한다. 그는 누구에게도 빼앗기지

주1) : 엘리사벳은 1906년 9월 11일(사망 몇주간 전) 복음적 단순함으로써 그 어릴 적 친구에게 보낸 답장 안에 성인들이 한 것처럼 그녀의 내적 생활의 체험을 뚜렷이 표현하고 있다.

않을 깊은 평화를 갖고 있다. 왜냐하면 그는 아무도 거기까지 찾아오지 못할 만큼의 깊은 심연에 잠겨 있기 때문이다'라고 하며 또한 '겸손한 이는 하느님 앞에서 자신의 무능을 느낄 때 생애 중 가장 큰 즐거움을 느낀다'라고 말하고 있습니다.

교만이란 단칼에 베어 없앨 성질의 것이 아니지요. 성인전에서 흔히 보는 일종의 영웅적인 겸손한 행위는 비록 치명적은 아니더라도 교만을 많이 약화시킨답니다.

하지만 우리는 이것을 날마다 계속 줄여가야 합니다. '나는 날마다 죽을 위험을 당한다'(Ⅰ 고린토 15:31)라고 성 바울로는 소리쳤습니다. 그리스도께서 '나를 따르려는 사람은 누구든지 자기를 버리고 제 십자가를 지고 따라야 한다'(마태오 16:24)라고 말씀하신 다음 '자아에서 죽는다'는 이 교훈은 모든 그리스도인이 걸어야 할 길이 되었답니다. 이 가르침은 처음에는 무척 가혹하게 보이지만 만일 한번이라도 그 '죽음'의 결과, 말하자면 우리의 죄와 비참한 생활 대신 우리 안에 새로워지는 하느님의 생명을 생각할 때 이 교훈은 참으로 상쾌한 단비가 됩니다. 이것은 성 바울로께서 '여러분은 옛 생활을 청산하여 낡은 인간을 벗어 버렸고 새 인간으로 갈아 입었기 때문입니다. 새 인간은 자기 창조주의 형상을 따라 끊임없이 새로워지면서 참된 지식을 가지게 됩니다'(골로사이 3:9-10)라고 쓰신 때의 교훈입니다. 이 모습이란 곧 하느님 자신을 말하는 것이랍니다. 당신은 천지 창조때 하느님께서 명백히 보여주신 뜻, '우리 모습을 닮은 사람을 만들자'(창세기 1:26)라고 하신 말씀을 기억하시지요?

그것은 자기 영혼의 근원을 생각해 보았을 때 세상 사물이 모두 헛되며 오직 경멸할 마음이 일게 될 것입니다. 성 베드로는 '여러분이 하느님의 본성을 나누어 받게 되었습니다'(Ⅱ 베드로 1:4)라고 쓰셨습니다. 성 바울로도 주님께서 우리에게 주신 주님의 생명을 끝까지 굳세게 지켜 나가라고 권고하십니다(히브리 3:14).

이처럼 자신의 위대함을 자각하고 있는 이는 성 바울로께서 말씀하신 '하느님의 자녀들이 누리는 영광스런 자유'를 얻게 됩니다. 말하자면 그런 이들은 온갖 것에서와 자기 자신에게서 초월하기 때문입니다.

　가장 자유로운 사람이란 아주 완전히 자기를 잊은 사람이라고 생각됩니다. 만일 누군가가 나의 행복의 비결을 묻는다면 나는 자신을 온전히 생각지 않는 것, 끊임없이 자기를 부정하는 것이라고 대답할 것입니다. 이것이 바로 교만을 죽이는 방법이랍니다. 교만을 굶겨서 죽게 하는 것이지요. 교만은 자신에게 대한 사랑이 아니겠어요? 그렇다면 하느님께 대한 사랑은 우리에게서 다른 모든 사랑을 지워 버릴 만큼 강력한 것이어야 하지 않을까요?

　성 아우구스띠노는 우리는 자신 안에 두 개의 나라를 갖고 있다고 하십니다. 그 두 나라란 '하느님의 나라와 자아의 나라'이지요. 전자가 커짐에 따라서 후자는 소멸되어 가겠지요. 하느님 앞에서 믿음으로 사는 이는, 즉 그리스도의 복음 안에서(마태오 6:22) 말씀하신 저 단순한 눈, 바꾸어 말하면 하느님만을 응시하는 순수한 의향을 지닌 이들, 이러한 이들은 겸손 중에 살고 있다고 여겨집니다. 그러한 이들은 자기가 하느님께 받은 은사를 인정할 줄을 알고 있지요. 왜냐하면 겸손은 곧 진실이기 때문이랍니다. 그런 이들은 아무 것도 자신에게가 아니고 성모님처럼 모두를 하느님께 드립니다. 당신이 가령 아무리 교만함을 느꼈더라도 의지로 동의하지 않으면 죄가 되지 않습니다. 그러므로 그것으로 몹시 고민하는 일이 있으셔도 하느님을 거스르지 않습니다. 제가 말씀드렸음같이 무심히 해버리는 지금의 당신의 과실은 확실히 아직 자애심이 남아 있다는 표입니다. 하지만 사랑하는 F. 님, 그것은 말하자면 우리의 본성에 속해 있는 것입니다. 주님께서 당신에게 원하시는 어떠한 교만한 생각에 결단코 의지적으로는 마음으로 동의하지 말 것과 이 교만으로 선동되어 동의해서는 절대 안 된다는 것입니다. 왜냐하면 이것은 정말 좋지 못한 것이니 말입니다. 또한 만일 당신이 이러한 것을 자기 안에서 보았더라도 용기를 잃어서는 안 됩니다. 용기를 잃고 초조하게 되는 것은 교만이기 때문이지요. 오히려 당신은 막달레나가 주님 발치에서 한 것같이 주님께 당신의 비참을 보여 드리고 거기서 구출되도록 청하십시오. 주님은 우리가 자신의 무능을 인정하는 것을 참으로 기뻐하십니다. 그럴 때에 위대한 성녀가 말씀하심같이 '하느님의 무한한 심연이 피조물의 허무와 마주하여 하느님께서 그 허무의 심연을 껴안으셨다'(팔리뇨의 성녀 안젤라)는 것입니다.

사랑하는 F.님, 당신이 평탄한 길을 원하지 않는 것은 교만이 아닙니다. 나는 하느님께서 당신을 확실히 천상 공기를 호흡하는 세계에서 살게 하려 하신다고 여겨집니다. 나는 이 지상과 그 온갖 세상사에 얽혀 생활하며 그것을 초월할 줄을 모르는 사람들을 정말 가엾게 여깁니다. 그런 사람들은 노예처럼 생각됩니다. 그래서 나는 그들에게, 당신들을 속이는 멍에를 떨쳐 버리십시오. 당신들을 자기 자신에게, 아니 그보다 더 시시한 것에 메어두는 그런 쇠사슬에 얽매여서 어찌 하려는 것인가고 말해주고 싶어집니다. 이 세상에서 행복한 자란 십자가를 자기의 몫으로 선택할 만큼, 자신을 업신여기고 잊은 자들이라고 생각되기도 합니다. 사람이 고통 가운데서 희열을 찾을 줄 알 때 얼마나 감미로운 평안을 맛보는 것일까요? '나는 그리스도의 몸인 교회를 위하여 그리스도의 남은 고난을 내 몸으로 채우고 있습니다'(골로사이 1:24). 이것이 성 바울로의 행복의 비결입니다. 이 생각은 나를 떠나지 않으며 그리스도께서 당신의 수난에 참여시키기 위해 나를 선택하셨다고 생각할 때 정말 깊은 내적 희열을 맛봅니다. 나는 매일 오르는 이 갈바리아의 길이 내게는 되려 복된 길처럼 여겨집니다.

당신은 죽음의 신이 낫으로 베고 있는 그림을 보신 적이 있으십니까? 그것이 바로 지금의 나의 상태랍니다. 지금 그 죽음의 신이 저 그림에서처럼 나를 죽이려고 하는 느낌입니다. 이것은 본성에는 괴로운 것입니다. 만일 내가 거기에 멈춰 있다면 반드시 고통 가운데서 겁쟁이가 되어 버렸을 것입니다. 하지만 이것은 인간적인 생각입니다. 나는 즉시 내 마음의 눈을 믿음의 빛으로 볼 때 이 신앙은 나를 없애려고 바싹바싹 불에 태우고 있는 것이 사실은 사랑이라는 것을 알려 줍니다. 그래서 나는 더없이 기뻐하며 자신의 몸을 그 사랑의 제물로 깡그리 맡깁니다.

영혼의 이상적 생활에 이르기 위해서는 초자연 안에서 살아야 한다고 생각됩니다. 말하자면 결코 '자연적'인 행동을 해서는 안 됩니다. 하느님께서 우리 마음 안에 계심을 자각하고 온갖 것에서 그분과 함께 나아간다면 아무리 평범한 일을 하면서도 결코 평범하게 되지는 않습니다. 왜냐하면 마음은 그런 것 안에서 사는 것이 아니고 그것을 초월해 있기 때문입니다. 초자연적인 사람은 결코 이차적 원인을 상대하지 않고 하느님과만 상대합니다. 이러한 사람의 생활은 참으로 단순화되어 천국의 복된 이들의 생활과 닮게 되며 자아와 그 밖의 온갖 것에서 해방되어 있습니다. 이 사람에게는 모두가 단일화됩니다. 이때야말로 주님께서 막달라 마리아에게 말씀하신 '필요한 것은 한 가지뿐이다'(루가 10: 42), 이렇게 되었을 적에 이 사람은 정말 위대하며 참으로 자유스럽습니다. 그는 '자기 의지를 하느님 의지 안에 넣고 봉해 버렸기' 때문입니다.

    우리에게 예정된 영원한 생명을 생각하면 보이는 모든 것은 정말 하찮게 여겨집니다. 성 바울로의 말씀을 들어 보세요. …'하느님께서는 이미 오래 전에 택하신 사람들이 당신의 아들과 같은 모습을 가지도록 미리 정하셨습니다'(로마서 8:29). 그것뿐만 아닙니다. 다음 말씀으로 당신도 이 예정된 사람 중의 한 사람임을 깨닫게 될 것입니다(로마서 8:30). 당신을 주님의 양자로 삼고 당신 위에 삼위 일체의 날인을 찍어 주신 것은 세례 성사입니다. '부르신 사람들을 의롭게 하셨습니다'(로마서 8:30). 당신은 고백 성사로써 또한 당신 안에서 이루어지는 하느님과의 저 모든 접촉에서 몇 차례나 이 은혜를 받으셨지요? 가령 당신 자신은 그것을 의식하고 있지 않으셔도 말입니다. '여러분은 이미 하느님과 의로운 관계에 있기 때문에 여러분의 영은 살아 있습니다'(로마서 8:10). 이것은 영원한 나라에서 당신에게 약속되어 있는 것입니다. 하지만 거기서의 우리의 영광의 단계는 하느님께서 임종때에 우리 안에서 인정하시는 은혜의 정도에 따른다는 것을 잊어서는 안 됩니다. 그러므로 당신은 하느님의 그 구원의 업적을 당신 안에서 완성하시도록 모두를 맡겨 드려야 합니다. 그리고 그것을 위해 성 바울로의 말씀을 들어 주십시오. 사도는 당신에게 생활의 계획을 주십시다. '그리스도에 대한 믿음에 뿌리를 박고 그 터 위에 굳건히 서서 가르침을 받는 대로 믿음을 더욱 견고히 하여 넘치는 감사를 하느님께 드리십시오'(골로사이 2:7).

    정말 그래요. 나의 영혼과 마음의 벗인 F. 님, 예수 그리스도 안에서 사십시오. 당신에게는 이 넓은 길이 필요합니다. 이 세상의 좁다란 오솔길은 당신을 위해 만들어진 것이 아닙니다. '그분께 뿌리를 박기' 위해서는 당신 자신에게서 뛰쳐 나와서, 혹은 뛰쳐 나온 듯이 말하자면 '자신'을 만날 적마다 그것을 부정하는 것입니다. 그리고 '그분 위에 세워진 것처럼' 지나가는 것을 초연히 넘어서서 온갖 것이 깨끗하게 빛나는 세계에서 생활하는 것입니다. '믿음을 더욱 견고히'란 뜻은 언제나 하느님의 크신 광명 아래에서만 행동하는 것이며 결코, 자신이 받은 인상이나 상상에 따르지 않는다는 것입니다. 싸워야 할 때에는 주님께서 당신을 사랑하고 주님 친히 당신을 도와주시기를 원하신다는 것을 믿어야 합니다. 주님의 사랑, 성 바울로께서 말씀하심같이 '주님의 그 크신 사랑'(에페소 2:4) 을 믿으셔야 합니다. 그리고 당신 마음을 신앙의 위대한 생각으로 키워야 합니다. 이 신앙은 우리에게 하느님께서 영혼을 만드신 목적과 영혼의 부를 모두 계시해 주십니다. 만일 당신이 이런 것들 안에서 살고 있다면 당신의 신심은 당신이 두려워하듯이 신경의 일시적 흥분은 아니며 참된 것일 겁니다. 진리, 사랑의 진리는 얼마나 아름다운지요. '주님은 나를 사랑하시고 또 나를 위해서 당신의 몸을 내어 주셨다'(갈라디아 2:20). F. 님, 이것이 정말 진실이라는 것입니다. 이어서 '이것을 성장시키고, 감사하십시오.' 이것이 계획의 마지막 말씀이며, 앞의 것에 대한 결과에 지나지 않습니다. '예수 그리스도에 대한 믿음에 뿌리박고', '믿음을 더욱 견고히' 하면서 걸어간다면 당신은 감사 가운데서 살며 하느님의 자녀로서 사랑 안에 생활할 수 있으실 겁니다. 나는 하느님께서 자신에 대해 품고 계신 사랑의 깊이를 일단 깨달은 다음에도 모든 고통 슬픔 가운데서 왜 항상 기뻐할 수 없는 사람이 있는지 때로는 이상스럽게 여겨집니다. 주님은 '우리를 그리스도와 함께 살게 하시려고 천지창조 이전에 이미 우리를 뽑아주시고 당신의 사랑으로 우리를 거룩하고 흠없는 자가 되게 하셔서 당신 앞에 설 수 있게 하셨습니다'(에페소 1:4). 이것은 기억해 주십시오. 이것도 역시 성 바울로의 말씀입니다. 그러므로 싸움이나 유혹을 두려워해서는 안 됩니다. '내 권능은 약한 자 안에서 완전히 드러난다'(Ⅱ. 고린토 12:9)라고 사도는 부르짖었습니다.

　원장 수녀님은 나의 이 '일기'를 보시면 어떻게 생각하실는지 원장수녀님께선 이제 더 이상 쓰기를 허락하지 않으십니다. 이제 아주 기진해 있으므로. 곧 쓰러질 것 같습니다. 이 편지가 아마 당신의 엘리사벳으로부터의 마지막 소식이 될 것입니다. 이것을 쓰는 데 며칠이나 걸렸답니다. 그래서 이처럼 두서없이 되었음을 이해하시겠지요. 그리고 오늘 밤으로 펜을 놓아야 함이 정말 애석합니다. 나는 혼자 있습니다. 지금 일곱시 반이며 다른 수녀님들은 휴식 시간이랍니다. 어쩐지 이미 천국에 있는 느낌이 좀 듭니다. 이 작은 방안에 하느님과 단 둘이서 사랑하는 주님과 함께 나의 십자가를 지고 있답니다. 고통이 더할수록 행복이 커집니다. 당신이 만일 하늘의 아버지께서 예비한 술잔의 밑바닥에 있는 단맛을 아신다면 …!

그럼 안녕히 계십시오. 나의 사랑하는 F.님, 더 계속할 수 없습니다. 침묵 안에서 이루어지는 우리의 만남에서 당신은 내가 말로 다 못한 것을 모두 알아 들으시리라 생각됩니다. 나는 당신을 포옹하며 어머니가 그 작은 자녀를 사랑하듯 당신을 사랑하고 있습니다. 안녕히 계십시오. 주님께서 그 날개 그늘로 당신을 모든 악에서 지켜 주시기를 !

삼위 일체의 마리아 엘리사벳 수녀
"영광의 찬미"

〈이것이 천국에서의 나의 새 이름이 될 것입니다… .〉

삼위 일체의 복녀 엘리사벳
그 생애에서 본 영성

1991년 3월 31일 인쇄
1996년 4월 20일 재판

지은이	필 립 퐁 신 부 M. M. PHILIPON
옮긴이	부산 가르멜 여자 수도원
펴낸이	한 용 환 (요한)
펴낸곳	크 리 스 챤 출 판 사

142-109
서울시 도봉구 미아9동 98-39
등록 : 1979. 9. 3. 제2 -263호
전화 : 987-9333~5 FAX : 987-9334
대체구좌 : 010017-31-0556332
은행지로 : 3001763
〈교회인가. 1991. 11. 5 (서울대교구)〉

값 4,500원